胶东文化撮要

支军 著

山东人民出版社

国家一级出版社 全国百佳图书出版单位

图书在版编目（CIP）数据

胶东文化撮要/支军著. —济南：山东人民出版社，2015.8（2016.3 重印）

ISBN 978 - 7 - 209 - 09148 - 0

Ⅰ. ①胶… Ⅱ. ①支… Ⅲ. ①文化史—研究—山东省 Ⅳ. ①K295.2

中国版本图书馆 CIP 数据核字（2015）第 192555 号

胶东文化撮要

支 军 著

主管部门 山东出版传媒股份有限公司
出版发行 山东人民出版社
社　　址 济南市胜利大街 39 号
邮　　编 250001
电　　话 总编室（0531）82098914
　　　　 市场部（0531）82098027
网　　址 http://www.sd-book.com.cn
印　　装 山东华立印务有限公司
经　　销 新华书店

规　　格 16 开（169mm × 239mm）
印　　张 15.25
字　　数 220 千字
版　　次 2015 年 8 月第 1 版
印　　次 2016 年 3 月第 2 次
ISBN 978 - 7 - 209 - 09148 - 0
定　　价 38.00 元

如有质量问题，请与出版社总编室调换。

目 录

弁 言

地理空间视角下的胶东，一般指胶莱河以东的山东半岛地区，包括现在青岛、烟台、威海所辖县市区，其区域范围大致与明清以降的登州、莱州二府相当。"山东半岛之水，胶为巨，故古称胶东、胶西，相沿而有胶州、胶澳之名，此命名之所由起也。"[1] 具体而言，则有蓬莱、福山（含烟台）、黄县（含龙口）、招远、栖霞、莱阳、牟平、文登（含威海）、荣成、海阳、掖县、平度、即墨（含青岛）、胶州等县。

胶东文化，作为区域文化之一种，从胶东考古取得的成果看，自有起源和自己的发展谱系[2]。从早期文明[3]出发，以历史发展为向度，有把胶东文化分为五个发展阶段：原始社会文化、莱文化、齐文化、封建社会文化、现当代文化[4]。也有胶东半岛海洋文明历史的提法[5]。也有从对外关系视角，讨论山东半岛与东方海上丝绸之路、与古代中韩关系。[6]也有的将胶东文化分为夏商时期文化、两周时期莱文化、秦汉时期东莱方仙道文化、魏晋南北朝东莱文化圈、隋唐至宋代的重要口岸与对外交往文化、元明清时期人口流动与移民文化、西风东渐的山东起始地、民国时期的红色文化等。[7]还有演义式的胶东通史。[8]专题性如

---

[1] 民国《胶澳志》卷二《方舆志》。

[2] 严明明：《胶东原始文化初论》，《山东史前文化论文集》，齐鲁书社 1986 年。

[3] 参阅：中国社会科学院考古研究所编著《胶东半岛贝丘遗址环境考古》（社会科学文献出版社 1999 年）；北京大学考古学系、烟台市博物馆编《胶东考古》（文物出版社 2000 年）；烟台市文物管理委员会编《胶东考古研究文集》（齐鲁书社 2004 年）等。

[4] 刘凤鸣：《胶东文化概要》，中国文史出版社 2006 年。

[5] 郭洋溪、侯德彤、李培亮：《胶东半岛海洋文明简史》，中国社会科学出版社 2011 年。

[6] 刘凤鸣：《山东半岛与东方海上丝绸之路》，人民出版社 2007 年；刘凤鸣：《山东半岛与古代中韩关系》，中华书局 2010 年。

[7] 范庆梅主编：《烟台文化通览》，山东人民出版社 2012 年。

[8] 安家正：《胶东通史演义》，山东人民出版社 2011 年。

开埠文化[1]、人物个案[2]、昆嵛山全真道[3]、家族文化[4]等研究。不论是"长时期"还是"短时段",都是持一种"史"的立场。从不同时限,描述了胶东地域文化的历史发展轨迹。

也有持"地"之立场,即从人类社会学视角,在地理单元上把胶东文化分为农耕文化、渔捕文化和商旅文化三种,即中部以栖霞、莱阳为主体的农耕文化区,东部以荣成为主体的渔捕文化区和西部以蓬莱、黄县(今龙口)、掖县(今莱州)为主体的商旅文化区。[5]

从文化现象到人物个案,从历史发展到专题片断,胶东文化的相关研究成果甚夥。

可是,悠远绵长而又踵事增华的胶东文化,究竟有哪些地域特质?换言之,对胶东文化该如何进行采撷,能大致有一个清晰的印象?

在整个时空中,唯有把胶东地域特质的文化元素叙述出来,才有可能回到胶东文化的原初。

具有中国海洋文明重要源头意义的贝丘遗址,并非仅仅停留在考古学上;剪取烟台白石村、福山邱家庄、蓬莱紫荆山以及长岛北庄等遗址片段,更让我们坚信,胶东早期文明自有其起源和发展谱系。与夏商周中原文化同一时期的胶东早期文化,与中原文化的差距在缩小,甚至在制陶、铜器诸方面进入了中华文化的先进行列,并一度引领中华文明之先。

从三神山到蓬莱仙话,从秦皇汉武东巡到徐福东渡,从八仙过海传说到海洋信仰,滨海而处的胶东,海洋文化是其一大特色。

胶东还是中国道教文化的重要源头。"屏去妄幻,独全其真",全真道在胶东创立,由化行山东,而流布全国,使四海教风为一家,

---

[1] 如:支军:《开埠后烟台城市空间演变研究》,齐鲁书社2011年;李晓飞:《烟台开埠记忆》(图片集),黄海数字出版社2009年。

[2] 如:唐锡彤、吴德运、蔡玉臻:《吴佩孚研究:第三届吴佩孚生平与思想学术研讨会论文集》,北京图书馆出版社2007年。刘铭伟:《王懿荣先生书作集》,黄海数字出版社2012年。

[3] 如:丁鼎:《昆嵛山与全真道:全真道与齐鲁文化国际学术研讨会论文集》,宗教文化出版社2006年。

[4] 王树春:《明末清初胶东文化拾遗》,东方出版社2010年;蒋惠民:《黄城丁氏家族》,山东大学出版社2004年。

[5] 张景芬:《胶东发展研究——经济 社会 文化》(山东友谊出版社1990年);张景芬:《秦、齐对抗的文化人类学涵义》(《西北师大学报》2006年第1期)等。

教泽四方，闳大广博。

富有地域特色、民俗淳厚、海味浓郁的胶东民间文化，世代相沿传承，生生不息。在悠长的历史演进中，胶东民间文化不断积累、衍变和融合，绵延不绝，发展成为璀璨的非物质文化遗产。

古有边防而无海防，海之有防，自明代始。降至近代，胶东海防营建不断发展，海防体系逐步形成，海防设施如堡寨、炮台、墩等沿海岸线星罗棋布。这些海防遗址遗存以其独有的形式，昭示着胶东醇厚的海防文化特色。

胶东商品经济的发展，涌现出一大批传统商人，为维护利益，协调关系，联络乡谊，按不同籍隶或行业组成各种行帮，形成具有地域特色的胶东商帮。开埠后，以开埠城市为中心的胶东商帮开始转型。而胶东商帮受传统齐鲁文化思想的长期浸润，秉承儒家文化忠恕之道，以义致利，诚信经商，博施济众，而又重土安命，形成具有海洋文化特质、直道而行的商业禀性，可谓是鲁商的代表。

从传统到近代，胶东区域中心城市不断变迁。外力楔入下，开埠城市的兴起，西方事物包括洋行、领事馆、教堂等大势融进，改变和重构了胶东区域城市格局。开埠文化，是胶东文化美丽画卷中浓墨重彩的一笔。

胶东是革命老区。从早期党组织的创建到革命战争时期的"保田保家乡"，牟平雷神庙战役、海阳地雷战等，一段段艰苦卓绝的斗争，一出出可歌可泣的故事，留下了凝重的红色记忆。

这八个方面，或可为胶东文化之荦荦大者。一个区域，累积而成的活泼泼的文化，绵延至今，日久弥新。我能做的、所做的只是一种叙事。从方志到老报刊，从论著到老照片，旁搜缀录，掇采纂辑。

给自己的释怀是，"撮要举凡，存其大体"。

从贝丘遗址到莱文化：早期文明

滨海而处的胶东，三面环海，海岸线蜿蜒曲折，北临渤海，与辽东半岛相对，东隔黄海与朝鲜半岛、日本列岛相望。靠海吃海，胶东先民近海而居、依海而活，创造出了令人瞩目的早期文明。大量贝壳、鱼骨及石网坠等陆续出土，这些分布在胶东滨海地带距今 7000—5000 年的贝丘遗址，成为胶东早期文明的实物见证。

一、胶东贝丘遗址

胶东贝丘遗址（烟台博物馆藏）

贝丘遗址（shell mound），是史前人类居住遗址的一种，在这些地方出土的大量先民们食后抛弃的各种蚌类壳的堆积，大都属于新石器时代，有的则延续到青铜时代或稍晚。贝丘遗址多位于海、湖泊和河流沿岸。

胶东半岛是目前我国贝丘遗址最聚集的地区，已发现了百余处贝丘遗址。中国社会科学院考古研究所编著的《胶东半岛贝丘遗址环境考古》中，把胶东半岛贝丘遗址考古分为三个时期：开始时期（20世纪 30 年代—40 年代）、建立谱系时期（20 世纪 50 年代—80 年代）、综合研究时期（20 世纪 90 年代）。

胶东贝丘遗址的早期考古调查与研究，始于 20 世纪 30 年代。日本学者驹井和爱曾在黄县龙口境内发现贝丘遗址，并于 1931 年在日本东京出版的《东方学报》第 1 期发表《关于山东省黄县龙口附近贝冢》一文。40 年代初，日本另一位学者神尾正明调查了青岛的兴亚路贝丘遗址，叙述了地形地质、遗址剖面，采集了贝壳种类、陶片、石器、骨角器等，并推测了史前地理环境。这是胶东半岛新石器时代考古调查与发掘的肇端，"他们的调查与发掘开胶东半岛新石器时代考古学研究的先河，其意义自然非同一般。……不过由于种种原因，他们的研究没有能够持续下去。我们今天客观地评价他们当年的工作，应该说其开拓性的意义要大于实际获得的研究成果"[1]。

从 20 世纪 50 年代起，山东省文物管理处、博物馆、文物考古研究所，烟台地区文物管理委员会，北京大学考古专业及中国社会科学院考古研究所等单位先后在胶东做了大量的考古发掘与研究工作，取得了显著成果。如 1957 年山东省文物管理处组织的文物普查，发现了不少新石器时代遗址。[2]1963 年，山东省博物馆对蓬莱紫荆山贝丘遗址进行了试掘，发现"当典型龙山文化人们生活在这里之前，早已有使用彩陶的人们生息、繁殖在这块肥沃的海滨土地上"[3]。

70 年代以来，胶东半岛进行了全面的文物普查和复查工作，发现了百余处新石器时代遗址。如蓬莱大仲家遗址、黄县唐家遗址、烟台白石村遗址等。1979 年，烟台地区文管所、中国社会科学院考古研究所和北京大学联合组织发掘了福山邱家庄遗址和牟平照格庄遗址。80 年代，山东省第二次文物大普查，对胶东半岛新石器时代文化遗址的分布特点和范围有了比较清晰的认识。

1994 年至 1996 年，中国社会科学院考古研究所胶东半岛贝丘遗址研究课题组对胶东半岛 20 处贝丘遗址进行调查和发掘，包括胶东半岛南岸即墨的丁戈庄遗址、东演堤遗址、南阡遗址、北阡遗址，莱阳的泉水头遗址，海阳的桃林遗址、蛤岔埠遗址，乳山的翁家埠遗址、桃村王家遗址，荣成的河口遗址、河西乔家遗址等 11 处遗址，胶东半岛北岸蓬莱的南王绪遗址、大仲家遗址，福山的邱家庄遗址、烟台的白石村遗址，牟平的蛤堆顶遗址、蛎碴港遗址，威海的义和遗址，荣成的东初遗址、北兰格遗址等 9 处遗址。这些调查和发掘，取得了多方面的研究成果，把胶东半岛贝丘遗址考古研究推进到一个新的发展阶段。根据调查结果，发现这些遗址绝大多数位于海岸线曲折、海湾湾顶分叉深入陆地或海湾为两侧的海岬所对峙的地理环境中，这种近海的地理位置为获取海产资源，是极为便利的。可以判断，当时获取海产资源的直线距离在 3 公里之内。从总体上看，当时生活在胶东半岛的先民适应海侵形成的环境变化，在海边建立了相对稳定的居住地，通过捕鱼、捞贝、狩猎和采集等生存方式获

[1] 中国社会科学院考古研究所编著：《胶东半岛贝丘遗址环境考古》，社会科学文献出版社 1999 年，第 21 页。

[2] 杨子范：《胶东半岛一带发现新石器时代遗址》，《文物》1985 年第 12 期。

[3] 山东省博物馆：《山东蓬莱紫荆山遗址试掘简报》，《考古》1973 年第 1 期。

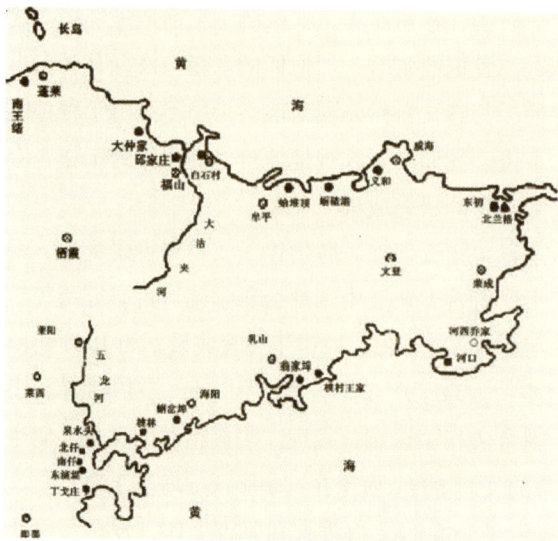

胶东贝丘遗址分布图

取各种食物资源。[1]

中国社会科学院考古研究所胶东半岛贝丘遗址研究课题组把整个研究重点完全放在探讨古代人类与自然环境的相互关系上，着重探讨了古代环境如何制约当时人类的生存，人类又是如何在适应环境生存、发展的同时，给环境以影响，总结出胶东半岛地区特定时间段里古代人类与自然环境相互关系的模式，这标志着胶东半岛贝丘遗址研究取得了新的综合性研究成果。

对胶东半岛贝丘遗址考古取得的成果证明，胶东半岛早期文明形成了一个内部大致统一而同外部仅仅保持有限联系的文化实体，自有起源和自己的发展谱系[2]。在史前时期，胶东是一个独立发展自成体系的古文化区，并自有其发展系统和文化特征。

在胶东半岛已发现的百余处贝丘遗址中，主要有烟台芝罘区白石村遗址、福山区邱家庄遗址、蓬莱紫荆山遗址、大仲家遗址、长岛北庄遗址、莱阳泉水头遗址、栖霞杨家圈遗址等。这些丰富的文化遗址表明，早在新石器时期，胶东先民已在胶东半岛各地生活繁衍。可以说，胶东半岛是中国海洋文明的重要源头。

"胶东地区较早时期的新石器文化因烟台白石村、福山邱家庄、蓬莱紫荆山以及长岛北庄等遗址的发掘，已经逐渐为人们认识，其发展脉络可由四个阶段的遗存为代表，即白石村一期、邱家庄一期、北庄一期和北庄二期。地处胶东中部的杨家圈遗址的发掘，为研究北庄二期以后的新石器文化提供了重要资料。"[3]考察胶东的早期文明，这几处贝丘遗址占有重要地位。

白石村遗址位于烟台芝罘区，这是迄今所知胶东地区最早的新石器文化遗

---

[1] 中国社会科学院考古研究所编著：《胶东半岛贝丘遗址环境考古》，社会科学文献出版社1999年，第109页。

[2] 严文明：《胶东原始文化初论》，《山东史前文化论集》，齐鲁书社1986年。

[3] 北京大学考古实习队、山东省文物考古研究所：《栖霞杨家圈遗址发掘报告》，《胶东考古》，文物出版社2000年，第200页。

址，地势南高北低，东、南、西面为绵亘山丘，往北距芝罘海湾不到2公里，70年代进行过勘探、发掘。1980年5—7月、1981年5—6月，烟台文物管理委员会对该遗址进行了两次抢救性发掘，发掘面积227平方米。[1]1994年，中国社会科学院考古研究所胶东半岛贝丘遗址研究课题组对遗址个别地点采集了贝类标本。根据出土的遗物分为"白石村一期文化"和"白石村二期文化"。在白石村一期文化层里发现两座墓葬，白石村二期文化层里也发现两座墓葬，都没有墓坑和随葬品。"在白石村二期文化层里共清理柱洞234个，由于当时的居住面已遭到破坏，其房子的结构不清楚。柱洞从结构上可分为两类：一类是直接挖成的。这类柱洞一般较细、较浅，口径在20—30厘米，深30厘米左右，多数底部夯实或垫有石块。另一类是先在地面挖一个长、深各为一米左右的椭圆形大坑，然后在坑的一头或中间再挖柱洞。这种柱洞一般较深，均在一米以上，最深的可达2米。"[2]出土的人工遗物有陶器、石器、骨器。白石村一期文化层出土的陶器，陶色多不纯正，以夹砂陶为主，次为泥质陶，器表多为素面，纹饰主要是附加堆纹和乳丁纹，器类有钵形鼎、筒形罐、盆、钵、支脚等。白石村二期文化层的陶器陶色也不纯正，以红褐或灰褐为主。以夹云母

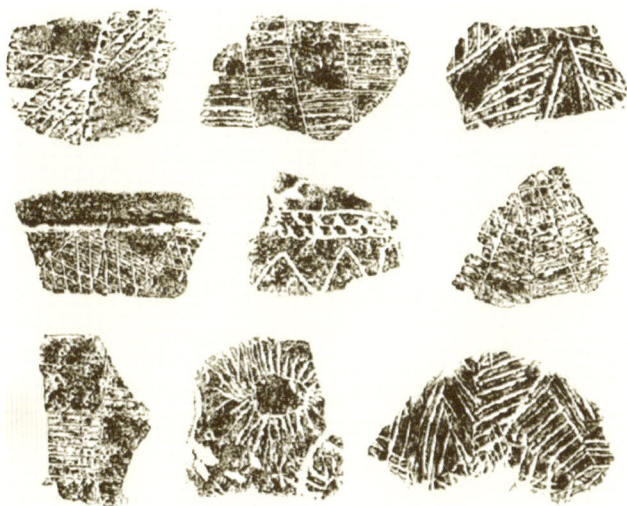

资料来源：烟台市博物馆：《烟台白石村遗址发掘报告》，载北京大学考古学系、烟台市博物馆《胶东考古》，文物出版社2000年，第56页。

白石村遗址二期陶器刻划纹纹样拓本

[1] 烟台市文物管理委员会：《山东烟台白石村新石器时代遗址发掘简报》，《考古》1992年第7期。

[2] 中国社会科学院考古研究所编著：《胶东半岛贝丘遗址环境考古》，社会科学文献出版社1999年，第166页。

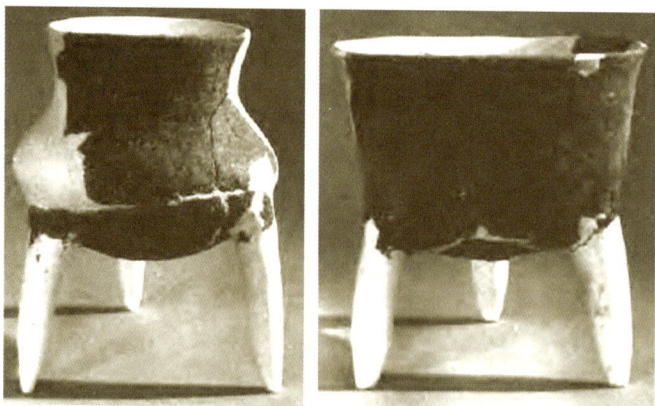

资料来源：北京大学考古学系、烟台市博物馆《胶东考古》，图版一一、一二，文物出版社 2000 年。

白石村遗址二期陶鼎

陶为主，次为夹砂、夹滑石陶和泥质陶。器类有盆形鼎、釜形鼎、罐形鼎、钵、三足钵、碗、筒形罐、支脚、网坠等。刻划纹已常见，且繁缛富于变化，有乱线纹、方格、菱格线纹，也有人字形条纹、太阳纹等。

白石村一期文化和二期文化中的石器和骨器差别不大，石器有斧、铲、网坠、磨棒等，骨器主要有锥、镞、针等。"从动物遗存看，当时人获取的贝类主要是蛤仔，鱼类则包括红鳍东方鲀、黑鲷、真鲷和鲈鱼等。根据当时遗址与海岸线的距离不到 2 公里，我们推测当时人获取海产资源的直线距离在 2 公里之内。""可以认为当时人适应海侵形成的环境变化，在海边建立居住地，通过捞贝、捕鱼、狩猎、采集等生存活动方式获取遗址周围环境中存在的食物资源，还进行养猪这种开发动物资源的活动。"[1]

白石村遗址的发现意义重大，"地层关系清楚，出土遗物丰富，使我们对其文化内涵有了一定的认识。尤其是在胶东第一次发现了早于福山邱家庄、蓬莱紫荆山等遗址的白石村一期文化，这为建立胶东原始文化序列、探讨胶东原始文化起源提供了非常重要的材料"[2]。烟台市博物馆提供的发掘报告表明，白石村遗址所表现的经济特点是相互依存的混合经济形态，"但在比例关系上，两期又有所不同。以生产工具为例：一期文化中加工籽粒作物的磨盘、磨棒发现较少，而狩猎工具如石球、骨镞却较多；到了二期文化时，磨盘、磨棒的数

[1] 中国社会科学院考古研究所编著：《胶东半岛贝丘遗址环境考古》，社会科学文献出版社 1999 年，第 172 页。
[2] 北京大学考古学系、烟台市博物馆：《胶东考古》，文物出版社 2000 年，第 84 页。

量大为增加，而狩猎工具有所减少，两相比较，农业的发展是很明显的"[1]。

以白石村遗址为代表的白石文化，是胶东半岛先民创造的土生土长的早期文化，是一种具有独立系统、独具风格的海洋文化，是胶东半岛新石器文化的源头。

邱家庄遗址位于烟台福山区南8公里，北距海约15公里。地处胶东丘陵北部，在大沽夹河和清阳河之间，曾是海侵地段，地表贝壳堆积厚达5米多。1961年，胶东地区开展的古文化遗址调查，对该遗址进行了调查。[2]1979年秋，中国社科院考古所山东队、北京大学历史系考古专业、南京大学历史系考古专业、烟台地区文管会等联合对该遗址进行了发掘。1994年10月、1995年10月，中国社会科学院考古研究所胶东半岛贝丘遗址研究课题组对该遗址进行了复查。遗迹：在1979年的发掘中发现柱洞300多个。柱洞的直径一般在15厘米—20厘米，深度一般在1米左右，最深者达到2米。人工遗物：邱家庄遗址中出土的红烧土块中羼和有一些植物的秸秆，经火烧炭化后形成空隙。有些红烧土块一面有意抹平，显然是当时的建筑遗存。陶器，陶色几乎全部是红、褐两种颜色，黑陶少量，灰陶极少。以夹砂红褐陶为主，其次为泥质红陶、泥质黑陶和夹砂黑陶等，均为手制。绝大多数为素面，纹饰有附加堆纹和划纹。器型主要有鼎、筒形罐、小口罐、壶、钵、三足钵、盂形器、觚形杯、豆、器盖、支脚等。动物遗存除了大量的贝类外，还出土了东方鲀骨、鹿、猪獾、兔、猪等8种动物的骨骼。"遗址处于近水的环境里。结合其他贝丘遗址的人们获取海产资源的直线距离至少在3公里以内，推测邱家庄遗址的状况可能也是如此。""这里必须提到的是，一定数量的红鳍东方鲀的存在应该引起我们的重视。红鳍东方鲀的肝脏、卵巢和皮肤含剧毒。必须除去内脏、鱼液，冲洗干净，方可食用。这种鱼骨的存在说明当时人已经懂得如何对这种鱼去毒后食用。"[3]

长岛北庄遗址位于长岛县大黑山岛北庄东北部，北依峰台山，南临一条季节性

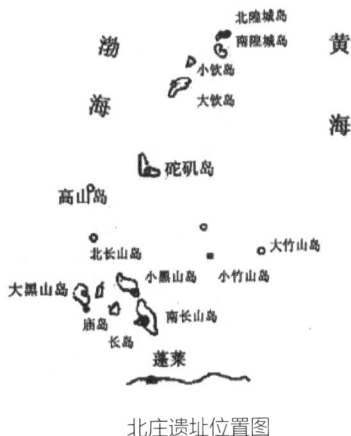

北庄遗址位置图

[1] 北京大学考古学系、烟台市博物馆：《胶东考古》，文物出版社2000年，第87页。

[2] 山东省文物管理处：《山东胶东地区新石器时代遗址调查》，《考古》1963年第7期。

[3] 中国社会科学院考古研究所编著：《胶东半岛贝丘遗址环境考古》，社会科学文献出版社1999年，第92页。

北庄史前遗址博物馆

小河，东临大海，是一处大型原始社会村落遗址，被誉为"东方历史奇观"。

　　1980年，对长岛史前遗址进行全面调查。1981年至1985年由北京大学考古实习队、烟台地区文管会等联合进行多次大规模发掘。北庄一期文化层出土的遗物中，陶器多为日常生活器皿，有鼎、鬲、鬶、罐、盆等，以红褐和灰褐陶为主，彩陶片出土数量较多。器形以圜底长圆锥形足的盆形鼎为大宗，其他器形还有觚形杯、平底钵、筒形罐等。遗迹有房屋基址和灰坑，"动物骨骼最多的是猪和鹿类。有些灰坑和房屋废弃后的堆积中有许多贝壳。此外，在已成为红烧土的墙皮中发现掺有许多黍子的皮壳"[1]。石器有斧、锛、磨棒、

资料来源：北京大学考古实习队、烟台地区文管会、长岛县博物馆：《山东长岛北庄遗址发掘简报》，《考古》1987年第5期。

北庄一期陶器纹样

---

[1] 北京大学考古实习队、烟台地区文管会、长岛县博物馆：《山东长岛北庄遗址发掘简报》，《考古》1987年第5期。

网坠等。骨器有镖、箭头、锥、针、鱼叉等。

北庄二期，文化层中的陶器以泥质红陶和夹砂灰褐陶为主，也有泥质灰陶和黑陶。器表以素面为主，泥质陶则多打磨光滑。彩陶甚少，以三足器和平底

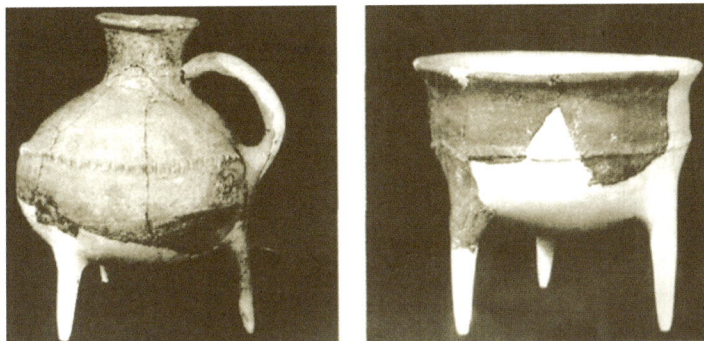

鬶　　　　　　　　　　　　　鼎

资料来源：北京大学考古实习队、烟台地区文管会、长岛县博物馆：《山东长岛北庄遗址发掘简报》，《考古》1987 年第 5 期。

北庄二期陶器

器为主，器形有鼎、罐、筒形杯、豆、瓠形杯、钵等。

北庄一期和二期文化既有差别，又是一脉相承、同一文化的两个发展阶段。

紫荆山遗址位于蓬莱城西门外，西、北两面临海，东侧为金沙泉，遗址即在东南山坡上。遗址的面积，东西约 200 米、南北约 150 米，文化堆积厚 1—1.5 米。1963 年 10 月山东省博物馆组织了试掘。上层出土的文化遗物有石器、陶器。陶器以砂质和泥质的黑陶为主，如单耳杯、鼎、三足盘、罐，以及鸟面形鼎足等。"此层的陶器中，黑陶占总数的 96.1%，其中有少量蛋壳陶片。器物的表面，一般都经过打磨，素面光滑，也有少量的纹饰，如堆纹、凸弦纹、凹弦纹、划纹等。陶器主要轮制，许多器底都留有用线割取时的线圈痕迹。"[1] 下层出土的文化遗物，主要是粗砂红陶和泥质红陶，也有少量彩陶片，黑陶极少。器形有钵、鼎、盂、罐等。彩陶是下层文化的重要特征之一。紫荆山遗址上层文化与日照两城镇、胶州三里河等龙山文化遗存大体一致，而其下层文化则有较大差别，陶器为手制，红陶占优势，又以红地黑彩的单色彩陶更为突出。

栖霞杨家圈遗址位于栖霞城南杨家圈村东，1956 年文物普查时发现。1981 年，山东省文物考古研究所、北京大学历史系考古专业及烟台考古专家

---

[1] 山东省博物馆：《山东蓬莱紫荆山遗址试掘简报》，《考古》1973 年第 1 期。

资料来源：北京大学考古实习队、山东省文物考古研究所：《栖霞杨家圈遗址发掘报告》，载《胶东考古》，文物出版社2000年，第152页。

栖霞杨家圈遗址位置图

进行考古发掘，发掘面积达880平方米。根据文化堆积层的内涵差别，可将杨家圈遗址的文化遗存划分为两期。一期遗存，不太丰富，发现墓葬和数量不多的柱洞坑和柱洞；出土的遗物主要有制作技术不精的石器，数量较少的骨器、角器，陶器以褐色夹砂陶为主；刻划纹中以单线条或平行线组成的阴弦纹最为常见，有少量彩陶。

二期遗存中，发现夯土台基遗迹；4座房基，均为基槽式建筑；数量甚多的柱洞坑和柱洞；1座墓葬；出土的遗物较少，主要有石器、骨器、陶器、采集陶器；陶器分泥质陶和夹砂陶两类，黑陶数量最多，器表以素面为主，弦纹系最常见纹饰，有凹阴纹和凸弦纹两种，划纹数量不多；还发现了残铜条、铜渣，表明当时已掌握冶铜技术，也标志着杨家圈二期生产力的进步，丰富了龙山时代已进入铜石并用时代的实物证据。发现了大量的红烧土，部分红烧土中有稻壳的印痕，有的掺杂了粟、黍的皮壳。可以推断，杨家圈龙山文化时期除栽培稻谷外，还种植粟和黍两种

夹砂罐

鼎

资料来源：北京大学考古学系、烟台市博物馆：《胶东考古》，图版四三，文物出版社2000年。

杨家圈遗址二期陶器

小米。2004 年，山东大学、烟台市博物馆的专家和来自日本的学者在曾经出土过稻作遗存的杨家圈遗址外围进行了勘探、取样工作。结果表明，该遗址周围存在着人工栽培稻生产的稻田。[1] 水稻的发现在山东地区新石器时代遗址中尚属首次，同时也是已知的当时水稻分布地理范围的最北界限。这不仅是研究杨家圈遗址二期文化的重要资料，更为探讨黄河流域新石器时代农业经济的发展，乃至水稻产生、种植、发展和传播提供了新的线索。"杨家圈二期的发现，可大大丰富人们对当地龙山文化的认识，杨家圈一期的发现则首次在一定程度上填补了胶东地区北庄二期和龙山文化之间的考古资料的空白。"[2]

从多年来对胶东半岛新石器时代考古发掘证明，胶东半岛贝丘文化曾经非常兴盛，创造出了令人瞩目的早期海洋文明，是中国海洋文明最重要的源头[3]。后来由于自然环境的变化和大汶口文化的东进，胶东半岛贝丘文化走向消亡。

据碳十四年代测量数据，推测胶东半岛贝丘遗址在距今4860 年前后消亡。其原因是，"自然环境的变化不可能是促使胶东半岛贝丘遗址消亡的唯一原因、甚至不可能是主要原因。我们在这里要强调的是人的作用，即恰恰在贝丘遗址消亡以前的紫荆山一期文化里，明显地出现了大汶口文化的因素。……所以我们可以把大汶口文化的因素在胶东半岛的出现，理解为当时胶东半岛的人开始接受这种文化的影响。大汶口文化是以种粟为主的农耕文化。那么，除了我们现在看到的大汶口文化的陶器影响到胶东半岛以外，其农耕方式是否也在胶东半岛得以推广。也就是说，胶东半岛贝丘遗址消亡的原因除了自然环境开始变化以外，随着大汶口文化带来的农耕方式的推广，当地的人逐渐放弃了采集、捕捞的习惯，而开始从事一种新的生存活动方式。这可能是贝丘遗址消亡的一个最重要的原因"[4]。由于大汶口文化的整个水平高出于胶东半岛的原始文化，在其向东扩展到胶东半岛地区的过程中，促使胶东土著文化不断接受这一外来文化。从文化演进的角度看，胶东半岛贝丘遗址在消失前，已受到大汶口文化的影响，最后与大汶口—龙山文化融为一体。

二、先进的莱文化

与夏商周中原文化同一时期的胶东文化，被称为莱文化，或莱夷文化。

---

[1] 栾丰实等：《山东栖霞县杨家圈遗址稻作遗存的调查和初步研究》，《考古》2007 年第 12 期。

[2] 北京大学考古实习队、山东省文物考古研究所：《栖霞杨家圈遗址发掘报告》，《胶东考古》，文物出版社 2000 年，第 200 页。

[3] 郭洋溪等：《胶东半岛海洋文明简史》，中国社会科学出版社 2011 年，第 5 页。

[4] 中国社会科学院考古研究所编著：《胶东半岛贝丘遗址环境考古》，社会科学文献出版社 1999 年，第 197 页。

夏商周时期，胶东半岛分布着许多古国，土著东夷古国为多。《后汉书·东夷传》："夷有九种，曰：畎夷、于夷、方夷、黄夷、白夷、赤夷、玄夷、风夷、阳夷"，郭璞《尔雅注》："九夷在东"，《论语》《春秋左传》《战国策》等也提及九夷。"九"非具体数目，表示众多之义，泛指东部夷人。东夷族属庞杂、分支很多的部族。

《礼记·王制》："东方曰夷"，《国语·鲁语》："昔武王克商，通道于九夷、百蛮"，韦昭注："九夷，东夷九国也。"《尚书·禹贡》载，地处海岱之间的青州有嵎夷和莱夷，"海岱惟青州。嵎夷既略，潍淄其道。……莱夷作牧。厥篚檿丝"。嵎夷亦见于《尚书·尧典》："分命羲仲，宅嵎夷，曰旸谷。寅宾出日，平秩东作。"孔安国注："东方之地曰嵎夷。旸谷，日之所出也。"《史记·夏本纪》："海岱维青州，嵎夷既略，潍淄既道。"《索隐》引孔安国云："东表之地称嵎夷。"宋代薛季宣《书古文训》卷一谓："嵎夷青州东界旸谷，封略所至之地名也。"嵎夷故地不详，当在今潍坊以东。

资料来源：王献唐《山东古国考》，齐鲁书社1983年，第212页。

山东古代姜姓国家略图

西周时期，山东古国135个，其中东夷族群各氏族部落发展为古国的107个，夏后氏后国和夏世侯伯之国13个，商氏后国和商世侯伯之国15个。[1]

东夷古国主要有莱国、莒国、介国、夷国、牟子国等。"莱夷"是"东夷"的分支。莱国是莱夷所建立的姜姓古国[2]，大约从龙山文化以后，逐渐发展成为部落方国，到了商代，被商王封为侯国，是仅次于齐、鲁、莒国的山东四大古国之一[3]。《史记·殷本纪》："契为子姓，其后分封，以国为姓，有殷氏、来氏……"莱氏即莱国。《春秋左传》襄公二年（前571）："夏，齐姜薨。……齐侯使诸姜、

[1] 孙祚民主编：《山东通史》上卷，山东人民出版社1992年，第47~48页。

[2] （清）顾栋高辑：《春秋大事表》卷五《春秋列国爵姓及存灭表》："莱国，子爵，姜姓"，中华书局1993年，第592页。

[3] 逄振镐：《山东古国与姓氏》，山东人民出版社2006年，第406页。

宗妇来送葬，召莱子。莱子不会，故晏弱城东阳以逼之。"可知，莱子国也是姜姓。

《国语·齐语》载：桓公"即位数年，东南多有淫乱者，莱、莒、徐夷、吴、越，一战帅服三十一国"。韦昭注："莱，今东莱也。"《国语·齐语》又载："通齐国之鱼盐于东莱。"韦昭注："东莱，齐东莱夷也。"《史记·齐太公世家》记载："于是武王已平商而王天下，封师尚父于齐营丘。东就国，……莱侯来伐，与之争营丘，营丘边莱，莱人夷也。会纣之乱而周初定，未能集远方，是以与太公争国。太公至国，修政，因其俗，简其礼，通商工之业，便鱼盐之利。"

营丘在何地，自古以来众说不一，其地难以确指，但大体能说明莱夷族在商朝时期就建立了莱国，而且势力很大，其领地逼近营丘，即今天的临淄附近。宋人郑樵《通志》卷二十六云："莱氏，子爵。其俗夷，故亦谓之莱夷。今登州黄县东南二十五里有故黄城是莱子国。襄六年，齐灭之。子孙以国为氏。"王献唐先生在《山东古代的姜姓统治集团》中认为，莱国区域，大体包围齐国的东部，南部也有散处的莱民。周代时莱国的中心地带在潍淄区域，东部到黄县沿海，但不是一个整齐划一的莱国，大部分散居杂处，在东部叫东莱。齐灭莱后，潍淄区域直到平度为齐所有，仍保持莱的名称，为齐国莱邑。战国时东莱为齐所灭，后世沿用旧名。[1] 逄振镐先生的《山东古国与姓氏》也认为，莱国故地，范围较广，商至周初，还据有今临

"莱伯作旅鼎"的铭文拓本

資料來源：王献唐：《山东古国考》，齐鲁书社 1983 年，第 21 页。

黄县出土铜器铭文

---

[1] 王献唐：《山东古国考》，齐鲁书社 1983 年，第 174 页。

淄（营丘）以东，直至胶东半岛一带。[1]陈梦家先生指出："莱伯之鼎出土于黄县莱阴，乃莱国之地。师雍父组之甲器亦出土于此，则知西周初之莱地已有周人驻戍，因其地本是子姓之族。……可知成王征东夷，曾至于此。"[2]可见，莱国疆域范围很大，大致在今胶莱平原，西部疆域达淄河，北至渤海，南部疆域与莒国、介国相接，向东则延伸至胶东大部分地域。[3]

胶东进入莱文化时期以后，与山东腹地文化由开始的接触而走向融合，并且在制陶、冶铜等方面领先中原文化，一度引领中华文明之先。

手工业制陶工艺技术高于中原地区，占领先地位。掌握了陶土的选择、成型、烧制等一系列极为复杂的过程，特别是其质硬、胎薄、火候高为其他同时文化所望尘莫及。长岛砣矶大口遗址、栖霞杨家圈二期遗址均出土了蛋壳黑陶。蛋壳黑陶，薄如纸、明如镜、黑如漆，是当时陶器制作的最高水平。"胶东龙山文化遗址出土的、多种多样、璀璨夺目的众多陶器足可以看出莱夷文化在全国的领先地位，特别是那壁薄如纸、黑亮如漆、头重脚轻的蛋壳陶，没有高超的工艺、专门的技术和物理、化学等多种综合的科学知识是造不出来的。"[4]"蛋壳陶"的薄胎器皿，即使用现代化的工艺技术进行仿制也非轻而易举。器表装饰以素面为主，有的磨光，有的纹饰，花纹有弦纹、压印纹、划纹、附加堆纹等。也有饰以细弦纹、波纹、竹节纹的精致器皿，大都与镂孔相间，玲珑剔透。器型多样，鬶、瓶、高柄杯及各种造型的耳杯等，即如附件部分如耳、鼻、把，也是装置适当，即便于使用，又有装饰性。值得注意的还有部分器型和附件上常见鸟的形象。或如鸟啄，或饰拟翼三角形堆纹等，可能是莱夷原始崇拜的象征。在技术上普遍采用快轮技术，"制陶技术的科学性、艺术性和多样性几方面都代表了我国新石器时代晚期或铜器时代早期的最高水平"[5]。

资料来源：中国社会科学院考古研究所山东队：《山东省长岛县陀矶岛大口遗址》，《考古》1985年第12期。

大口遗址第一期文化晚期陶器

---

[1] 逄振镐：《山东古国与姓氏》，山东人民出版社2006年，第75页。

[2] 陈梦家：《西周铜器断代（五）》，《考古学报》1956年第3期。

[3] 杜在忠：《莱国与莱夷古文化探略》，《东岳论丛》1984年第1期。

[4] 宋承钧、史明：《胶东史前文化与莱夷的贡献》，《东岳论丛》1984年第1期。

[5] 杜在忠：《莱国与莱夷古文化探略》，《东岳论丛》1984年第1期。

铜器冶炼技术达到较高水平，在青铜器刻铸艺术方面也已经领先于中原地区。在长岛店子村遗址发现圆形铜片，中国社会科学院考古研究所鉴定为黄铜。这种黄铜，较红铜、青铜技术难度更大，出现也晚。在栖霞杨家圈文化遗址中也发现残铜条和一些铜渣，其他各地也发现有小件铜器。表明当时人们已经发明和使用铜一类的金属器具。"这比欧洲最早出现黄铜（罗马帝国钱币）要早二三千年。这在冶金史上是值得重视的重大发明和贡献。"[1]

纺织业也有了很大进步。胶县三里河遗址等出土了大量的纺织工具，反映了纺织业有相当的发展。胶东半岛植柞养蚕的历史更是由来已久。《尚书·禹贡》记载："莱夷作牧。厥篚檿丝"，檿丝即柞蚕丝。颜师古说："莱山之夷，地宜畜牧。"赵翼《陔余丛考》认为："盖莱夷作牧者，谓即用莱夷之长，使之官其地，统其众，如后世之土司耳。牧即牧伯之牧。《汉官旧仪》云：东莱，周时曰莱子国，尤见即以莱人为君长之明证，而必以牧放释之，亦固矣。"[2]西晋崔豹《古今注》记载："（汉）元帝永光四年（前40年），东莱郡东牟山，有野蚕为茧……收得万余石，民以为蚕絮。"这说明胶东先民很早就已掌握了高档丝绸的制作技术。《管子》卷二十四《轻重丁》记载："昔莱人善染，练茈之于莱，纯锱。绸绶之于莱，亦纯锱也。其周中十金。莱人知之。"表明印染技术也很高，价格比周地也低。

航海造船业也很发达。"长岛大浩发现龙山时代的船尾，从结构看榫口非常整齐，残船桨和近代无多大区别，可见造船业的先进。与造船业相联系的首先是航海业，其次是捕捞业。……长岛不仅有船尾发现，而且在海底发现了原始的石锚。"[3]逄振镐先生认为："具有发达航海业的胶东半岛地区与辽东半岛、朝鲜半岛直至日本之间的'循海岸水行'的海路就有可能开辟。这是东夷人长期海上航行实践的结果。正是这条'循海岸水行'的海路沟通了山东半岛即东夷与朝鲜、日本之间古人类的来往和文化交流。"[4]关于莱文化东传朝鲜、日本诸岛的证据之一，是石棚文化遗迹[5]及有空石斧、有空石刀等遗物。

"莱乐"独具特色。《山海经》卷十八《海内经》记载："帝俊生晏龙，晏龙是为琴瑟，帝俊有子八人，是始为歌舞。"《后汉书·东夷传》说："自

[1] 宋承钧、史明：《胶东史前文化与莱夷的贡献》，《东岳论丛》1984年第1期。

[2] （清）赵翼：《陔余丛考》卷一，上海古籍出版社2011年，第16页。

[3] 宋承钧、史明：《胶东史前文化与莱夷的贡献》，《东岳论丛》1984年第1期。

[4] 逄振镐：《东夷文化研究》，齐鲁书社2007年，第601页。

[5] 胶东有不少以"石棚"为名的村庄，如烟台牟平区宁海石棚村、莱阳市山前店乡东石棚村、荣成市夏庄镇石棚阎家村、文登市米山镇东石棚村等，也能传达出些许信息。参阅：刘凤鸣：《山东半岛与东方海上丝绸之路》，人民出版社2007年，第11页。

少康以后，世服王化，遂宾于王门，献其乐舞。"并引《竹书纪年》："后发即位元年，诸夷宾于王门，诸夷入舞。"《后汉书·东夷传》记载东夷人："东夷率皆土著，喜饮酒歌舞"。琴瑟的发明，歌舞的流行，表明"莱乐"已很发达。据《史记·齐太公世家》记载："（齐景公）四十八年，与鲁定公好会夹谷。犁鉏曰：'孔丘知礼而怯，请令莱人为乐，因执鲁君，可得志。'景公害孔丘相鲁，惧其霸，故从犁鉏之计。方会，进莱乐，孔子历阶上，使有司执莱人祈之，以礼让景公。景公惭，乃归鲁侵地以谢，而罢去。"也说明莱人有自己独特的莱乐。1973 年牟平矫家长治村，出土莱国的打击乐器青铜钮钟，可证明莱乐的存在。

发明了弓箭，《说文·大部》："夷，东方之人也。从大，从弓。"又《说文·矢部》："古者夷牟初作矢。"[1]

酿酒业也有很大发展。胶东原始农业和制陶业的发展为酿酒业的产生提供了条件和可能。如《后汉书·东夷传》记载："东夷率皆土著，喜饮酒歌舞，或冠弁衣锦，器用俎豆。"

这个时期莱文化最集中的体现当是都城的营建。

历史上莱国数次迁都，最后的都城可能就是归城（今龙口市，旧为黄县）。齐灵公十五年（前 567 年），大举灭莱。其过程，《左传·襄公六年》有记载："十一月，齐侯灭莱，莱恃谋也。……乙未，王湫帅师及正舆子、棠人军齐师，齐师大败之。丁未，入莱。莱共公浮柔奔棠，正舆子、王湫奔莒，莒人杀之。四月，陈无宇献莱宗器于襄宫。晏弱围棠，十一月丙辰而灭之。迁莱于郳。高厚、崔杼定其田。"齐军攻破莱都，掠走"莱宗器于襄宫"，"迁莱于郳"。关于莱国都城，说法不一，有谓莱都在故黄城者，有谓在龙门山者等。从考古发掘及出土文物看，推测归城为莱都，大致是有道理的。

归城城址在龙口东南 6 公里处，遗址南侧背倚莱山，北面朝海，莱阴河自南向北穿过城区，汇黄水河向西北入渤海。1973 年，烟台地区文管会组织文物考古工作队，对归城城址进行了调查探测，确认城址分为内外二城，发现重要的遗迹有车马坑，铜马器、车马器等散布坑内，由城墙分析城址的年代当在西周至春秋。[2]2007—2009 年，中国社会科学院考古研究所、美国哥伦比亚大学（Columbia University）东亚语言与文化系、山东省文物考古研究所共同组建中美联合归城考古队对归城遗址展开了全面的调查工作，取得了比较全面的认

---

[1]　（汉）许慎撰，（清）段玉裁注：《说文解字注》，上海古籍出版社 1981 年，第 493、226 页。

[2]　李步青、林仙庭：《山东黄县归城遗址的调查与发掘》，《考古》1991 年第 10 期。

识。

归城城址是胶东莱文化的重要代表之一，也是胶东地区青铜时代规模最大、内涵最为丰富的一处城址。它至今还保留着较为完整的规模，建置上也很有特色：内城坐落在城址中部，建于富庶的河旁台地上，平面呈曲尺形，西北侧内凹，在城墙的南、北、西面外侧有环壕，走向与城墙一致，宽度不一。在城内发现多处水系、夯土基址和道路遗迹。外城则依山就势，南侧背依险峻的莱山，未构筑城墙，仅东、西、北三面有城墙。"归城城址的范围广大，城墙坚厚，其规模和工程量与曲阜鲁国故城不相上下。因此推测，归城在西周晚期至东周时期很有可能具有都邑性质，这个认识对进一步探索当时胶东半岛地区的社会经济发展水平及政治统治能力具有重要意义。"[1]

归城遗址文化堆积厚，遗物丰富，历年不断有重要遗物出土。50年代，和平村农民在村南挖出铜器多件，现存己侯鬲一件。口沿上有一周铭文："己侯口口姜口口子子孙孙永宝用。"1974年，和平村出土铜甬钟2件。[2]

归城城址位置示意图

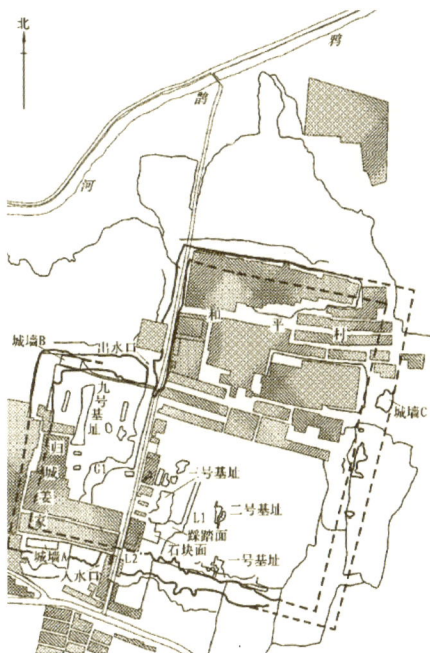

资料来源：中美联合归城考古队：《山东龙口市归城两周城址调查简报》，《考古》2011年第3期。

内城平面图

---

[1] 中美联合归城考古队：《山东龙口市归城两周城址调查简报》，《考古》2011年第3期。

[2] 李步青、林仙庭：《山东黄县归城遗址的调查与发掘》，《考古》1991年第10期。

19

甬钟纹饰

铜甬钟

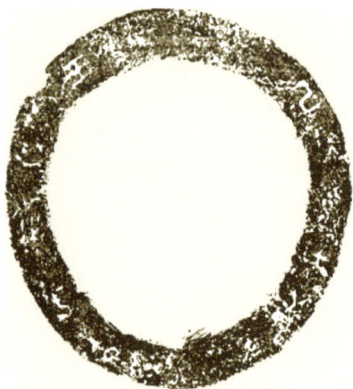

资料来源：李步青、林仙庭：《山东黄县归城遗址的调查与发掘》，图版《黄县归城遗址及墓葬出土器物》，《考古》1991 年第 10 期。

己侯鬲铭文：己侯口口姜口口
子子孙孙永宝用

己侯鬲

"蓬莱目极沧海长"[1]：海洋文化

一、三神山与蓬莱仙话

三神山和蓬莱神话历史悠久，广为流传。顾颉刚先生提出，中国古代流传下来的神话有两大体系，即昆仑神话和蓬莱仙话系统[2]。与昆仑山相对应的海中仙域，蓬莱是一个仙人聚居的东方仙乡。

先秦时期，蓬莱神话逐渐演变为仙话。顾炎武认为"仙论起于周末"，此论当是。陈寅恪先生指出，神仙学说起源于东部沿海地区："自战国邹衍传大九州之说，至秦始皇、汉武帝时方士迂怪之论，据太史公书所载（始皇本纪、封禅书、孟子、荀卿列传等），皆出于燕、齐之域。盖滨海之地应早有海上交通，受外来之影响。以其不易证明，姑置不论。但神仙学说之起源及其道术之传授，必与此滨海地域有连，则无可疑者。" [3]

茫茫大海，浩瀚无边，有仙岛异域，有巨大生灵，亦有不死之国。《山海经》记载了许多神山仙岛，如在海中的蓬莱山、在海河州中的列姑射和姑射国等，"东海之渚中，有神"[4]。其中，提到的"蓬莱山"，郭璞注释曰："上有仙人宫室，皆以金玉为之，鸟兽尽白，望之如云，在渤海中也。"[5]这是《山海经》中最早简略提到的"蓬莱山"。其想象也最为质朴。

到了《列子》，神山开始具体化了，蓬莱即被认为是由巨鳌驮着的神山之一。先秦《列子》八卷早已散佚，今本虽系伪作，但

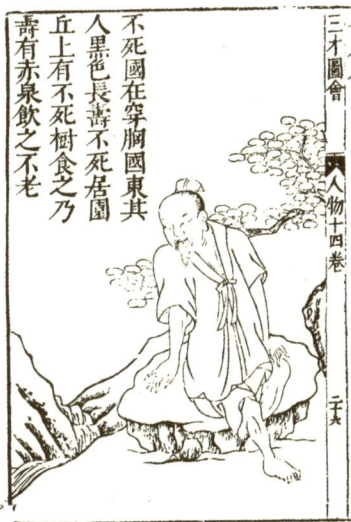

"不死国"（明代《三才图会》）

---

[1]　（唐）李涉：《寄河阳从事杨潜》，《全唐诗》卷四百七十七，中华书局1960年。

[2]　顾颉刚：《〈庄子〉和〈楚辞〉中昆仑和蓬莱两个神话系统的融合》，《中华文史论丛》1979年第2辑。

[3]　陈寅恪：《天师道与滨海地域之关系》，《金明馆丛稿初编》，生活·读书·新知三联书店2001年，第2页。

[4]　《山海经》卷十四《大荒东经》（《四库笔记小说丛书》），上海古籍出版社1995年，第71页。

[5]　《山海经》卷十二《海内北经》（《四库笔记小说丛书》），上海古籍出版社1995年，第67页。

也非随意编造，而是有所据连缀成之，保存了诸多先秦神话传说和寓言故事。《列子·汤问》：

> 渤海之东，不知几亿万里，有大壑焉，实惟无底之谷，其下无底，名曰归墟。八肱九野之水，天汉之流，莫不注之，而无增无减焉。其中有五山焉，一曰岱舆，二曰员峤，三曰方壶，四曰瀛洲，五曰蓬莱。其山高下周旋三万里，其顶平处九千里。山之中间相去七万里，以为邻居焉。其上台观皆金玉，其上禽兽皆纯缟。珠玕之树皆丛生，华实皆有滋味，食之皆不老不死。所居之人，皆仙圣之种，一日一夕飞相往来者，不可数焉。而五山之根无所连箸，常随潮波上下往还，不得暂峙焉。

由《列子》中的"五山"进而发展为"三神山"说，《史记·秦始皇本纪》："海中有三神山，名曰蓬莱、方丈、瀛洲，仙人居之"。《列子》中的方壶、瀛洲、蓬莱与《史记》中的蓬莱、方丈、瀛洲大体相同，方壶就是方丈。晋人王嘉《拾遗记》卷一："三壶，则海中三山也。一曰方壶，则方丈也；二曰蓬壶，则蓬莱也；三曰瀛壶，则瀛洲也。""五山"中的"岱舆、员峤"哪去了呢？《列子·汤问》中说："岱舆、员峤二山，流于北极，沉于大海"。

《史记·封禅书》记载：

> 自威、宣、燕昭，使人入海求蓬莱、方丈、瀛洲。此三神山者，其传在勃（渤）海中，去人不远；患且至，则船风引而去。盖尝有至者，诸仙人及不死之药皆在焉。其物禽兽尽白，而黄金银为宫阙。未至，望之如云；及到，三神山反居水下。临之，风辄引去，终莫能至云。世主莫不甘心焉。

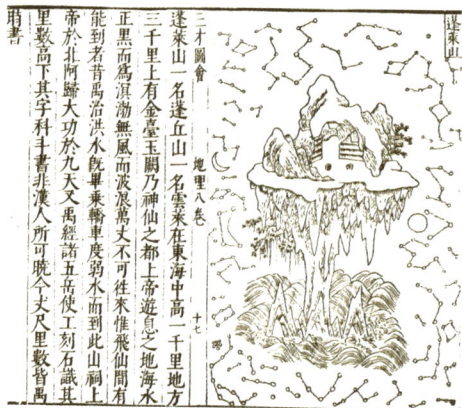

蓬莱山（明代《三才图会》）

神山上白色的鸟兽，金银做成的华丽宫阙，仙人及不死药，整个仙岛奇异浪漫，一切都是那么神秘，那么辽远，幻怪奇谲，上蓬莱、咀琼英，可望而不可及，令人神往。

在后世所绘中，三神山往往

状如壶形，如《三才图会》中的"蓬莱山"：
海浪中擎出一石柱，其上为山，山顶平缓，
山上有洞，山下是尖锐的倒立岩石，石上
是倒长的松树。石柱下是三座小山，周遭
是无风而波浪万丈不可往来的渤海。而清
代王云画的《方壶图》，也可见海浪之中
的石柱，其上也是石头山，山里有平地，
隐约之间现出宫殿来，此图整个造型就像
壶。

战国时期，方士们大力宣扬海中三神
山、不死神仙、不死仙药，自齐威王、齐
宣王、燕昭王等热心求仙，对海上三神山
的寻访持续不断，至秦皇汉武达至鼎盛，
胶东沿海的神仙思想也盛极一时。

在蓬莱诸仙中，著名者如安期生。据
《列仙传》所载：

（清）王云《方壶图》

安期先生者，琅琊阜乡人也。卖药于
东海边，时人皆言千岁翁。秦始皇东游，
请见，与语三日三夜，赐金璧度数十万。
出于阜乡亭，皆置去。留书以赤玉舄一量为报。曰："后数年，求我于蓬莱山。"
始皇即遣使者徐市、卢生等数百人入海，未至蓬莱山，辄逢风波而还。立祠阜
乡亭海边十数处云[1]。

在《史记·封禅书》中记李少君之语说："臣尝游海上，见安期生，安期
生食巨枣，大如瓜。安期生仙者，通蓬莱中，合则见人，不合则隐。"使得汉
武帝多次东巡蓬莱，并派遣方士入海，求蓬莱安期生之属。并在莱州城内筑"幸
台"[2]。

《汉书·蒯伍江息夫传》中的《蒯通传》记载安期生："初，（蒯）通善

[1] 王叔岷：《列仙传校笺》，中华书局 2007 年，第 70 页。
[2] 刘敦愿、宋百川、刘伯勤：《齐乘校释》，中华书局 2012 年，第 453 页。

齐人安其生，安其生尝干项羽，项羽不能用其策。而项羽欲封此两人，卒不肯受。"传中安期生作安其生，卷末考证已辨。

晋皇甫谧《高士传》卷中也记载：

> 安期生者，琅琊人也，受学河上丈人，卖药海边，老而不仕，时人谓之千岁公。秦始皇东游，请与语三日三夜，赐金璧直数千万。出置阜乡亭而去，留赤玉舄为报，留书与始皇曰："后数十年求我于蓬莱山下。"及秦败，安期生与其友蒯通交往，项羽欲封之，卒不肯受。[1]

安期生画像（明代《有像列仙全传》）

《抱朴子·内篇》卷十三亦有同样记载，"秦始皇请与语，三日三夜。其言高，其旨远，博而有证。始皇异之，乃赐之金璧，可直数千万。"

元代于钦《齐乘》认为，安期生属于"必有大贤明睿之资，精察造化，纯一不离"，根气清厚的仙者。[2]

清代赵翼在《陔余丛考》中认为安期生是学黄老之术的隐君子：

> 世以安期生、浮丘伯皆为列仙之徒。……然安期生实学黄老之术者。《史记·乐毅传》，河上丈人以黄老教安期生，数传至盖公，为曹相国师，教相国以清净为治，而齐国大治。《蒯通传》：安期生尝以策干项羽，羽不能用，授以官，安期生不受而去。则安期生盖隐君子也。[3]

蓬莱烟雾，聊以寄兴。蓬莱仙话作为一种意象，以其华丽的想象和别致的素材相煦于唐宋的诗词歌赋，也可谓别有所寄了。如李白《悲清秋赋》："归

---

[1] （晋）皇甫谧：《高士传》卷中，《四库全书》（史部二〇六传记类），上海古籍出版社1987年，第99页。

[2] 刘敦愿、宋百川、刘伯勤：《齐乘校释》，中华书局2012年，第559页。

[3] （清）赵翼：《陔余丛考》卷三十四，上海古籍出版社2011年，第672页。

去来兮人间不可以托些，吾将采药于蓬丘。"[1]《古诗》："……终留赤玉舄，东上蓬莱路。秦帝如我求，苍苍但烟雾。"[2]《对酒行》"松子栖金华，安期入蓬海，此人古之仙，羽化竟何在？……"[3]《梦游天姥吟留别》诗云："海客谈瀛洲，烟涛微茫信难求。"[4]《怀仙歌》：

> 一鹤东飞过沧海，放心散漫知何在。
> 仙人浩歌望我来，应攀玉树长相待。
> 尧舜之事不足惊，自馀嚣嚣直可轻。
> 巨鳌莫载三山去，我欲蓬莱顶上行。[5]

杜甫《游子》"蓬莱如可到，衰白问群仙。"[6]《秋兴》："蓬莱宫阙对南山，承露金茎霄汉间。"[7]白居易《长恨歌》："忽闻海上有仙山，山在虚无缥缈间。楼阁玲珑五云起，其中绰约多仙子。"[8]李涉《寄河阳从事杨潜》中有："忆昨天台寻石梁，赤城枕下看扶桑。金乌欲上海如血，翠色一点蓬莱光。安期先生不可见，蓬莱目极沧海长。"[9]

苏轼《过莱州雪后望三山》：

> 东海如碧环，西北卷登莱。云光与天色，直到三山回。
> 我行适冬仲，薄雪收浮埃。黄昏风絮定，半夜扶桑开。
> 参差太华顶，出没云涛堆。安期与羡门，乘龙安在哉。
> 茂陵秋风客，劝尔麾一杯。帝乡不可期，楚些招归来。[10]

宋元，海上对外贸易繁荣，登、莱口岸成为重要的对外交往门户。宋嘉祐五年（1060）朱处约知登州，在任期间建造了蓬莱阁。其《蓬莱阁记》云：

[1] （清）王琦：《李太白集注》卷一，上海古籍出版社 1992 年，第 11 页。
[2] （清）王琦：《李太白集注》卷二，上海古籍出版社 1992 年，第 46 页。
[3] （清）王琦：《李太白集注》卷六，上海古籍出版社 1992 年，第 138 页。
[4] （清）王琦：《李太白集注》卷十五，上海古籍出版社 1992 年，第 273 页。
[5] （清）王琦：《李太白集注》卷八，上海古籍出版社 1992 年，第 176 页。
[6] （清）仇兆鳌：《杜诗详注》卷十三，上海古籍出版社 1992 年，第 430 页。
[7] （清）仇兆鳌：《杜诗详注》卷十七，上海古籍出版社 1992 年，第 587 页。
[8] （唐）白居易：《白氏长庆集》卷十二，上海古籍出版社 1994 年，第 128 页。
[9] （唐）李涉：《寄河阳从事杨潜》，《全唐诗》卷四百七十七，中华书局 1960 年。
[10] 《施注苏诗》卷二十四（《四库全书》集部四九），上海古籍出版社 1987 年，第 110 册，第 440 页。

（元）黄公望《仙山图》（上海博物馆藏）

世传蓬莱、方丈、瀛洲在海之中，皆神仙所居，人莫能及其处。其言恍惚诡异，多出方士之说，难于取信。而登州所居之邑曰蓬莱，岂非秦汉之君东游以追其迹，意神仙果可求也，蓬莱不得见，而空名其邑曰蓬莱？使后传以为惑。

据方士三山之说，大抵草木鸟兽神怪之名。又言仙者宫室伟大，气序和平之状，餐其草木，则可以长生不死。长往之士，莫不欲到其境而脱于无何有之乡。际海而望，翕然注想物外，不惑其说者有矣。[1]

也成为文人画的一个题材。如元代黄公望《仙山图》，上有倪云林题跋："东望蓬莱弱水长，方壶宫阙锁芝房。谁怜误落尘寰久，曾嗽飞霞咽帝觞……"当然，此画已非蓬莱弱水，仙居成村景，天阙变人家。蓬莱已成为想象中的仙境，画图中的意象。也并非渺然难寻，而就在眼前，所谓"乃知蓬莱水，复作清浅流"，蓬莱仙山回到了人间。

而对三神山的解释，到宋元以后，就有指出三神山是海市蜃楼现象。而对"海市"的记载，汉代则称为"蜃气"，最早记载于《史记·天宫书》："海旁蜃气象楼台，广野气成宫阙，然云气各象其山川人民所聚积。"《汉书·天文志》一仍《史记》所载。最早用"海市"为名的是晋伏琛《三齐略记》："海上蜃气，时结楼台，名海市"。古人多普遍相信海市是"蜃"所吐之气，如唐代王维

---

[1] 道光：《重修蓬莱县志》卷十二《艺文志》。

神山现市（道光《重修蓬莱县志》）

《送秘书晁监还日本国序》云："沃白日而簸三山，浮苍天而吞九域。黄雀之风动地，黑蜃之气成云。"[1]明代李时珍《本草纲目·鳞部》附录"蜃"仍认为："蛟之属有蜃，其状亦似蛇而大，有角如龙状，红鬣，腰以下鳞尽逆。食燕子。能吁气成楼台城郭之状，将雨即见，名蜃楼，亦曰海市。"[2]

而蓬莱是海市蜃楼频繁出现之地，"登州三面负海，止西南接莱阳。出海西北五六十里为沙门岛，与砣矶、牵牛、大竹、小竹五岛相为联。其上生奇草美石，遥望紫翠，出没波涛中，足称方丈、蓬壶。春夏间，蛟蜃吐气，幻为海市，常在五岛之上。现则皆楼台城郭，亦有人马往来，近看则无，止是霞光，远看乃有，真成市肆。"[3]唐时，已有登州海市景象的记录。光绪《增修登州府志》："唐开元末，登州渔者负担行海边，遥见烟雾蒙笼，人众填杂，若市里者，遂前见。多卖药物，僧道尤众。良久欠伸悉无所观，惟拾得青黛数十许，人不敢用而施之浮图。"[4]宋王谠《唐语林》也有记载："海上居人，时见飞楼如结构之状，其壮丽者；太原以北晨行，则烟霭之中睹城阙状，如女墙雉堞者，皆《天官书》所谓蜃也。"[5]

最早客观、完整记载登州海市的是宋代沈括的《梦溪笔谈》，并且对登州海市现象为"蛟蜃之气所为"开始进行了否定：

登州海中，时有云气如宫室、台观、城堞、人物、车马、冠盖，历历可见，谓之"海市"。或曰蛟蜃之气所为，疑不然也。欧阳文忠曾出使河朔，过高唐

---

[1]　（清）赵殿成：《王右丞集笺注》卷十二，上海古籍出版社1992年，第158页。

[2]　（明）李时珍：《本草纲目·鳞部》卷四十三《蛟龙》。

[3]　（明）王士性：《广志绎》卷三《江北四省》，中华书局2012年，第243页。

[4]　光绪《增修登州府志》卷六十九《补遗下》。

[5]　（宋）王谠《唐语林》卷八《补遗》。

县，驿舍中夜有鬼神自空中过，车马人畜之声一一可辨，其说甚详，此不具纪。问本处父老，云二十年前尝昼过县，亦历历见人物。土人亦谓之"海市"，与登州所见大略相类也。[1]

亲睹海市蜃楼并现场记录尤为令人神往。元丰八年（1085）十月，苏轼出任登州太守，留下传世千古的《登州海市诗并序》：

予闻登州海市旧矣。父老云："常出于春夏，今岁晚不复见矣。"予到官五日而去，以不见为恨，祷于海神广德王之庙，明日见焉，乃作此诗。

东方云海空复空，群仙出没空明中。荡摇浮世生万象，岂有贝阙藏珠宫？
心知所见皆幻影，敢以耳目烦神工。岁寒水冷天地闭，为我起蛰鞭鱼龙。
重楼翠阜出霜晓，异事惊倒百岁翁。人间所得容力取，世外无物谁为雄。
率然有请不我拒，信我人厄非天穷。潮阳太守南迁归，喜见石廪堆祝融。
自言正直动山鬼，岂知造物哀龙钟。信眉一笑岂易得，神之报汝亦已丰。
斜阳万里孤鸟没，但见碧海磨青铜。新诗绮语亦安用，相与变灭随东风。[2]

苏轼《登州海市》，后被摹勒上石，以垂久远，现存于蓬莱阁卧碑亭内。

蓬莱阁卧碑亭内的《登州海市》碑

美不自美，因人而彰。《登州海市诗并序》广受赞誉，《登州海市》更由此声名大噪，成为后世诗文的滥觞。

到了元代，对海市记载则更为详尽。如于钦《齐乘》卷一"沙门岛"："登州北海中九十里，……其相联属，则有砣矶岛、牵牛岛、大竹岛、小竹岛，历历海中，苍秀如画。海市现灭，常在五岛之上。"并描绘登州海市景象：

[1] （宋）沈括《梦溪笔谈》卷二十一《异事》。

[2] 《施注苏诗》卷二十四（《四库全书》集部四九），上海古籍出版社1987年，第110册，第440页。

盖海市常以春夏晴和之时，杲日初升，东风微作，云脚齐敷于海岛之上，海市必现。现则山林、城阙、楼观、旌幢、毡车、驼马、衣冠人物，凡世间所有，象类万殊，或小、或大，或暂、或久，或变现终日，或际海皆满。……钦以中秋后至海滨，天已微寒，知州事李述之，诗人也，亦相与祷于广德王之祠。越二日忽报云："今晨风色云气，海市当现。"同登宾日楼候之。日初出，大竹岛上横一巨艘，长余百寻。述之指以示余，余曰："此海舟耳。"述之曰："谛观之，何故不动？"须臾，前后曳数旗，剑戟纷纭。忽不见，惟有空舟，渐变如长廊而灭。述之曰："风稍急而寒，不然，现未已也。"呜呼，神哉！然则《史》、《汉》所称三神山蓬莱、方丈、瀛洲，望之如云，未能至者，殆此类耳。[1]

明朝时，对"海市"的认识有了进一步发展。方以智《物理小识》卷二就提出"海市或以为蜃气，非也"。陆容《菽园杂记》则明确指出，"海市""楼台"，是山川之气掩映日光而成，不是蜃气，亦非神物：

蜃气楼台之说，出《天宫书》，其来远矣。或以蜃为大蛤，《月令》所谓"雉入大海为蜃"是也。或以为蛇所化，海中此物固多有之。然滨海之地，未尝见有楼台之状，惟登州海市，世传道之，疑以为蜃气所致。苏长公海市诗序，谓其尝出于春夏，岁晚不复见。公祷于海神之庙，明日见焉。是又以为可祷而得，则非蜃气矣。《辽东志》云："辽东东南皆山也……"当夏秋之交，时雨既霁，旭日始兴，其山岚凝结，而城郭楼台，草木隐映，人马驰骤于烟雾之中，宛若人世所有，虽丹青妙笔，莫尽其状。古名登莱海市，谓之神物幻化，

海市图（明代《三才图会》）

---

[1] 刘敦愿、宋百川、刘伯勤：《齐乘校释》，中华书局 2012 年，第 60-61 页。

岂亦山川灵淑之气致然耶？观此，则所谓楼台，所谓海市，大抵皆山川之气，掩映日光而成，固非蜃气，亦非神物。东坡之祷，盖偶然耳。[1]

清道光年间，钱泳《履园丛话·考索》"海市蜃楼"云：

王仲瞿常言："始皇使徐福入海求神仙，终无有验。而汉武亦蹈前辙，真不可解。此二君者，皆聪明绝世之人，胡乃为此捕风捉影疑鬼疑神之事耶？"后游山东登州，见海市，始恍然曰："秦皇、汉武俱为所惑者，乃此耳。"其言甚确。……因悟蓬莱之海市，又安知非上古之楼台城郭乎？则所现者，盖其精气云。[2]

对"海市"的记载和认识，也是蓬莱仙话的一种衍变。

从仙境到诗境，宋时"阁上古今题咏其多，而宋人《秦楼月》一词颇飘逸，词云：'烟漠漠，水天摇荡蓬莱阁。蓬莱阁，朱甍碧瓦，半浸寥廓。三山漫有长生药，茫茫云海风涛恶，风涛恶，仙槎不见，暮沙潮落。'登人皆歌之。"[3]

明清以降，到蓬莱者，无不以亲见海市蜃楼为一大幸事，并作诗文以纪之，在蓬莱阁可见这些碑刻记载。如明代曾任登州知府的袁可立，作《甲子仲夏登署中楼观海市并序》：

余建牙东牟，岁华三易。每欲寓目海市，竟为机务缧缠，罔克一觌。甲子春，方得旨予告，因整理诸事之未集，又两阅月，始咸结局，于是乃有暇晷。仲夏念一日，偶登署中楼，推窗北眺，于平日苍茫浩渺间，俨然见一雄城在焉。因遍观诸岛，咸非故形，卑者抗之，锐者夷之；宫殿楼台，杂出其中。谛观之，飞檐列栋，丹垩粉黛，莫不具焉。纷然成形者，或如盖，如旗，如浮屠，如人偶语，春树万家，参差远迩，桥梁洲渚，断续联络，时分时合，乍现乍隐，真有画工之所不能穷其巧者，世传蓬莱仙岛备诸灵异，其即此是欤？……

登楼披绮疏，天水色相溶。云霭泮无际，豁达来长风。须臾蜃气吐，岛屿失恒踪。茫茫浩波里，突忽起崇墉。坦隅迥如削，瑞彩郁葱笼。阿阁叠飞槛，烟霄直荡胸。遥岑相映带，变幻纷不同。峭壁成广阜，平峦秀奇峰。高下时翻覆，

---

[1]　（明）陆容：《菽园杂记》卷九，中华书局1985年，第112页。

[2]　（清）钱泳：《履园丛话》卷三，中华书局2012年，第71页。

[3]　刘敦愿、宋百川、刘伯勤：《齐乘校释》，中华书局2012年，第456页。

分合瞬息中。云林荫琦坷，阳麓焕丹丛。浮屠相对峙，峥嵘信鬼工。村落敷洲渚，断岸驾长虹。人物出没间，罔辨色与空。倏显还倏隐，造化有元功。秉钺来渤海，三载始一逢。纵观临己申，渴肠此日充。行矣感神异，赋诗愧长公。[1]

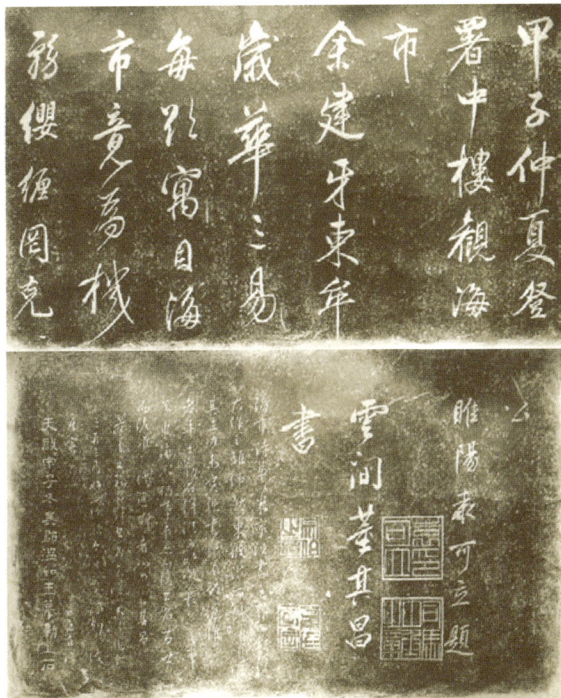

蓬莱阁"避风亭"内的《甲子仲夏登暑中楼观海市》碑

这首观海市诗并序，刻石九方，嵌在蓬莱阁"避风亭"内。书丹者是作者挚友书法大家董其昌，刻工是刻过《肃府阁帖》的温如玉。诗书刻俱佳，足为瑰宝。

明朝王世懋《寄讯蓬莱阁》：

遥问高阁俯蓬壶，为问三山定有无。云暖蜃楼朝结市，月寒鲛室夜沉珠。惊湍槛外星河覆，异域尊前岛屿孤。若遇安期须乞枣，莫教秦帝石空驱。[2]

---

[1] 道光《重修蓬莱县志》卷十四《艺文志》。
[2] 道光《重修蓬莱县志》卷十四《艺文志》。

王世贞有《和吴俊伯蓬莱阁六绝》诗，其一：

虚无紫气隐蓬莱，水落青天忽对开。已借鳌簪为岛屿，还从蜃口出楼台。[1]

清代有关海市的诗文，如阮元《登州杂诗》其一：

桑田言本幻，日主祀无名。人到之罘岛，鸡鸣不夜城。
秦碑湮旧迹，汉使失回程。当日求仙处，皆从蜃市行。

施闰章《观海市》：

余校士东牟，思见海市，事竣，谒海庙因祷焉。翼日临发，海市适见，歌以纪之。

蓬莱海市光有无，仲冬物色夸大苏。我亦再拜乞海若，愿假灵迹看须臾。是时苦旱海水渴，神龙困懒枯珊瑚。鼍鼓忽鸣津吏呼，天吴出舞鲛人趋。大竹盈盈横匹练，小竹湛湛浮明珠。方圆断续忽易位，明灭低昂顷刻殊。列屏复帐闪宫阙，桃源茅屋成村墟。沙门小岛更奇绝，浮屠倒影凌空虚。有时离立为两人，上者为笠下者车。奢然双扉开白板，中有琪树何扶疏。三山十洲一步地，群仙冉冉来蓬壶。神摇目眩看不定，惜哉风伯为驱除。人间快事亦如此，浮云长据胡为乎？噫嘻！浮云长据胡为乎[2]。

当是目睹海市奇观的妙笔，刻石嵌在蓬莱阁"避风亭"内西壁上，甚为可观。

关于海上三神山，王献唐先生《炎黄氏族文化考》中认为：风蓬同音，风亦作蓬，"蓬莱犹风莱，为风夷、莱夷二族合名之地"。风夷乃东方九夷之一，莱夷初在风夷之西，后东移至海滨，即《尚书·尧典》中的嵎夷，两者先后共居一处，故以风莱名地。"壶即湖，方壶即方湖，蓬壶、瀛壶亦然，指水之一方而言。湖中有山，因以为名；山有居人，又以居人之族名名湖。"瀛即嬴，嬴族所居湖山。"其言方丈者，丈即场字，犹言方场，方族之场也。其言蓬莱者，乃蓬莱之族，渡海至此，因旧名为号；合名例可单称，故又曰蓬壶。其言

[1] 道光《重修蓬莱县志》卷十四《艺文志》。
[2] 道光《重修蓬莱县志》卷十四《艺文志》。

瀛洲者，嬴族所居之洲，湖中有山，山在洲中，四围为水，故亦曰瀛洲；洲义犹场，瀛洲犹方丈也。测其情势，即今之海岛，故蓬莱亦曰蓬岛。"进而认为："海外三山，皆以族氏得名，其族又皆羲、农支系，盖由山东内地逐渐而东，直达海滨，复航海而繁殖于海中三岛。岛本无名，各以原居族地之号相呼：其言方壶、蓬壶，必旧为风族之人；其言瀛壶，必旧为嬴族之人。"因而，海外三山"并无所谓仙人也。仙人皆秦汉方士之言，旧闻东海中有此三岛，掇拾其名，以诓君上，说虽支离可哂，而所称之名，必皆有所本。"[1]

二、"立石颂秦德"：秦始皇东巡胶东

公元前 221 年，秦灭六国，四海一，行"车同轨、书同文、行同伦"，焚书坑儒，大修驰道，平定天下，"东穷齐燕、南极吴楚，江湖之上，滨海之观毕至"。海内为郡县，法令由一统，形势甫一稳定，秦始皇即开始大规模出巡全国。

史载，秦始皇共出巡五次，其中三次东巡胶东半岛。《史记·秦始皇本纪》：前 219 年"即帝位三年，东巡郡县"，由咸阳出发，过峄山，到泰山封禅大典后，"并勃（渤）海以东，过黄（今龙口）、腄（今福山），穷成山，登之罘，立石颂秦德焉而去。南登琅琊，大乐之，留三月。……作琅琊台，立石刻，颂秦德，明得意。"这次"亲巡远方"，以黄、腄、芝罘、成山头和琅琊为基点，既是出于"初并天下，罔不宾服"的政治形势需要，同时也是以封禅为目的。

芝罘和成山是阳主祠和日主祠所在地。《史记·封禅书》：

八神将自古而有之，或曰太公以来作之。齐所以为齐，以天齐也。其祀绝，莫知起时。八神：一曰天主，祠天齐……二曰地主，祠泰山梁父……三曰兵主，祠蚩尤……四曰阴主，祠三山；五曰阳主，祠之罘；六曰月主，祠之莱山，皆在齐北，并勃海；七曰日主，祠成山，成山斗入海，最居齐东北隅，以迎日出云；八曰四时主，祠琅邪。

《汉书·郊祀志》则指出："五曰阳主，祠之罘山"，"七曰日主，祠盛山，盛山斗入海，最居齐东北阳，目迎日出云"。

于钦《齐乘》卷一记"之罘山"：

[1] 王献唐：《炎黄氏族文化考》，齐鲁书社 1985 年，第 552~555 页。

芝罘岛复建的阳主庙

《郊祀志》齐有八祠，之罘为阳主山，有阳主庙。武帝太始三年幸琅邪，礼日成山，登之罘，称万岁。子虚赋又云"射乎之罘"。其山入海，中有垒石，相传武帝造桥，两石铭犹存。山高九里，周五十里，西南至福山县，长三十余里。[1]

《齐乘》卷一记"成山"：

> 文登东北百五十里，古不夜城侧。汉志亦作盛山，主祠日。盛山斗入海，最居齐东北阳，以迎日出。武帝太始三年幸东海，作朱雁之歌，礼日此山，还而下恤鳏寡。今按，召石与成山相近，因始皇会海神故，后世遂呼成山曰神山。山斗入海，旁多椒岛，海艘经此，失风多覆——海道极险处也。[2]

成山头出土的秦代祭日礼器（荣成博物馆藏）

秦始皇这次东巡，祭祀了胶东的日主、月主、阴主、阳主和四时主。

公元前218年，秦始皇再次东巡，"二十九年，始皇东游。至阳武博狼沙中，为盗所惊。求弗得，乃令天下大索十日。登之罘，刻石"。

《史记·秦始皇本纪》记其碑文：

> 维二十九年，时在中春，阳和方起。皇帝东游，巡登之罘，临照于海。
> 从臣嘉观，原念休烈，追诵本始。大圣作治，建定法度，显箸纲纪。

---

[1] 刘敦愿、宋百川、刘伯勤：《齐乘校释》，中华书局2012年，第55页。
[2] 刘敦愿、宋百川、刘伯勤：《齐乘校释》，中华书局2012年，第57页。

外教诸侯，光施文惠，明以义理。六国回辟，贪戾无厌，虐杀不已。

皇帝哀众，遂发讨师，奋扬武德。义诛信行，威燀旁达，莫不宾服。

烹灭强暴，振救黔首，周定四极。普施明法，经纬天下，永为仪则。

大矣哉！宇县之中，承顺圣意。群臣诵功，请刻于石，表垂于常式。

"久远也如后嗣"（宋拓《汝帖》）

这次东巡主要在芝罘活动，礼祠阳主，刻石立碑，以颂秦德。

在之罘东观，再刻石立碑，东观碑文：

维二十九年，皇帝春游，览省远方。逮于海隅，遂登芝罘，昭临朝阳。
观望广丽，从臣咸念，原道至明。圣法初兴，清理疆内，外诛暴强。
武威旁畅，振动四极，禽灭六王。阐并天下，甾害绝息，永偃戎兵。
皇帝明德，经理宇内，视听不怠。作立大义，昭设备器，咸有章旗。
职臣遵分，各知所行，事无嫌疑。黔首改化，远迩同度，临古绝尤。
常职既定，后嗣循业，长承圣治。群臣嘉德，只诵圣烈，请刻之罘。

这就是历史上著名的之罘刻石，惜石碑早佚，未见原石拓本，唯有《史记》碑文，可证秦始皇东巡胶东、登之罘的史实。

公元前210年，秦始皇第三次东巡胶东：

始皇出游。左丞相斯从，右丞相去疾守。少子胡亥爱慕，请从，上许之……，北至琅邪。方士徐市等入海求神药，数岁不得，费多恐谴，乃诈曰："蓬莱药可得，然常为大鲛鱼所苦，故不得至，愿请善射与俱，见则以连弩射之。"……乃令入海者，赍捕巨鱼具，而自以连弩候大鱼出，射之。自琅邪北至荣成山，弗见。至之罘，见巨鱼，射杀一鱼。

第三次登之罘，除了政治上的"省览远方"之外，更以寻仙求药为主要目的。

东巡胶东，凡三涉琅琊、芝罘，两登成山，驻足黄、腄，或立石刻、以颂秦德，或礼祠名山大川及八神，求仙人羡门之属。

秦始皇之后，汉武帝继其余绪，也数次东巡，求仙人之属。如元封元年（前110）"东巡海上"；太初元年（前104）"东临渤海，望祠蓬莱"；太始三年（前94）"行幸东海……幸琅邪，礼日成山，登之罘"，等等，信惑神怪，巡游无度，到征和四年（前89）方止。汉武遗迹，如莱州三山亭，"城北五十里，汉武帝筑，北望海中三山"[1]。正如李白《登高丘而望远海》所写："登高丘，望远海，六鳌骨已霜，三山流安在？扶桑半摧折，白日沉光彩。银台金阙如梦中，秦皇汉武空相待……"[2]

历史上对三神山的寻访持续不断，虽是可望不可及的一种幻境，却对后世古典园林影响深远，这就是园林建筑的"蓬莱模式"。

秦始皇东巡胶东，求仙求药而不得，"世主莫不甘心"，"引渭水为池，筑为蓬、瀛"[3]，将渭水引到都城咸阳，在城东开挖了一个人工湖，称作"兰池"，池中筑起几座小山，水体象征大海，小山象征三神山。这种筑山理水方式，最早将"蓬莱仙话"引入了园林设计，成为后世宫苑"一池三山"模式的发端，这种模式就被称为"蓬莱模式"。

《史记·秦始皇本纪》："始皇为微行咸阳，与武士四人俱，夜出，逢盗兰池。"《史记集解》注曰"渭城县有兰池宫"，《史记正义》注曰"兰池陂即古之兰池，在咸阳县界"。《秦记》云："始皇都长安，引渭水为池，筑为蓬瀛。刻石为鲸，长二百丈，逢盗之处也。"

汉武帝时，修筑上林苑，《史记·封禅书》记载："于是作建章宫，……其北治大

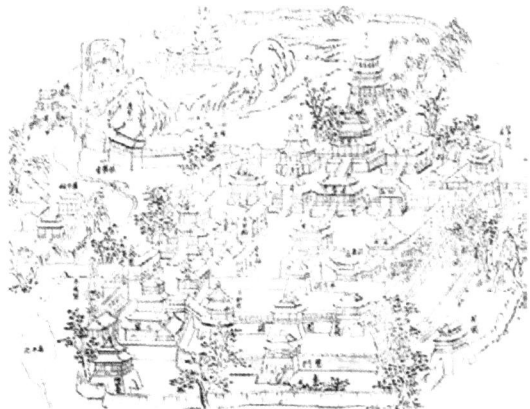

"一池三山"（《关中胜迹图志》中的汉建章宫）

---

[1]　乾隆《掖县志》卷一《古迹》。

[2]　（清）王琦：《李太白集注》卷四，上海古籍出版社1992年，第89页。

[3]　（清）顾炎武：《历代宅京记》卷三，中华书局1984年，第43页。

池渐台，高二十馀丈，命曰太液池，中有蓬莱、方丈、瀛洲、壶梁，象海中神山龟鱼之属。"《汉书·郊祀志》亦引述。《三辅黄图》卷四载："太液池，在长安故城西，建章宫北，未央宫西南。太液者，言其津润所及广也。"[1]

之后，"一池三山"的蓬莱模式被后世帝王效仿。从隋炀帝所造的西苑到辽、金、元、明、清的宫苑——北海，设计布局皆仍其旧。不仅皇家园林采用这种理水传统，一些私家园林也多为蓬莱模式。如扬州的"小方壶园"，苏州留园的"小蓬莱"，杭州三潭印月的"小瀛洲"等。有的学者把蓬莱模式作为仙境神域模式（昆仑山、蓬莱、壶天模式）的一种，构成中国古代的理想景观。[2]

三、徐福东渡

徐福东渡从何处起航？众说纷纭。山东有胶南琅琊、黄岛、青岛、蓬莱、黄县（龙口）出海说，河北有秦皇岛、盐山出海说，江苏有连云港、赣榆出海说，浙江有宁波、舟山出海说，广东沿海出海说等。《史记》等没有明确记载徐福从何处起航，迄今也没有发现确凿的证据或考古实物来确定，留下了不尽的争议和讨论。

徐福，即徐市，秦时有名的方士。秦始皇二十八年（前219年），他利用秦始皇追求长

龙口市"秦方士徐福故里"碑铭

生不老之药的心理而上书："言海中有三神山，名曰蓬莱、方丈、瀛洲，仙人居之。请得斋戒，与童男女求之。于是遣徐市发童男女数千人，入海求仙人。"这是徐福第一次东渡，"童男女数千人"，出海数年，糜费巨大，却未到达神山。

秦始皇三十七年（前210年），秦始皇东巡至琅琊，徐福为求长生不老仙药失败而辩解，诈说"蓬莱药可得，然常为大鲛鱼所苦，故不得至"，出海后每每为大鲛鱼所阻，无法远航，到不了仙岛，请求派遣善射手跟随。至之罘，射杀了一头大鱼。这样，徐福也不能再以此为借口，开始了第二次东渡。《史记·淮南衡山列传》记载："又使徐福入海，求神异物，还，为伪辞曰：'臣见海中大神言曰'汝西皇之使邪？'臣答曰：'然。''汝何求？'曰：'愿请延年益寿药。'神曰：'汝秦王之礼薄，得观而不得取。'即从臣东南至蓬莱山，见芝成宫阙，有使者铜色而龙形，光上照天。于是臣再拜问曰：'宜何资以献？'海神曰：'以

---

[1] 《三辅黄图》卷四，《四部丛刊》（三编史部），上海书店1985年。

[2] 俞孔坚：《理想景观探源——风水的文化意义》，商务印书馆1998年。

令名男子若振女与百工之事，即得之矣。'秦皇帝大说，遣振男女三千人，资之五谷种种百工而行。"

这次东渡，无疑是一个浩浩荡荡、气势庞大的船队，不但有三千童男女，还有许多五谷种子及掌握各种手艺的百工。当然，这次东渡，也不会为秦始皇找到长生不老仙药的，其结果"徐福得平原广泽，止王不来"。徐福一行究竟到了哪里，《史记》没有记载，也给后人留下想象与争论空间。到了班固《汉书》，在《伍被传》中所涉及徐福东渡的记载也同《史记》一样："徐福得平原广泽，止王不来"。陈寿《三国志·吴志》记载徐福最终的归宿地是夷洲、亶洲："遣将军卫温、诸葛直将甲兵万人浮海求夷洲及亶洲。亶洲在海中，长老传言，秦始皇帝遣方士徐福，将童男童女数千人，入海求蓬莱神山及仙药，止此洲不还。世相承，有数万家，其上人民，时有至会稽货布，会稽东县人海行，亦有遭风流移至亶洲者。所在绝远，卒不可得至，但得夷洲数千人还。"夷洲，即台湾，亶洲当去夷洲不远。范晔《后汉书·东夷传》把亶洲放在倭传之后："会稽海外有东鳀人，分为二十余国。又有夷洲及澶洲。传言秦始皇遣方士徐福，将童男女数千人入海，求蓬莱神仙不得，徐福畏诛不敢还，遂止此洲，世世相承，有数万家。人民时至会稽市，会稽东冶县人有入海行，遭风流移至澶洲者。所在绝远，不可往来。"《后汉书》所用材料冠以"传言"两字，说明有关传言在民间流传甚广，并用来解释徐福的最终归宿。

隋唐时期，中日交往日益频繁，把徐福作为一种友谊的象征而互相传颂，徐福东渡开始成为诗赋的意象。如唐元和元年（806 年），唐朝僧人鸿渐作《奉送日本国使空海上人、橘秀才朝献后却还》：

禅居一海隔，乡路祖州东；
到国宣周礼，朝天得僧风。
山冥鱼梵远，日正蜃楼空。
人至非徐福，何由寄信通。[1]

皮日休《重送》："云涛万里最东头，射马台深玉署秋。无限属城为裸国，几多分界是澶洲。……"

五代时，出现徐福东渡到日本的说法。后周显德元年（954 年）齐州开元

---

[1] 《全唐诗续拾》卷二二，《全唐诗补编》（下册），中华书局1992年，第979页。

寺义楚在《释氏六帖》中说："日本国变名倭，在海中。秦时，徐福将五百童男、五百童女，止此国也，今人物一如长安。……双东北千余里有山，名富士，亦名蓬莱，其山峻，三面是海。……徐福止此，谓蓬莱。至今，子孙皆曰秦氏。"[1]宋代的《太平御览》直接引用《三国志·吴志》相关记载，《册府元龟》也记载了夷洲及澶洲是徐福入海求仙药的居住地。

另外一种记载，出现在欧阳修的《日本刀歌》：

昆夷道远不复通，世传切玉谁能穷。
宝刀近出日本国，越贾得之沧海东。
鱼皮装贴香木鞘，黄白闲杂鍮与铜。
百金传入好事手，佩服可以禳妖凶。
传闻其国居大岛，土壤沃饶风俗好。
其先徐福诈秦民，采药淹留丱童老。
百工五种与之居，至今器玩皆精巧。
前朝贡献屡往来，士人往往工辞藻。
徐福行时书未焚，逸书百篇今尚存。
令严不许传中国，举世无人识古文。
先王大典藏夷貊，苍波浩荡无通津。
令人感激坐流涕，锈涩短刀何足云。[2]

"日本国"（明代《三才图会》）

欧阳修相信徐福东渡日本，而且"百工五种与之居"，促进了当时日本社会经济文化的发展。

元代时，周致中《异域志》"日本国"条：

在大海岛中，岛方千里，即倭国也。其国乃徐福所领童男女始创之国。时福所带之人，百工技艺、医巫卜筮皆全，福因避秦之暴虐，已有遁去不返之意，遂为国焉。而中国诗书遂留于此，故其人多尚作诗写字。[3]

迄明代，《天中记》直接引用《三国志·吴志》相关记载。薛俊《日本考

[1] 转引自中国中日关系史研究会编：《日本的中国移民》，生活·读书·新知三联书店1987年，第38页。
[2] 《欧阳修全集》，中华书局2001年，第766页。
[3] （元）周致中：《异域志》，中华书局1981年，第3页。

略》亦记载："先秦时，遣方士徐福将童男女数千人入海求仙，不得，惧诛，止夷、澶二洲，号秦王国，属倭奴，故中国总呼之曰徐倭。"[1]

明清以降，以徐福为意象的诗歌唱和屡见不鲜，如黄遵宪《日本杂事诗》卷一："避秦男女渡三千，海外蓬瀛别有天。镜玺永传笠缝殿，倘疑世系出神仙。"[2] 王世贞："万乘秋风屈布衣，沧桑今古定谁非。田横五百应如在，徐氏三千竟不归。"[3]

徐福东渡，不论是传说还是诗赋，不论是争议还是追念，已成为一种文化符号，一种历史记忆。正如李白《古诗》所云：

秦王扫六合，虎视何雄哉！挥剑决浮云，诸侯尽西来。……尚采不死药，茫然使心哀。连弩射海鱼，长鲸正崔嵬。额鼻象五岳，扬波喷云雷。鬐鬣蔽青天，何由睹蓬莱？徐市载秦女，楼船几时回？……[4]

四、八仙过海传说

"八仙过海"传说，源于胶东半岛。

"八仙"称谓最早见于东汉，牟融《理惑论》云："王乔、赤松、八仙之箓，神书百七十卷。"此八仙是泛指民间流传列仙，而无实指。又有所谓"淮南八仙"，葛洪的《神仙传》和杜光庭的《录异记》皆附会"淮南八公"（《小学绀珠》称"淮南八公：左吴、李尚、苏飞、田由、毛披、雷被、晋昌、伍被"）为八仙。晋谯秀《蜀纪》又有"蜀之八仙"之说。唐时又有"酒中八仙"，八人皆好饮酒赋诗，杜甫曾作《饮中八仙歌》以咏其事。而此八仙只是个空泛的名词，酒八仙的名录也有出入。八仙概念出于道家，在唐前后所指空泛。从五代至北宋已出现有关八仙的绘画，浦江清先生指出"方知好事者画为图，乃唐末时事"，八仙传说已在民间广泛流传。而由个仙到八仙群体的形成，则历经几百年的整合，赖以元杂剧、明传奇、明清小说在民间的广泛传播，至明朝才定型。在八仙定型的过程中，全真道起着至为关键的作用。金代，全真教兴起，因传王重阳得道于钟离权与吕洞宾，钟、吕遂被奉为祖师。早已流传民间、家喻户晓的蓝采和、何仙姑、铁拐李、曹国舅、韩湘子、徐神翁、张果老等都成

---

[1] （明）薛俊：《日本考略》（丛书集成初编），商务印书馆1936年。

[2] 《黄遵宪全集》（上册），中华书局2005年，第9页。

[3] 道光《重修蓬莱县志》卷十四《艺文志》。

[4] （清）王琦：《李太白集注》卷二，上海古籍出版社1992年，第37页。

胶东文化撮要

为钟、吕的弟子或道友，形成了以钟、吕为主的八仙群体。

有关八仙的衍变，浦江清先生《八仙考》考之甚详，此不赘述，只列著录其人其事者。

铁拐李，史传并无其人，明陈仁锡《潜确类书》记其跛拐之由来，事迹见《续文献通考》《历代神仙通鉴》《列仙全传》《八仙出处东游记》《陔余丛考》等，说法不一，或隋或唐，或春秋战国，或远古之神，惟其在民间传说中居八仙之首，资格最老。

汉钟离，即钟离权，《全唐诗》收有他的《题长安酒肆壁》三绝句。《宣和书谱》则谓其生于汉，至宋时又复间出接物，故《宋史》有记载。明胡应麟《庄岳委谈》则指出："盖宋时羽士假托钟离权以诳王定国辈。其诗实唐钟离权所作而假托者，不详其世，以为即汉钟离昧，故自称生于汉。后世因以汉钟离目之。"

吕洞宾，《全唐诗》《词综》收有其诗作，散见于《古今诗话》《贡父诗话》等，宋代罗大经《鹤林玉露》、洪迈《夷坚志》及《谈苑》《列仙全传》等有记载。

张果老，名张果，历史上实有其人，事迹见《明皇杂录》，《旧唐书》有传，《独异志》《太平广记》等亦有记载。手持鱼鼓，有"鱼鼓频频有梵音"之说。

何仙姑，"手执荷花不染尘"，其传说始载于宋人笔记中，如宋魏泰《东轩笔录》："永州有何氏女，幼遇异人与桃食之，遂不饥无漏。自是能逆知祸福，乡人神之，为构楼以居，世谓何仙姑。"《历代神仙通鉴》卷一四记载为广东增城人，《列仙全传》谓唐武后时人，《陔余丛考》卷三四："何仙姑者，刘贡父《诗话》谓永州人，《续通考》则谓广东增城人。曾达臣《独醒杂志》谓宋仁宗时人，《续通考》则又谓唐武后时人。传闻之讹，已多岐互"。

蓝采和，唐末至五代时人，事迹见南唐沈汾《续仙传》、陆游《南唐书》等。谓其尝入市，持大拍板长三尺余，常醉踏歌，"拍板云端里响"，唱言："踏歌踏歌蓝采和，世界能几何。古人混混去不返，今人纷纷来更多。"元遗山因以入诗，有"自惊白发先潘岳，人笑蓝衫似采和"之句。

韩湘子，唐代韩愈的侄孙（或侄子），韩愈《左迁至蓝关示侄孙湘》诗："一封朝奏九重天，夕贬潮阳路八千。欲为圣朝除弊事，肯将衰朽惜残年。云横秦岭家何在？雪拥蓝关马不前。知汝远来应有意，好收吾骨瘴江边。"事迹见《唐书》、段成式《酉阳杂俎》、《太平广记》《仙传拾遗》《列仙全传》等。

曹国舅，《宋史》有记载，事迹见《续文献通考》《列仙全传》。手持玉板，有"玉板和声万籁清"之说。

据 20 世纪 50 年代末考古发掘，侯马金代董明墓中的八仙砖雕像可能为李铁拐、韩湘子、曹国舅、钟离权、何仙姑、徐守信（或张四郎）、吕洞宾、张果老等八人的形象。[1]

资料来源：山西省文管会侯马工作站《侯马金代董氏墓介绍》，《文物》1959年第 6 期。

金代董氏墓八角藻井上的八仙

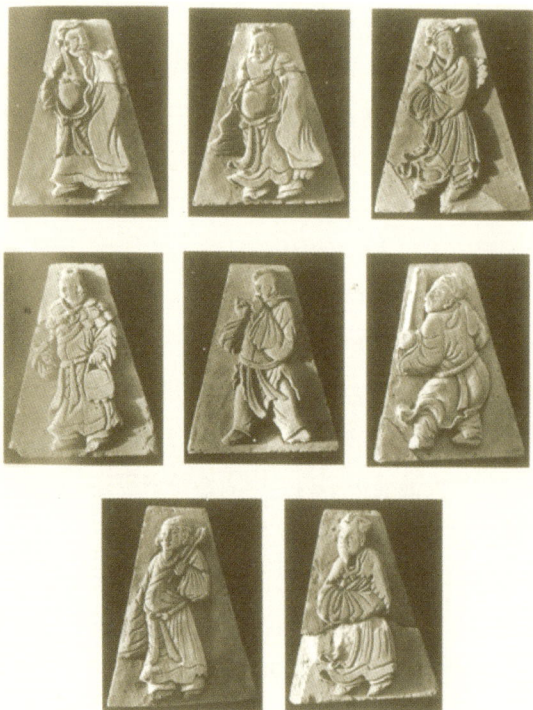

资料来源：山西省考古研究所侯马工作站《侯马 65H4M102 金墓》，《文物季刊》1997 年第 4 期。

金墓出土的砖雕八仙

---

[1] 杨富斗、杨及耕：《金墓砖雕丛探》，《文物季刊》1997 年第 4 期。

这组八仙砖雕，呈三角形，砌于该墓的八角藻井上，其头顶有祥云缭绕，仙鹤展翅飞翔，犹如身居云雾之中。八仙砖雕皆无题名，不能确认，只能根据传说中的装扮形象与其所执之物来推测。

20世纪60年代发掘的侯马65H4M102金墓出土的砖雕八仙像为铁拐李、钟离权、吕洞宾、蓝采和、韩湘子、张果老、曹国舅、徐神翁，[1]亦为八角藻井之装饰物，分别雕于八块梯形砖上。出土时墓顶已坍塌，次序及方位已不清。

这两组砖雕八仙图，虽然人物组合有所差别，却是目前所知最早的八仙形象化资料。

元代，全真道大行于世，立观度人，设坛作醮，尤其壁画成为一种重要传播形式，永乐宫壁画为其代表。山西芮城永乐宫是全真道的三大祖庭之一。其中，纯阳殿的《纯阳帝君神游显化之图》，东、北、西三壁以连环组画的形式构成，美轮美奂。纯阳殿北门门额有《八仙过海图》，北壁的《钟离权度吕洞宾》为全殿的主题画。《八仙过海图》为全真道绘画，是元代通行的八仙组合钟、吕、李、张、韩、蓝、曹、徐踏海而行的场面。浦江清先生认为："后来的《八仙图》固然是俗画，但源于道家的《十二真人图》而间接亦出自《十六罗汉图》，减其人数之半，易印度神仙为中国神仙。《八仙过海图》，蓝本出于《渡水罗汉图》或《渡海天王像》。"[2]《宣和画谱》记载，宣和御府藏有王维《渡水罗汉图》。罗汉、达摩渡水常见于宋元画中，如宋代画家李公麟有《十八罗汉渡江图》等。

从永乐宫壁画可推断，八仙群体在元代已初步形成。明代王世贞《弇州续稿·题八仙像后》云："八仙者，钟离、李、吕、张、蓝、韩、曹、

钟离权度吕洞宾（元代永乐宫壁画）

[1] 山西省考古研究所侯马工作站：《侯马65H4M102金墓》，《文物季刊》1997年第4期。

[2] 浦江清：《八仙考》，《清华学报》1936年第1期。

八仙过海图（元代永乐宫壁画）

何也。不知其会所由始，亦不知其画所由始。余所见仙迹及图史亦详矣，凡元以前无一笔。……以是八仙者，老则张，少则蓝、韩，将则钟离，书生则吕，贵则曹，病则李，妇女则何，为各具一端滑稽事耶。"[1] 王世贞不仅是文学家、史学家，也是一绘画收藏家，所谓八仙绘画"元以前无一笔"，似有不妥。侯马金墓中两组八仙砖雕的出土，表明早在金代，民间已有八仙之绘像，或许是世俗之作不为王世贞所重视，而视而不见罢了。而明胡应麟在《庄岳委谈》中提出："今世绘八仙为图，不知起自何代，盖由杜陵有《饮中八仙歌》，世俗不解何物语，遂以道家者流当之。要之起自元世，王重阳教盛行，以钟离为正阳，洞宾为纯阳，何仙姑为纯阳弟子，夤缘附会，以成此目。"

明初杂剧《争玉板八仙过沧海》

清代学者赵翼在《陔余丛考》中也认为："世俗相传有所谓八仙者，曰汉钟离、张果老、韩湘子、铁拐

---

[1]（明）王世贞：《弇州续稿》，上海古籍出版社1987年，第469页。

李、曹国舅、吕洞宾，又女仙二人蓝采和、何仙姑。按《太平广记》、《神仙通鉴》等书，胪列仙迹，纤悉不遗，并无所谓八仙者。胡应麟谓大概起于元世，王重阳教盛行，以钟离为正阳，洞宾为纯阳，何仙姑为纯阳弟子，因而展转附会，成此名目云。今戏有《八仙庆寿》，尚是元人旧本，则八仙之说出于元人，当不诬也。"[1]

正如浦江清先生所言："考近世八仙的起源以及会合的原因，当于绘画及戏剧上求之。"[2]除了永乐宫壁画中的《八仙过海图》外，八仙过海传说传之于文字记载最早的是明初杂剧《争玉板八仙过沧海》[3]。有脉望馆抄校内府本、《孤本元明杂剧》本，《孤本元明杂剧》题目作"赏牡丹群仙游阆苑"，正名为"争玉板八仙过沧海"，京剧、昆剧承之。

至明朝，万历年间吴元泰《八仙出处东游记》（又名《东游记上洞八仙传》《东游八仙全出身传》）始定八仙为：铁拐李、汉钟离、蓝采和、吕洞宾、张果老、曹国舅、韩湘子、何仙姑，并且"过海"与"庆寿"合而为一。至此，

八仙图（明代《三才图会》）

---

[1]　（清）赵翼：《陔余丛考》卷三十四，上海古籍出版社 2011 年，第 673 页。

[2]　浦江清：《八仙考》，《清华学报》1936 年第 1 期。

[3]　《孤本元明杂剧》第 4 册，中国戏剧出版社 1958 年。

八仙过海传说始得完备。该小说有诗云"八仙踪迹居岛蓬，会罢蟠桃过海东；大士不为扶山海，龙王安得就深宫"，指出蓬莱为八仙过海传说的发源地。[1]

八仙过海故事大意：相传三月十五日蓬莱仙岛牡丹盛开之时，白云仙长邀请众神仙前来观赏。八仙宴后回程各显神通，渡越东海。八仙的举动惊动龙宫，东海龙王率领虾兵蟹将前往理论，遂致冲突。东海龙王之子抓走蓝采和，抢走其玉板，而激怒八仙，大闹龙宫，终获全胜。后由南海观音菩萨（或说如来佛）出面调停，要求东海龙王释放蓝采和，之后双方才停战。这就是"八仙过海"传说。鲁迅先生《中国小说史略》也有记载：八仙"一日俱赴蟠桃大会，归途各履宝物渡海，有龙子爱蓝采和所踏玉版，摄而夺之，遂大战，八仙火烧东洋，龙王败绩，请天兵来助，亦败，后得观音和解，乃各谢去"[2]。无论是八仙去观赏蓬莱仙岛牡丹，还是赴王母娘娘的蟠桃宴会，都是返程经过东海时发生的故事。在民间流传日久，衍化出"八仙过海"的故事。

《历代神仙通鉴》卷二二亦有八仙过海之序幕：

> 张果老居王屋。有刘摩诃自北空同传命，约径丽农祝寿。果老抱渔鼓，跨白驴，飞行于路，遇钟离权、李凝阳、何仙姑、吕纯阳、曹德休、蓝采和、韩清夫。同至海，曰遵君命，直履水面。

迄清代，以八仙过海传说为主题的小说、京剧、杂剧、地方戏等，用不同的体裁，多样的艺术形式，各有精彩演绎。

另外，八仙过海传说，在康熙《登州府志》、道光《重修蓬莱县志》、光绪《蓬莱县续志》、民国《蓬莱县志》中多所记载。正如道光《重修蓬莱县志》所论：

> 郡志"仙释"自安期生而下，其系之蓬莱者得若干人。然其先皆不系之乎蓬莱也，不知羽流出处，大都在可知不可知之际，于其地而游，即于其地而显，亦即于其地而传。安期诸人其系之乎蓬莱也，又何疑焉。说者谓：瀛洲、方丈、蓬莱，神仙之窟宅也。[3]

---

[1] 参阅：《古本小说丛刊》第 39 辑，中华书局 1991 年。

[2] 鲁迅：《中国小说史略》，人民文学出版社 1975 年，第 127 页。

[3] 道光《重修蓬莱县志》卷二《地理》。

五、海洋信仰

胶东海洋信仰源远流长，不断演化。从贝丘遗址的海贝（蛤）信仰到莱夷
文化的"人面鸟身、珥两黄蛇、践两黄蛇"东海海神禺虢（禺号）、"人面鸟身、
珥两青蛇、践两青蛇"北海海神禺京信仰[1]，到秦皇汉武时期的大鱼、蛟龙信仰，
再到海龙王、妈祖信仰和祭祀，胶东海神角色不断演变，海洋信仰具有鲜明的
地域特色。

1. 最主要的海龙王信仰

早在尧舜时期，胶东先民已经开始了对大海的祭祀，祈佑赐福，禳解灾害。
《尚书·益稷》记载禹"弼成五服，至于五千；州十有二师，外薄四海，咸建
五长"。《尚书·舜典》记载舜"望于山川，遍于群神，辑五瑞，既月，乃日
觐四岳群牧，班瑞于群后"。明人任万里的《海庙祀典考》记载："考诸皇帝
祭山川，厥典聿重，舜东巡守，望秩于山川，已有祀海之礼矣。其在三代，禹
玄圭以告成功，汤大告于山川神祇，周制建四望坛，亦必于海焉祀之。不然，
何曰三王之祭川也，皆先河而后海？鲁禧公卜郊，不从，乃免牲，犹三望。所
谓三望者，海固在乎其中。齐侯礼群神、海，加以牲帛。"[2]

夏商周时期，出现了《山海经》中记载的具有人兽同体图腾形象的北海海
神禺京、东海海神禺虢。不论是"珥两青蛇，践两青蛇"，还是"珥两黄蛇，
践两黄蛇"，对后世四海龙王的形象有重要影响。周时，天子祭天下"神明所
居，风雨是主"的名山大川，四望日月
星辰河海大山，五岳视三公，四渎视诸侯，
诸侯祭其境内名山大川，其目的都是为
了"怀柔百神"，祈福禳灾。《礼记·学
记》曰"三王之祭川也，皆先河而后海"，
《礼记·月令》云"天子命有司祈祀四海、
大川、名源、渊泽、井泉"，可见夏商
周时期已开始大规模祭祀大海了。

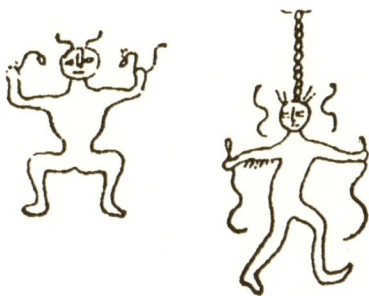

资料来源：扬之水：《先秦诗文史》，中华书局2009年，
第151页。

操蛇神怪

秦时，"制六合，振四海"，随着
海域的扩大，山海经时代的海神名气减

---

[1] 《山海经》卷十四《大荒东经》："东海之渚中，有神，人面鸟身，珥两黄蛇，践两黄蛇，名曰禺虢。黄帝生禺虢，禺虢生禺京。禺京处北海，禺虢处东海，是为海神。"郭璞注："言分治一海而为神也。虢一本作号。"禺京，"即禺疆也"。《山海经》卷八《海外北经》："北方禺疆，人面鸟身，珥两青蛇，践两青蛇。"

[2] 雍正《山东通志》卷三十五《艺文》。

弱，海神角色发生演变，开始处于人格神化的雏形阶段。《史记·秦始皇本纪》记载："方士徐市等入海求神药，数岁不得，费多，恐谴，乃诈曰：'蓬莱药可得，然常为大鲛鱼所苦，故不得至，愿请善射与俱，见则以连弩射之。'始皇梦与海神战，如人状，问占梦，博士曰'水神不可见，以大鱼蛟龙为候。……'"胶东海神形象发生变化，或是带有龙、蛇、大鱼等特征，或为大鱼蛟龙。

汉代时，对海神有了新的称呼，龙、蛇、大鱼神容向人格神转化，四海之神已经演变成人的形象。据《纬书集成》记载，民间对海神的信仰也更加人格化，给管理四海的蛟龙形海神冠上了人的名字，如冯修青、阿明等，还为这些"四海神君"相应配上"夫人"："东海君姓冯，名修青，夫人姓朱，名隐娥；南海君姓祝，名赤，夫人姓翳，名逸寥；西海君姓勾大，名邱百，夫人姓灵，名素简；北海君姓禹，名帐里，夫人姓结，名连赵。"[1] 四海海神的名气和信仰逐渐衰弱，四海龙王信仰开始兴起。道教形成后，"五方龙王"等龙王杂说开始出现，主要有东方青帝、南方赤帝、西方白帝、北方黑帝和中央黄帝以及东、南、西、北四海龙王。佛教传入后，佛经中的"那伽"（Naga），长身无足，人面蛇身，是生活在海中守护佛法的神，能兴云布雨，与本土古老的龙司职相似，译为龙，其首领则译作龙王。"龙举而景云属"，由此，佛教中的诸大龙王、道教中的龙王等海神相融合，开始形成新的海神。

明人任万里的《海庙祀典考》记载："迨始皇即位之三年，东游海上；汉武惑方士之言，临海以望蓬莱，意者二君始亲祀焉。若以海为百川之大，令官以严时祀，则宣帝之诏也。恢复之后即祭海神四渎，则光武之命也。晋成帝遣使以祈祷，隋祭东海于会稽。……唐武德贞观之制，四海年别一祭，牲用太牢，祀官以当界都督刺史充之，……自是而后，皆因旧以增饬之。"[2] 秦皇汉武多次亲临胶东海滨，无疑引起世人对海洋的重视。汉宣帝"令官以严时祀"，海神祭祀由民间上升为国家政治活动，目的是祈佑天下丰年，海疆平安。此后，祭海活动被纳入国家祀典之中，并由官方责办。

隋唐时期，"祀四海"，"近海立祠"。正如韩愈在《南海神庙碑》中所言："天子以为古爵莫贵于公侯，故海岳之祝，牺币之数，放而依之，所以致崇极于大神。今王亦爵也，而礼海岳尚循公侯之事，虚王仪而不用，非致崇极之意也。"[3] 唐天宝十年（751年）正月加封东海海神为"东海广德王"，据记载，"东

[1] （日）安居香山、中林璋八：《纬书集成》，河北人民出版社1994年，第1224页。

[2] 雍正《山东通志》卷三十五《艺文》。

[3] （宋）廖莹中：《东雅堂昌黎集注》卷三十一（四库唐人文集丛刊），上海古籍出版社1993年，第407页。

海为广德王、南海为广利王、西海为广润王、北海为广泽王"[1]，并确立了祭祀四海龙王的制度，派遣"太子中允李随祭东海广德王，义王府长史张九章祭南海广利王，太子中允柳奕祭西海广润王，太子洗马李齐荣祭北海广泽王"[2]。四海封王，地位日隆。四海龙王是民间信仰中管理东、北、西、南四海海域并能致雨司水的龙神，四海龙王分别起名为东海（沧宁德王）敖广、南海（赤安洪圣济王）敖润、西海（素清润王）敖钦、北海（浣旬泽王）敖顺。在登州建有海神庙，如广德王庙，贞观时建，中统年间修，洪武万历年间又重修。

迄宋代，海龙王信仰取代了其他海神。正如宋代赵彦卫《云麓漫钞》中说："古祭水神曰河伯，自释氏书入，中土有龙王之说，而河伯无闻矣。"以东海海神为尊，并把祭祀东海渊圣广德王的祠庙设在莱州。据《太平寰宇记》记载，海神祠在西北十七里，即《地理记》所说的东莱郡有海祠。宋开宝六年（973年），在城西十八里海岸新修了东海神庙。乾隆《莱州府志》卷十四记载宋人贾黄中所撰《新修东海广德王庙碑记》："东莱之地，海祠在焉。岁月滋深，规模非壮"，并赞美东海之神的法力：

满而不溢，大无不包，其惟东海广德王乎！若乃验五行之用，习坎推先；纪四溟之序，东方称首。太昊是都于析木，大帝实馆于扶桑。限蛮夷以分疆，兴云雨而成岁。其广也，尽天之覆，助玄化以无私；其深也，载地如舟，使含生而共济。流元气以资始，擅洪名而不居。涤荡日月之精，推斥阴阳之候。物惟错以称富，润作成而兴利，……信夫太极兼之以生，万物资之以成，九州因之以平，百谷赖之以倾。至若不以浊分别，见其仁也；不以寒暑增损，全乎义也。卑以为礼，合手礼也；深而无际，包乎智也；潮必以时，著乎信也。如是，则象止可以目睹，神莫得而智知。

于钦《齐乘》卷五记载："东海渊圣广德王庙，莱州西北二十里。汉以来古庙。宋开宝六年敕建。参知政事贾黄中碑。"[3]据明人任万里《海庙祀典考》考证："东莱郡城之西北十八里，海神庙在焉。规制宏阔，不知创于何时，然祀典攸存，其所从来远矣。盖四海于此乎汇同，则固有神以主之。其在东方者谓之渤海，通灵虹，王百谷，尤为最巨焉。"[4]

[1] （唐）杜佑：《通典》卷四十六《礼六》。

[2] 《旧唐书》卷二十四《志第四》。

[3] 刘敦愿、宋百川、刘伯勤：《齐乘校释》，中华书局2012年，第452页。

[4] 雍正《山东通志》卷三十五《艺文》。

供奉东海之神广德王的莱州海神庙，遂成为主要的祭祀场所，并由政府官员来主持祭祀仪式，从宋代起已成规制。"尔俗传宋太祖微时，至海上，每获奇应。及即位，乾德六年，有司请祭东海，使莱州以办品物。开宝五年，诏以县令兼祀事，仍籍其庙宇祭器之数于受代日交之。六年，大修海庙，规制焕然一新。仁宗康定二年，又封海神为润圣广德王。徽宗遣使祭东海于莱郡。孝宗时，太常少卿林栗请照国初仪，立春以祀之。宋未尝不以海庙为重。"[1]

宋仁宗时，对四海海神进行加封，《宋史》卷一百二十记载："康定元年（1040年），诏封……东海为渊圣广德王、西海为通圣广润王、南海为洪圣广利王、北海为冲圣广泽王"。之后，东海海神封号时有加封，如皇祐（1049—1054年）时封"威济"，崇宁（1102—1106年）时又封"助顺"等。

莱州芙蓉岛上的海神庙也很有名气。宋人朱彧《萍洲可谈》卷二记载："莱州府东门外十五里，下瞰海咫尺，东望芙蓉岛，水约四十里，岛之西水色白，东则色碧，与天接。岛上有神庙，一茅屋，渔者至彼则还。屋中有米数斛，凡

蓬莱阁龙王宫

渔人阻风，则宿岛上，取米以为粮；得归，便载米偿之，不敢欺一粒。"

除莱州外，还在琅琊台、文登、密州板桥镇、宁海州等地修建了规模不等的海神庙。如蓬莱北丹崖山龙王庙始建于唐代初期，庙中奉祀海神广德王。北宋嘉祐六年（公元1061年），为了修建蓬莱阁，将龙王庙西移，北宋元丰八年（1085年），苏东坡到登州任职期间，时值冬日，为见到海市，曾祷于海神广德王之庙，并留下了著名的诗篇《登州海市》。

再如号称"海神行殿"的宁海州海神庙，元至大四年（1311年），祈雨有应，复修。同时，渔民也开始信奉海神并兴建了大批海神庙。北宋末年，民间广为盛行的龙神信仰得到了朝廷的正式承认和册封。宋徽宗大观二年（1108年），

---

[1] 雍正《山东通志》卷三十五《艺文》。

朝廷封诏五龙神为王爵，"青龙神封广仁王、赤龙神封嘉泽王、白龙神封义济王、黄龙神封孚应王、黑龙神封灵泽王"[1]。

宋室南迁后，官方祭祀东海龙王之举从莱州迁往定海。及至金朝，设在莱州的东海龙王祠庙虽不再由官方祭祀，但香火不断。

元朝时，对四海海神的祭祀是"国俗旧礼"，并重新册封："东海广德灵会王、南海广利灵孚王、西海广润灵通王、北海广泽灵佑王"[2]。增修莱州东海广德灵会王庙，重新成为官方祭祀的海神祠庙。据明任万里《海庙祀典考》："元入主华夏，至元辛卯，加封广德灵会王。至顺壬申及至正四年，大加增修，而奉使致祭者，或斋金幡，或赍银盒，每为不绝。"[3]元杂剧有很多关于"东海龙王"的传奇故事。

明清以降，对岳镇海渎的祭祀"礼制尊崇"。康熙《莱州府志》记载，明洪武二年，定诸神位号。遣官祭东海，称东海之神。对东海神庙也几经修葺，规模已很壮观。任万里《海庙祀典考》：明初，"谓岳镇海渎，俱受命于上帝，幽微莫测，固非封号之所能加，乃去王爵，止称东海之神，盖革元之滥以从其实，诚迈历代而莫之京矣。更遣使降香，岁以春秋至祭。庙始修于洪武乙卯，再修于宣德乙巳，并甲寅，至成化乙巳，大加修拓，如今制，皆有司事也。睹其庙貌，可以仰见圣代祀事之重且慎如此云"[4]。

从隋唐开始流行的龙神信仰到宋朝的封王，朝廷的封赐抬高了龙王的地位，民间大肆修建龙王庙，由龙神演化、被朝廷册封的"东海龙王敖广"成为胶东的海神信仰。东海海神封号甚多，胶东称其为"广德王"，庙宇也称为"广德王庙"。迄明清，"海龙王"大量出现在戏曲、小说等文艺作品中，"海龙王"的观念进一步广为流传。

2.非常普遍的天后（海神娘娘）信仰

天后即南方沿海所称的"妈祖"，胶东民间称其为"海神娘娘"或者称"娘娘"。妈祖原是福建沿海民间信仰的女神，姓林名默，生于宋建隆元年（960年），卒于宋雍熙四年（987年），"湄洲林氏女，殁，庙祀之，号通贤神女。或曰龙女也"[5]。方志记载：林默水性好、善观天文、熟悉航道、精通法术，能乘席渡海，常在海上救渔夫商贾于危难，人呼为"龙女"，当地奉为神灵，成为法力无边、

[1]　（清）徐松：《宋会要辑稿》，中华书局1997年，第465页。

[2]　《新元史》卷八十七《志第五十四》。

[3]　雍正《山东通志》卷三十五《艺文》。

[4]　雍正《山东通志》卷三十五《艺文》。

[5]　《咸淳临安志》卷七十三《祠祀》。

有求必应的民间女海神。其死后仍显灵应，常在海上庇佑渔舟商船，航海者有祷必应。人们感其功德，尊呼其为"娘妈"，并在湄峰建"灵女庙"进行虔祀。于是林默从"人"成为庇佑渔民的"海神"，民间信仰的妈祖神祇逐步发展起来。到元朝时，以护海运有奇应，被封为"天妃"。明朝时，以护海运有功，又被封为"圣妃"。明张燮《东西洋考》、郎瑛《七修类稿》对天妃显圣于海皆有所记。赵翼《陔余丛考》卷三十五《天妃》条："《元史·祭祀志》，南海女神灵惠夫人，至元中以护海运有奇应，加封天妃神号。……是天妃之名自有元始。""相传大海中当风浪危急时，号呼求救，往往有红灯或神鸟来，辄得免，皆妃之灵也。""倘遇风浪危急，呼妈祖则神披发而来，其效立应。若呼天妃，神即必冠帔而至，恐稽时刻。妈祖云者，盖闽人在母家之称也。" [1]

自宋代以后，供奉妈祖神位的妈祖庙（娘娘庙、天妃宫、天后宫等）由福建扩散至全国沿海及东南亚各地。从航海者到普通民众，从民间信仰到国家礼典，妈祖誉信甚隆，宋元明清时期赐给妈祖的封号多达 28 个，从"夫人""天妃""天后"直至"天上圣母"。[2]

"湄岛现慈航江河海普护千万艘"。宋末元初，随着海运的发达，妈祖信仰已向胶东地区传播。从福建长乐港口北行，成山为必趋之道，江闽运船皆望延真岛以为之的，"运道惟成山最险，而为南船必趋之路。……舟人视为畏途。自南来者，皆望延真岛以为之的" [3]。为祈求漕运平安，在险要之地

长岛妈祖庙

建立了成山祠，妈祖信仰随着海运在胶东沿海地区不断广泛传播，并继续向北方传播。[4] 较早建宫虔祀的如庙岛群岛上供奉天后娘娘的显应宫，据传建于北宋宣和四年（1122年）[5]，蓬莱城北丹崖山上蓬莱阁西面的天后圣母庙，建成

[1] （清）赵翼：《陔余丛考》卷三十五，上海古籍出版社 2011 年，第 688~689 页。

[2] 陈国强：《东南文化中的妈祖信仰》，《东南文化》1990 年第 3 期。

[3] 光绪《增修登州府志》卷二十二《海运》。

[4] 如辽宁海城天后宫、金县天后宫等多由山东商人会馆建立。参看李玉昆：《妈祖信仰在北方港的传播》，《海交史研究》1994 年第 2 期。

[5] 泉州海外交通史博物馆调查组：《天后史迹的初步调查》，《海交史研究》1987 年第 1 期。

于北宋崇宁年间[1]。

到了明清时期，胶东沿海的天后宫有了较大发展。如明崇祯初年扩建的庙岛显应宫，清道光年间扩建的蓬莱阁天后宫，以及青岛天后宫（明成化三年，1467年始建）、胶州天后宫（明万历年间建），龙口天后宫

烟台天后行宫

（清道光十九年建）、即墨金口天后宫（清乾隆三十三年，1768年始建）、文登天后宫（清康熙四十年，1701年建），威海卫天后宫（清康熙四十八年，1709年建）等，这些天后宫的修建，多与海运贸易密切相关。比如烟台天后行宫，即福建会馆，是清光绪十年（1884年）福建泉州船邦因口岸贸易而兴建的，祭祀天后，并逐年扩建，至光绪三十二年（1906年）建成三进门、四合院式的建筑群。尽管建筑样式为闽南风格，但雕廊画栋融入胶东地方特色，木雕石刻中与天后结合一起的八仙传说、麻姑献寿等，正如天后殿前对联所云："地近蓬莱海市仙山瀛客话，神来湄渚绿榕丹荔故乡心"。

尤其是庙岛显应宫成为北方具有重要影响的妈祖庙，与福建湄州岛妈祖庙并称妈祖"南北祖庭"。明崇祯元年（1628年），崇祯皇帝御赐庙额"显应宫"。清代又累世增修，不断扩建，形成了以显应宫为中心，以三元宫、关帝庙、龙王庙、玉皇庙等八大庙宇为辅翼的古庙群体。妈祖文化已经深深融入长岛人的生活，形成了别具特色的长岛民间妈祖信仰，如举办"正月十五上元节灯会""三月二十三娘娘千秋节庙会""九月九庙会"等节庆活动。

福建会馆界石（烟台博物馆藏）

到清雍正时期，在登州府的福山、蓬莱、黄县等建有二十多座天后宫，在莱州府的掖县等地建有十余座天后宫。

---

[1] 清光绪《重修天后宫记》："宋崇宁间，于蓬莱阁西偏建灵祥宫，祀海神。"参看李玉昆：《妈祖信仰在北方港的传播》，《海交史研究》1994年第2期。

胶东渔民对海龙王和海神娘娘的信仰，又各有所寄，长岛有谚语："打鱼祷告海龙王，遇难日子望海娘娘"。

3.胶东流传仙姑信仰和海生动物崇拜

胶东渔民中，还流传着亲切的仙姑传说。渔民把仙姑当作海神来信奉，有的还建立庙宇，定期进行祭祀。渔民相信这些仙姑，如同海龙王、海神娘娘一样能解危救难、保佑出海平安。有名的如威海仙姑顶的仙姑庙。仙姑庙始建于宋代，清代重修，后又重建。庙内奉祀的仙姑，在残存的宋碑中称其为郭仙姑，有人还认为仙姑就是麻姑。"在这些仙姑传说中，很可能保留着山东沿海渔民比较早的海神信仰的成分，这种信仰有的可能要早于天后信仰，有的在当地渔民信仰中所占的比重要大大高于天后。如果我们继续搜集同类传说，并做进一步深入的研究，可能对山东沿海渔民的信仰会有新的认识。这些仙姑与天后之间的关系如何，也是值得我们深入探讨的问题。"[1]

胶东一些地方把鲸鱼当作神物。民间传说中，鲸鱼是东海龙王的保驾大臣，统率着"龙兵"。故海中遇鲸，称为"过龙兵""龙兵过"。所谓"过龙兵"，即在这个队伍中，最前面的是先锋官对虾，押解成群的黄花鱼作为粮草；紧随其后的是充当仪仗队的对子鱼；再后面则为巡海夜叉；龙王坐在由10匹海马拉的珊瑚车上，鳖丞相在车旁边。珊瑚车两边各是4条大鲸鱼，称为炮手，负责鸣炮开道前行。遇"过龙兵"，要避让，焚香烧纸，向海里撒大米和馒头，以保平安。

还有一些地方对鲸鱼则充满温情。如长岛渔民称鲸鱼为"赶鱼郎""老赵"，蓬莱则称鲸鱼为"老人家"。称鲸鱼为"老赵"，则是渔民的一种寄托，鲸鱼如同财神能带来收获，这是由民间信仰的财神赵公明化来。称鲸鱼为"老人家"，以老为尊，是生活中亲近的称呼。称鲸鱼为"赶鱼郎"，则是鲸鱼在海中追食鱼群的一种形象化的称呼。其时，渔民随其后撒网，容易获得丰收。正如长岛流行的歌谣："赶鱼郎，黑又光，帮助我们找渔场。""赶鱼郎，四面窜，当央撒网鱼满船。"

荣成的渔民捕捞时则非常敬畏海鳖，俗信海鳖能给人以祝福。渔民出海凡逢海鳖，敬香烧纸，祈祷平安。海上作业也忌说鳖，称为"老人家""老爷子"等。由此，也形成一些习惯，如渔船下锚，要高喊："给——锚——了！"喊过之后，稍停片刻再下锚，据说就是怕伤着海鳖。[2]

---

[1] 叶涛：《海神、海神信仰与祭祀仪式——山东沿海渔民的海神信仰与祭祀仪式调查》，《民俗研究》2002年第3期。

[2] 山曼、单雯编著：《山东海洋民俗》，济南出版社2007年，第152~154页。

"烟霞洞府习真修"[1]：全真道的兴盛

胶东，是中国道教文化的重要源头。金末元初，王重阳"屏去妄幻，独全其真"[2]在胶东创立中国道教两大教派之一——全真道。元代，全真七子之一邱处机受到统治者厚待，被成吉思汗赐号神仙，爵大宗师，"掌管天下道门事务"[3]。全真道遂声名大振，由"化行山东"，而流布全国，"使四海教风为一家"。[4]迄今，瀛海渺然，仙迹宛存，留下了众多全真道文化遗产遗迹，如牟平昆嵛山烟霞洞、莱州寒同山神仙洞、芝罘毓璜顶庙、蓬莱丹崖山蓬莱阁等。宫观遗迹星罗棋布，神山仙窟不胜枚举。

一、胶东道教文化的源起

道教在胶东的兴起，首先得之于独特的地域环境。道家修炼主张清心寡欲，崇尚自然，选择清新幽静之所。滨海而处的胶东，三面临海，海岸线绵长，沿岸分布着许多天然的港湾，海岛星罗棋布，散布四周。沿海平原广布，中部山地丘陵绵亘，多分布于山地南北两侧，地势较为平缓。河流众多，南北分流，大沽河、五龙河、乳山河等南流黄海，大沽夹河、黄水河、界河、沙河等北注渤海。罗山、艾山、牙山、昆嵛山、崂山等山脉形成半岛脊梁。地处中纬度，属暖温带季风型大陆性气候，降水充足，空气湿润，水气较大，海空云雾缭绕，颇具神秘色彩。胶东静谧舒适的地域环境，为道家静修提供了良好的自然条件。

而胶东深厚的仙文化传统，则是道教文化源起的内因。胶东三面环海，烟波无际，海市蜃楼、明灭变幻、迷茫隐现，蓬莱瀛洲方丈三仙山的传说，秦皇汉武多次东巡，种种求仙求药的方士之术和神仙文化，为道教的产生奠定了人文基础。

方士，起于何时，史料难征。原为周代宗教性官职，后来把求仙炼丹、禁

---

[1] 邱处机：《磻溪集》卷一，《道藏》第二十五册，文物出版社、上海书店、天津古籍出版社 1988 年。

[2] 《终南山神仙重阳子王真人全真教祖碑》，陈垣编纂：《道家金石略》，文物出版社 1988 年，第 450 页。

[3] 《太清宫圣旨碑》，陈垣编纂：《道家金石略》，文物出版社 1988 年，第 450 页。

[4] 《金莲正宗仙源像传》，《道藏》第三册，文物出版社、上海书店、天津古籍出版社 1988 年，第 372 页。

咒祈禳等方术之士也称方士。最早见于史籍的方士是周灵王时的苌弘,《史记·封禅书》:"是时苌弘以方事周灵王,诸侯莫朝周,周力少,苌弘乃明鬼神事……依物怪,欲以致诸侯……周人之言方怪者自苌弘。""稷下学宫"的黄老学派东传胶东开启教化,同方士之术融合一起,在胶东滨海一带逐步形成了神仙家,即道教的早期本源——方仙道。这就是具有地域特征的"燕齐海上之方士",战国末期发展为以齐人徐福、燕人卢生为代表的方仙道团体。《史记·封禅书》:"自齐威宣之时,……而宋毋忌、正伯侨、充尚、羡门子高,最后皆燕人,为方仙道,形解销化,依于鬼神之事。……而燕齐海上之方士,传其术不能通,然则怪迂阿谀苟合之徒自此兴,不可胜数也。"至汉武帝东巡时,"齐人之上疏言神怪奇方者以万数,然无验者","言海中神山者数千人","宿留海上,予方士传车,及间使求仙人,以千数"。方仙道家宣扬长生不死、修仙升夭,提出了不死之药、祠灶祭神等多种修炼方术,"饰真售伪而使君主起信受愚"[1]。在刘向《列仙传》中有诸多传说,有乘龙升天者,有乘鹤飞天者,有返老还童者,不一而足,都反映了方仙道长生不死、羽化升天的神仙思想。陈寅恪先生指出:"神仙学说之起源及其道术之传授,必与此滨海地域有连,则无可疑者。"[2]

西汉早期,方仙道就开始传道布教了。《汉书·武帝纪》:汉武帝太始四年"夏四月,幸不其,祀神人于交门宫。若有乡坐拜者,作交门之歌。"不其,山名,在即墨东南四十里。[3]《汉书·地理志》颜注"不其":"有太一仙人祠九所,及明堂,武帝所起。"《后汉书·逸民列传》也记载了逄萌到崂山修道:"及光武即位,乃之琅邪劳山,养志修道,人皆化其德。"《太清宫志·开山始基》也记载:汉武帝时,张静如弃职入道,来崂山之阳,临海之滨,修茅庵一所,供奉三官大帝神位,名为三官庙。……又建筑殿宇,供奉三清神像,额曰太清宫。

尤其"号称神仙窟宅"的昆嵛山,成为道教圣地,尤以麻姑修道著于世。民国《牟平县志》记载:

> 及观于钦《齐乘》:大昆嵛为嵎夷岸海名山,仙经云:姑余山,麻姑于此得道上升,余迹犹存,因名姑余。《山东通志》云:麻姑,王方平之妹,汉桓

---

[1] 钱钟书:《管锥编》,生活·读书·新知三联书店 2007 年,第 468 页。

[2] 陈寅恪:《天师道与滨海地域之关系》,《金明馆丛稿初编》,生活·读书·新知三联书店 2001 年,第 2 页。

[3] 刘敦愿、宋百川、刘伯勤:《齐乘校释》,中华书局 2012 年,第 48 页。

帝时，修道于牟平之姑余山，今姑余山一名昆嵛，仙迹俱存。[1]

《太平广记》引晋代葛洪《神仙传》"麻姑"条云：

汉孝桓帝时，神仙王远，字方平，降于蔡经家……与经父母、兄弟相见。独坐久之，即令人相访（麻姑）。……麻姑至，蔡经亦举家见之。是好女子，年十八九许。……麻姑自说云：接侍以来，已见东海三为桑田。向到蓬莱，水又浅于往者会时略半也，岂将复还为陵陆乎？方平笑曰：圣人皆言海中复扬尘也。……宴毕，方平、麻姑命驾，升天而去，箫鼓、道从如初焉。[2]

唐代李白《拟古》诗云："仙人骑彩凤，昨下阆风岑。海水三清浅，桃源一见寻。……"[3] 即咏麻姑所说接侍以来见东海三为桑田，向到蓬莱水又浅于往日。并有所寄，如《古有所思》云：

我思仙人乃在碧海之东隅，海寒多天风，白波连山倒蓬壶。长鲸喷涌不可涉，抚心茫茫泪如珠。西来青鸟东飞去，愿寄一书谢麻姑。[4]

民国《牟平县志》记载"麻姑"：

姑余为大昆嵛之中峰，仙堂创建，不知其伊始，重修于唐光化中，又修于宋太平兴国四年，元丰间有碑，述仙迹颇详。[5]

北宋政和六年（1116），宋徽宗敕封麻姑为"虚妙真人"，并建庙立碑，以供祭祀。重和元年（1118），宋徽宗又赐麻姑所居为"显异观"。麻姑随即成为举世崇仰的道家仙尊，麻姑山一时香火鼎盛。到金代，麻姑信仰依然

麻姑仙人图（明代《有像列仙全传》）

---

[1] 民国《牟平县志》卷十《文献志》。

[2] 《太平广记》卷六十，《四部精要》（14），上海古籍出版社1992年，第195页。

[3] （清）王琦：《李太白集注》卷二十四，上海古籍出版社1992年，第422页。

[4] （清）王琦：《李太白集注》卷四，上海古籍出版社1992年，第96页。

[5] 民国《牟平县志》卷十《文献志》。

麻姑梳妆阁碑

摹麻姑梳妆阁碑（民国《牟平县志》）

盛行。

元代于钦《齐乘》引元遗山《续夷坚志》卷三："昆嵛山石落村刘氏尝于海滨得百丈巨鱼，取骨为梁，构屋曰'鲤堂'。堂前一槐，荫蔽数亩。忽梦女冠，自称麻姑，乞此树修庙。刘漫许之。后数日，风雷大作，昏晦如夜，失槐所在。相与求之麻姑庙中，树已卧庙前矣。"[1]民国《牟平县志》记载"汉麻姑冢"，明正统年间兴修"虚妙真人仙楼"[2]。昆嵛山仍保留有唐宋时的"麻姑梳妆阁碑"，"昆嵛麻姑殿西南峰，有石龛曰梳妆阁，阁旁有碑……石多剥蚀，疑是唐宋创建"。[3]作为道教著名的女仙，传说颇多，而考其渊源多以《神仙传》为证。可见在汉桓帝时，在胶东已有立庵修道的活动了。

方仙道是道教的思想源头，方士衍化为道士，已是道教界的共识。正如卿希泰先生所言，神仙家的神仙信仰和方术皆为道教所承袭，神仙方术衍化为道教的修炼方术，神仙方士也逐渐衍化为道士。

另外，诞生、流传于胶东半岛琅邪的《太平经》（又名《太平青领书》），对道教文化的形成传播影响深远。《后汉书·襄楷传》记载，"前上琅邪宫崇受于吉神书，不合明德。""复上书曰：……前者宫崇所献神书，专以奉天地顺五行为本，亦有兴国广嗣之术，其文易晓。""初，顺帝时，琅邪宫崇诣阙，上其师于吉于曲阳泉水上所得神书百七十卷，皆缥白素朱介青首朱目，号太平清领书。其言以阴阳五行为家，而多巫觋杂语。有司奏崇所上，妖妄不经，乃收藏之。后张角颇有其书焉。"此"神书""太平清领书"，即《太平经》，原书分甲、乙、丙、丁、戊、己、庚、辛、壬、癸十帙，共一百七十卷。[4]《太平经》"专以奉天地、顺五行为本"，成为早期道教"太平道"产生的源头。

张角是太平清领书的继承人，利用《太平经》创立太平道。如利用《太平经》中一些宗教仪式来进行组织、团结群众。《三国志·张鲁传》裴注："典略曰：……

---

[1] 刘敦愿、宋百川、刘伯勤：《齐乘校释》，中华书局 2012 年，第 51 页。

[2] 民国《牟平县志》卷二《地理志》。

[3] 民国《牟平县志》卷九《文献志》。

[4] 王明：《太平经合校》，中华书局 1979 年，第 1 页。

光和中，东方有张角，汉中有张修……角为太平道，修为五斗米道。太平道者，师持九节杖为符祝，教病人叩头思过，因以符水饮之，得病或日浅而愈者，则云此人信道。其或不愈，则为不信道。"其教人"叩头思过"，亦源于《太平经》："复思我过"[1]，得了病"即自悔责"，"为叩头自搏，欲求其生"[2]。《后汉书·皇甫嵩传》也说张角"畜养弟子，跪拜首过，符水咒说以疗病，病者颇愈，百姓信向之"。可见，太平道中叩头思过、符咒治病等宗教仪式、方法源自《太平经》。而且，太平道之名也源于《太平经》："太者，大也，言其积大如天，无有大于天者。平者，言治太平均，凡事悉治，无复不平。"[3] "太平道，其文约，其国富，天之命，身之宝。"[4] 太平道简化了《太平经》，吸取了《太平经》中某些思想，利用了《太平经》中的宗教仪式。

六朝时期，胶东道教文化有很大发展。以莱州云峰山、大基山、天柱山等郑道昭所书石刻为世所重。陈垣先生编纂的《道家金石略》记载《云峰山郑道昭题刻》："石匠于仙人""九仙""蓬莱""月桂""咏飞仙室：岩堂隐星霄，遥檐架云飞。郑公乘烟至，道士披霞归"[5] 等。

《大基山郑道昭题刻》："仙坛铭告：此大基山内中明岗及四面岩顶上，嵩岳先生荥阳郑道昭扫石置五处仙坛。其松林草木，有能修奉者，世贵吉昌，慎勿侵犯，铭告令知也。"这五处仙坛是"青烟寺""白云堂""朱阳台""玄灵宫""中明坛"[6]，并作《大基山置仙坛诗》。

《天柱山郑道昭题刻》："东堪石室铭：……道畅时乘，业光幽明，云门烟石，

资料来源：《中国书法》2013 年第 1 期。

仙坛铭告及碑亭

---

[1] 王明：《太平经合校》，中华书局 1979 年，第 618 页。
[2] 王明：《太平经合校》，中华书局 1979 年，第 620 页。
[3] 王明：《太平经合校》，中华书局 1979 年，第 149 页。
[4] 王明：《太平经合校》，中华书局 1979 年，第 697 页。
[5] 陈垣：《道家金石略》，文物出版社 1988 年，第 15 页。
[6] 陈垣：《道家金石略》，文物出版社 1988 年，第 16 页。

青烟里、青烟寺、中明坛题刻

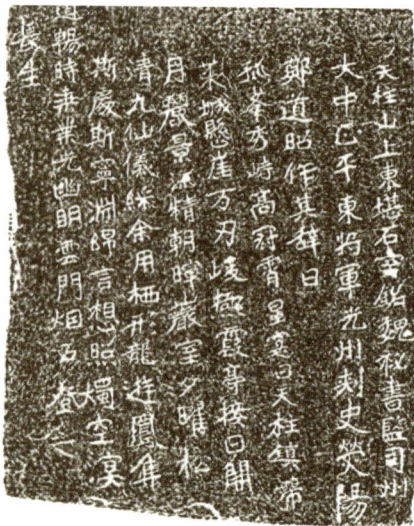

东堪石室铭

登之长生。"[1] 这些云峰山摩崖石刻，除了书法史上的重要地位外，也可窥见南北朝时期胶东道教文化影响巨大。

尤其在云峰山之阳的《九仙之名题字》"此山上有九仙之名"，即为著名的"九仙题刻"。此"九仙"，或乘鹤或驾凤，或驾龙或驾日、月，自由自在栖息的仙境，更能体现出郑道昭"爱仙乐道"之风。

宋代，胶东道教文化氛围仍然浓厚，尤其在昆嵛山修道者甚多。有大名者如李无梦。《牟平县志》记载："无梦有道术，善相人休咎。按薛大训《神仙通鉴》：'孙忠翊闻炼师无梦赞马宜甫有仙骨，遂以女妻之。'《史纂》：李无梦见马宜甫，奇之，语人曰：'马公从义额有三山，手垂逸膝，真大仙之才也。'"[2] 另一位著名的道士为唐四仙姑。《牟平县志》记载："仙姑亦牟平人，金正隆间，修真于昆嵛山中，结庵独居，……久而人见其心志坚确，修炼精专，深造玄玄之妙，大加敬奉，遂以仙姑称之。"[3] 还记述了唐四仙姑与邱处机的交往。

元代《寓真资化顺道真人唐四仙姑祠堂碑》：

仙姑宁海牟平人，唐氏第四女。其家好善，尤崇玄化。姑自幼不茹荤血。

[1] 陈垣：《道家金石略》，文物出版社 1988 年，第 17 页。
[2] 民国《牟平县志》卷十《文献志》。
[3] 民国《牟平县志》卷十《文献志》

云峰山九仙题刻：此山上有九仙之名

安期子驾龙栖蓬莱之山

赤松子驾月栖玄圃之山

浮丘子驾鸿栖月桂之山

王子晋驾凤栖太室之山

羡门子驾日栖昆仑之山

资料来源：《中国书法》2013年第1期。

及长，性孤洁，乐淡泊，常有出尘之想。父母欲嫁，誓而弗许。一旦，道妆拜辞二亲，径诣昆嵛山危岩之下，结庵而独居焉。其山险峭幽邃，树木翡蔚，猛兽纵横，人迹罕到。姑处之恬然，殊无动虑。久而人见其心志坚确，修炼精专，

神人子乘烟栖姑射之山

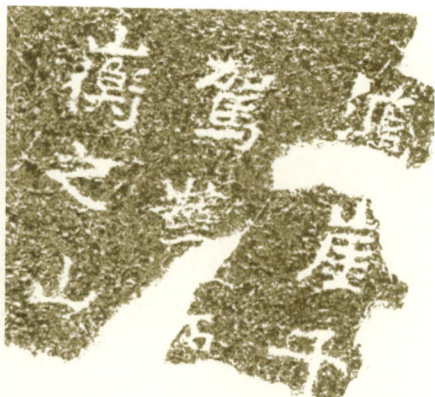

鸿崖子驾鹄栖蘅之山

赤□子驾□栖□之山

列子乘风栖华之山

资料来源：《中国书法》2013年第1期。

深造元元之妙，大加敬奉，遂以仙姑称之。初，长春真人年方弱冠，甫入道门。闻姑之名，特来师问修行之要。姑曰："汝勿吾问，异人从西不久而至，乃汝师也。"且道其状貌。重阳祖师果自关西而来，化度七真，达于宁海。开烟霞洞，创神清宫。姑居之处，遂为全真张本之所。[1]

正如南怀瑾先生所言，道家的神仙方士之术，至汉武帝之世而昌盛，开启后来东汉、魏、晋道家神仙方术思想基础，再变而有北魏正式道教的形成。[2]

---

[1] 光绪《增修登州府志》卷六十五《金石》。

[2] 南怀瑾：《中国道教发展史略》，复旦大学出版社1996年。

胶东久远的仙文化传统，秦皇汉武大规模的祠神寻仙，以及庞大的方士队伍，对道教文化的产生和发展影响巨大。正是这种兴盛的释道之风，深厚的儒家文风，民间浓郁的神仙信仰氛围，为全真道的兴起提供了生存发展空间。

二、"全真道东，宁海因缘"[1]

全真道是中国道教史上最著名的两大教派之一，由王重阳"三教搜来做一家"，在胶东创立。"金大定初，重阳祖师出焉，以道德性命之学唱为全真，洗百家之流弊，绍千载之绝学，天下靡然从之。"[2]

王重阳，"家世咸阳，最为右族"[3]。金代密国公金源璹《终南山神仙重阳子王真人全真教祖碑》记载："气豪言辩，以此得众。家业丰厚，以粟贷贫人，惠之者半，其济物之心，略可见矣。弱冠，修进士举业，籍京兆府学，又善武略。圣朝天眷间，

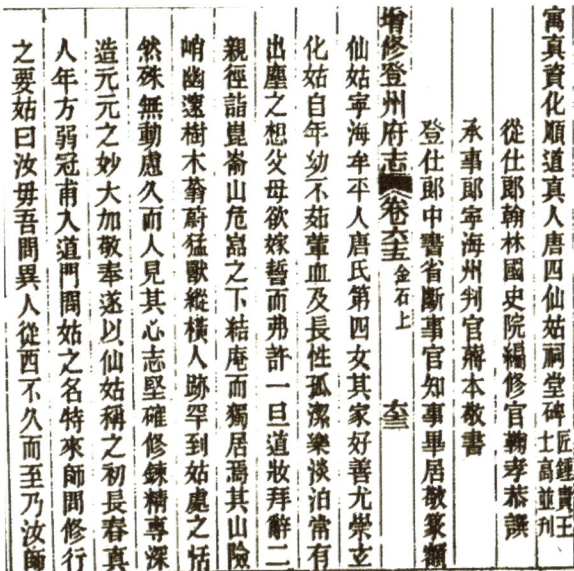

《寓真资化顺道真人唐四仙姑祠堂碑》碑文（光绪《增修登州府志》）

王重阳画像（《金莲正宗仙源像传》）

收复陕西，英豪获用，先生于是捐文场，应武举，易名德威，字世雄，其志足

---

[1] 《终南山神仙重阳子王真人全真教祖碑》，陈垣编纂《道家金石略》，文物出版社 1988 年，第 452 页。

[2] 李鼎：《大元重修古楼观宗圣宫记》，《古楼观紫云衍庆集》卷上，《道藏》第十九册，文物出版社、上海书店、天津古籍出版社 1988 年，第 555 页。

[3] 《金莲正宗记》卷二，《道藏》第三册，文物出版社、上海书店、天津古籍出版社 1988 年，第 348 页。

可以知。"但其时兵连祸结，蹇涩无常，文武之业，两无所成。遂黜妻屏子，拂衣尘外，出家在终南山传道，"乡人唯以害风谑，而未始询其意。"[1]

王重阳在终南山传道新教，收效甚微，道徒无几，还遭戏谑。其原因，"天下不二道，圣人无两心"[2]。王重阳所传的是道、释、儒三教合一的新教，在传教诗词中可见其立教精神，如《孙公问三教》"儒门释户道相通，三教从来一祖风"，《示学道人》"心中端正莫生邪，三教搜来做一家"，《咏酒》"满座谈开三教语，一杯传透四时春"[3]。而"由于当地教派老化，思想保守，道徒不容易接受新生事物。终南山一带为道教楼观派重镇，隋唐时期繁荣昌盛。北宋至金，教规教制日益严密，而教义了无革新；且一派独大，缺少教内思想新旧激励和比较，不利于新教派的发展。"[4]

后别号重阳子，"大定丁亥（金大定七年，1167）四月，忽自焚其庵，……凌晨东迈过关，携铁罐一枚，随路乞化而言曰'我东方有缘尔'。七月，至山东宁海州。"[5]正如《王重阳画像诗刻》所描绘："幅巾道袍，曳杖而行"，"三冬游海上，六出满天涯。为访神仙窟，经过道士家"。[6]在宁海州（治所在今牟平）修庵传道，取名"全真庵"，在昆嵛山一带开始了传教活动。所谓：陕右真仙到海涯，海山豪杰盛参随。居巷化作神清观，大教流行满四维。[7]

对"全真"之名，元代李道纯说："全真者，全其本真也。全精、全气、全神，方谓之全真。才有欠缺，便不全也；才有点污，便不真也。"[8]徒单公履说："浑沦圆周，无所玷缺，在山满山，在河满河，道之会也。极六合之内外，尽万物之洪纤，虽神变无方，而莫非实理，道之真也。由是而为命，由是而为性，由是而为心，又由是而之于情，或源也，或委也，引而伸之，亦将何有不全，何有不真者乎？然则全也、真也，一而二，二而一者也。"[9]《金莲正宗仙源像传》云："全真之名，盖始于此。"《历世真仙体道通鉴续编》卷一也说："全真之名，始于此矣。"陈垣先生指出："惟云重阳之教名之曰全

[1] 《终南山神仙重阳子王真人全真教祖碑》，陈垣编纂《道家金石略》，文物出版社 1988 年，第 451 页。

[2] 《金莲正宗记》卷三，《道藏》第三册，文物出版社、上海书店、天津古籍出版社 1988 年，第 352 页。

[3] 《重阳全真集》卷一，《道藏》第二十五册，文物出版社、上海书店、天津古籍出版社 1988 年，第 693~697 页。

[4] 牟钟鉴：《全真七子与齐鲁文化》，齐鲁书社 2005 年，第 8 页。

[5] 《终南山神仙重阳子王真人全真教祖碑》，陈垣编纂《道家金石略》，文物出版社 1988 年，第 451 页。

[6] 《王重阳画像诗刻》，陈垣编纂《道家金石略》，文物出版社 1988 年，第 431 页。

[7] 邱处机：《神清观十六绝》，民国《牟平县志》卷九《文献志》。

[8] （元）李道纯：《中和集》，明《正统道藏》洞真部方法类。

[9] 《冲和真人潘公神道碑》，陈垣编纂：《道家金石略》，文物出版社 1988 年，第 554 页。

真，屏去妄幻，独全其真，是全真之教，显然为王重阳所立。"[1] "立教之初，本为不仕新朝，抱东海西山之意"，"持遗民态度"，"以逸民名初期之全真，诚得全真之真相"。[2]

全真道在胶东昆嵛山一带兴起、发展，多赖以王重阳的七位弟子，即丹阳子马钰、长真子谭处端、长春子邱处机、长生子刘处玄、玉阳子

全真七子图（明刻本《全真群仙集》）

王处一、广宁子郝大通、清静散人孙不二。这七位弟子中，王重阳视为"一弟一侄两个儿"的马钰、谭处端、邱处机、刘处玄被称为四哲，所谓"马谭丘刘，重阳门下之四仙也"[3]，其余三人被称为"四哲之亚"，史称"北七真"，即全真七子。所谓"全真道东，四子传化，四子谓谁，丘刘谭马。德其亚者，王郝与孙，共成七贤"[4]。

马钰，宁海州（今牟平）人，原名马从义，字宜甫，"马氏之坊甚富于赀，故号曰马半州"，"为儿时常诵乘云驾鹤之语，梦中屡从道士登天"，饱受儒学教育，擢进士，"以孝悌见称，夙赋聪明，长通经史"，"轻财重义"，"时人歌曰：古扬陈实，今谈宜甫"。[5] "壮岁以儒书刀笔之能选充本州吏，总权六曹，德服众望"[6]。《丹阳真

即姓马名钰字玄宝號丹陽子初名從義字宜甫寧海州人也生於金大宗天會元年癸卯五月二十日昆第五人師其次也家饒於

马钰画像（《金莲正宗仙源像传》）

---

[1] 陈垣编纂：《道家金石略》，文物出版社 1988 年，第 453 页。

[2] 陈垣：《南宋初河北新道教考》卷一《全真教之起源第一》，中华书局 1962 年。

[3] 《长真子谭真人仙迹碑铭》，陈垣编纂：《道家金石略》，文物出版社 1988 年，第 454 页。

[4] 《终南山重阳祖师仙迹记》，陈垣编纂：《道家金石略》，文物出版社 1988 年，第 461 页。

[5] 《金莲正宗记》卷三，《道藏》第三册，文物出版社、上海书店、天津古籍出版社 1988 年，第 352~353 页。

[6] 《创建马真君碑亭记》，王宗昱：《金元全真教石刻新编》，北京大学出版社 2005 年，第 62 页。

人马公登真记》："重阳真人西来，授以秘诀，则顿然而悟"，"惟一志于道"，入教后王重阳为其训名钰，字玄宝，号丹阳子。"其接物导人，则慈爱恺悌，由是远近趋风，士大夫争钦慕而师友之。"[1]

邱处机画像（《金莲正宗仙源像传》）

邱处机，登州栖霞人，俗名邱哥，"敏而强记，博而高才，眉宇闲旷，举措详雅"，"年未弱冠，酷慕玄风，非长生久视之说不道也，非骖鸾跨凤之语不咏也"[2]。后弃俗入道，"来礼先生，使掌文翰，自后日记千余字，亦善吟咏，训名处机，号长春子是也"[3]。邱处机，"体真履规，博物恰闻，探赜穷理，道充德著。怀古君子之肃风，抱真上人之雅操"[4]，对全真道的发展、传播贡献尤著。居栖霞时期，开化邻里，立观度人，时常往返于胶东各宫观之间，主持斋醮等活动。在《磻溪集》中有很多诗词记其事：

《七律·过盖公岘山》："岘石崎岖马不禁，溪风萧飒虎难寻。山横剑戟参差大，气郁烟霞晻蔼深。道众不游闲景色，天涯都是好丛林。因循北海修黄箓，宛转东莱谒翠岑。"[5]

《秋日艾山》："……韬光终返朴，应物且随缘。蝶梦惊千古，神游待百年。人人还得遇，口口自相传。"[6]

《七绝·游鳌山二十首》注："予自昌阳醮罢，抵于王城永真观。南望烟霭之间，隐隐而见。道众相邀，迁延数日而方届"。之十七："白发苍颜未了仙，游山玩水且留连。不嫌天上多官府，只恐人间有俗缘。"[7]

《登州修真观建黄箓醮》："……迩来天下教门兴，达士随方化有情。我亦周流三十载，还乡复到海边城。城南磊落修真观，气势清高接河汉。俯视沧茫渤澥深，仰观卓荦星辰焕。城中信士往来多，物外交朋意气和。承安四年冬十月，大兴黄箓演金科。"[8]

---

[1] 《丹阳真人马公登真记》，陈垣编纂：《道家金石略》，文物出版社 1988 年，第 433 页。

[2] 《金莲正宗记》卷四，《道藏》第三册，文物出版社、上海书店、天津古籍出版社 1988 年，第 359 页。

[3] 《终南山神仙重阳子王真人全真教祖碑》，陈垣编纂：《道家金石略》，文物出版社 1988 年，第 451 页。

[4] 《重阳宫圣旨碑》，陈垣编纂：《道家金石略》，文物出版社 1988 年，第 445 页。

[5] 《磻溪集》卷一，《道藏》第二十五册，文物出版社、上海书店、天津古籍出版社 1988 年，第 814 页。

[6] 《磻溪集》卷三，《道藏》第二十五册，文物出版社、上海书店、天津古籍出版社 1988 年，第 826 页。

[7] 《磻溪集》卷二，《道藏》第二十五册，文物出版社、上海书店、天津古籍出版社 1988 年，第 820 页。

[8] 《磻溪集》卷三，《道藏》第二十五册，文物出版社、上海书店、天津古籍出版社 1988 年，第 825 页。

其他，如《七律·赴蓬莱狄氏醮踏晓登山》"鸡鸣喔喔动精神，闭息登山上涌身。路恶才分瞥窃道，林深不辨往还人"，《七律·平山堂》"年年三伏上平山，山上游人绝往还"，《上清宫》"醮罢归来访道山"，《福山县黄箓醮感应》"华灯照耀积金山，人在蓬壶咫尺间"，《七律·赴潍州北海醮》"道人守拙何为耳，酷冒冰霜赴醮筵"等，记述其教务活动之频繁。

谭玉，宁海州人，"为人慷慨，识度不凡，孝义传家，甚为乡里所重"[1]。少时有志于学，咏物警策，及弱冠"遂涉猎诗书，工诸草隶"，后"因醉遇雪，卧于途中，即感风痹之疾"[2]。闻重阳在宜甫宅中闲居，往谒求治疗之法。仙缘所契，两人同衾谈话，如同故交，而旧疾亦痊愈，辄抛弃产金，乞为弟子，拜重阳为师。训名处端，号长真子，被王重阳视为侄子[3]。

師姓譚名處端字通正號長真子寧海人也
初名玉字伯玉生於金太宗天會元年癸丑
三月朔幼隨并坐於水上無驚復過火不佈人
皆异之年十五有志於学作蒲萄篇已膾炙

長真子画像（《金莲正宗仙源像传》）

師姓劉名處玄字通妙號長生子東萊之武
官莊人也生於金熙宗皇統七年丁卯七月
十二日事母以孝聞誓不婚官視外物恬不

刘处玄画像（《金莲正宗仙源像传》）

刘处玄，莱州人，"乃祖乃父，世居武官，好阴德，乐推恩，恤寒馁，惠孤茕"，受到"朝廷嘉厥孝义"。后"谨事嫠母，特以孝闻，誓不婚官，憎化丑荣，清净自守，希夷若昏。顾世间物，无足以撼其胸中之诚，屡辞故山，欲访异人，而慈亲盼盼然未之许也"[4]，王重阳"至莱州起平等三教会"，"莱人从之者众，独纳刘处玄者，道号长生子"[5]，被王重阳视为儿子。

王处一，宁海州人，幼丧父，事母至孝，"为儿童时不杂嬉戏，好诵云霞方外之语"，拜王重阳为师，"与丘刘谭马定为莫逆之交，修真秘诀，靡不穷

[1] 《金莲正宗记》卷四，《道藏》第三册，文物出版社、上海书店、天津古籍出版社 1988 年，第 357 页。

[2] 《长真子谭真人仙迹碑铭》，陈垣编纂：《道家金石略》，文物出版社 1988 年，第 454 页。

[3] 《金莲正宗记》卷四，《道藏》第三册，文物出版社、上海书店、天津古籍出版社 1988 年，第 357 页。

[4] 《金莲正宗记》卷四，《道藏》第三册，文物出版社、上海书店、天津古籍出版社 1988 年，第 357 页。

[5] 《终南山神仙重阳子王真人全真教祖碑》，陈垣编纂：《道家金石略》，文物出版社 1988 年，第 452 页。

王处一画像（《金莲正宗仙源像传》）

郝升画像（《金莲正宗仙源像传》）

讨。" 训名处一，道号玉阳子。

郝升，宁海州人，"家世宁海，历代游宦"，"事母至孝，资质丰美，不慕荣仕，深穷卜筮之数，黄老庄列未尝释手，凡遇林泉幽寂之地，则徘徊而终日忘返"[1]。"十年学道，遇明师，指破神仙真诀。一句便知天外事，万载千年凝绝。见色明心，闻声悟道"[2]，拜王重阳为师，训名璘，号恬然子。后改名大通，道号广宁子。

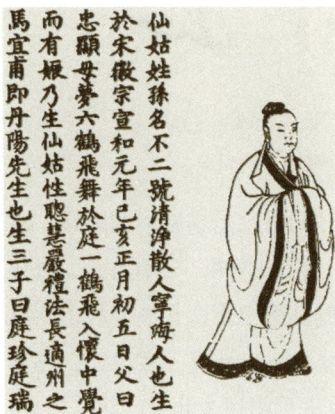

孙不二画像（《金莲正宗仙源像传》）

孙不二，宁海州人，七真中唯一的女道士，系马钰之妻。"礼法严谨，素善翰墨，尤工吟咏"，马钰随师入道后，孙不二"尚且爱心未尽，犹豫不决"[3]。一年后拜王重阳为师，法名不二，号清静散人。

全真七子皆为胶东人，其中多为豪门士族。如宁海州的马钰，家族声望甚隆，而且"马氏之坊甚富于赀，故号曰马半州"，王重阳甫来宁海州传道，虽然马钰开始"信犹未笃"，但仍许王重阳在南园筑全真庵，正是有了马钰的支持和帮助，全真道在胶东开始顺势立足；而马钰对全真道的亲近态度势必影响到其他社会群体，进而影响到社会风

---

[1] 《金莲正宗记》卷五，《道藏》第三册，文物出版社、上海书店、天津古籍出版社1988年，第363页。

[2] 唐圭璋编：《全金元词》，中华书局1979年，第123页。

[3] 《金莲正宗记》卷五，《道藏》第三册，文物出版社、上海书店、天津古籍出版社1988年，第364页。

气的变化。"其接物导人，则慈爱恺悌，由是远近趋风，士大夫争钦慕而师友之。"[1] 再如谭处端，"孝义传家，甚为乡里所重"[2]，在当地颇有声望。郝升"家世宁海，历代游宦"，莱州的刘处玄"乃祖乃父，世居武官"。这些大士族对全真教的信奉，必然引领改变社会风气，推动全真道在胶东的传播发展。

在全真七子的入道、成长上，王重阳以心传心，"立全真之家风"，视他们为传承全真道的"物外真亲眷"[3]。全真七子得王重阳之教化，潜心苦修，道用冲虚，处心清寂，坚忍世人之所不能堪，力行世人之所不能守，终成为明心见性、教泽四方的一代宗师。

全真七子"同守一途，四方行化"[4]，由起初的昆嵛山烟霞洞为中心，全真道在胶东快速发展起来。金大定八年（1168），王重阳率弟子"迁居文登姜氏庵"，于文登建立"三教七宝会"[5]；金大定九年（1169），宁海周伯通邀王重阳住庵在金莲堂，之后在宁海州建立"三教金莲会"；后又在福山建立"三教三光会"，在登州（今蓬莱）建立"三教玉华会"，在掖县（今莱州）建立"三教平等会"[6]。这就是所谓的"五会"："普化三州，同归五会。一曰平等，二曰金莲，三曰玉华，四曰三光，五曰七宝。"[7] "凡立会必以三教名之者，厥有旨哉。"[8] 在全真道起步发展时，冠以"三教"，体现出全真道立教之要旨。这种摒弃门户之见而开风气先的"三教合一"，与胶东地域儒释道多元文化并存的社会氛围相契合，适应了当时胶东地区民众的心理诉求。如在莱州立平等会时，远近风动，与会者千余人。"三州五会"的相继成立，显示出全真道成为有会首、有规模、有组织的道教派别，"三教搜来做一家"的全真道成为后世道教之蔚为大宗。卿希泰先生评论说，一年之内，在山东半岛沿海一带便建起了五个全真教的会社，这对内丹派道教来说，是空前的创举。也恰如陈寅恪先生所言："且因临近海滨，为道教徒众所居之地，以有信仰之环境，故其道术之吸收与传授，较易于距海辽远之地域欤？"[9]

元好问《紫微观记》记述全真道之盛况：

[1]　《丹阳真人马公登真记》，陈垣编纂：《道家金石略》，文物出版社 1988 年，第 433 页。

[2]　《金莲正宗记》卷四，《道藏》第三册，文物出版社、上海书店、天津古籍出版社 1988 年，第 353 页。

[3]　《重阳全真集》卷一，《道藏》第二十五册，文物出版社、上海书店、天津古籍出版社 1988 年，第 691 页。

[4]　《四仙碑》，陈垣编纂：《道家金石略》，文物出版社 1988 年，第 430 页。

[5]　《终南山神仙重阳子王真人全真教祖碑》，陈垣编纂：《道家金石略》，文物出版社 1988 年，第 451 页。

[6]　《终南山神仙重阳子王真人全真教祖碑》，陈垣编纂：《道家金石略》，文物出版社 1988 年，第 452 页。

[7]　《金莲正宗记》卷二，《道藏》第三册，文物出版社、上海书店、天津古籍出版社 1988 年，第 349 页。

[8]　《终南山神仙重阳子王真人全真教祖碑》，陈垣编纂：《道家金石略》，文物出版社 1988 年，第 452 页。

[9]　陈寅恪：《天师道与滨海地域之关系》，《陈寅恪集金明馆丛稿初编》，三联书店 2001 年。

又有全真家之教。咸阳人王中孚倡之，谭、马、丘、刘诸人和之。本于渊静之说，而无黄冠禳檜之妄；参以禅定之习，而无头陀缚律之苦。耕田凿井，从身以自养，推有余以及之人，视世间扰扰者差若省便然。故堕窳之人，翕然从之。南际淮，北至朔漠，西向秦，东向海，山林城市，庐舍相望，什百为隅，甲乙授受，牢不可破。上之亦尝惧其有张角斗米之变，著令以止绝之。当时将相大臣有为主张者，故已绝而复存，稍微而更炽，五七十年以来，盖不可复动矣。[1]

金元之际的宋衜评价全真道说：

今通都大邑，营垒村落，远及深山大泽，莫不黄冠峨峨，奠居相望。其日用，则凿井耕田，菲薄取足，推其余以济人。其兴事，则版筑朴斲，上栋下宇，绘塑像设以表敬。其持己，则守内虚静，同尘若愚，以慈俭不争为所先。虽居处有喧寂，师承有异同，徒侣有众寡，人品有高下，志所趋向，类皆若是，故能化行中土，数十百载而愈光。[2]

元人高鸣《清虚宫重显子返真碑铭》中评论：

夫全真之教兴，由正隆以来，仅百余载。以九流家久且远视之，宜若滥觞而未浸也。今东尽海，南薄汉淮，西北历广莫，虽十庐之聚，必有香火一席之奉。[3]

全真道的大发展，是在邱处机执掌教门之后。尤为世人熟知的是邱处机应召雪山西游[4]。不远数千里，不以沙漠游远为念，而以忧民当世之务，逾岭而北，暴露于风霜，跋涉于沙碛，在西域雪山行宫受到成吉思汗数次接见，进言讲道，劝善止杀，"每言欲一天下者，必在乎不嗜杀人。及问为治之方，则对以敬天爱民为本。问长生久视之道，则告以清心寡欲为要"[5]。一言止杀，恩泽于民，

---

[1] 元好问：《紫微观记》，陈垣编纂：《道家金石略》，文物出版社 1988 年，第 475 页。

[2] 《通玄观记》，李修生：《全元文》第五册，浙江古籍出版社 1999 年，第 172 页。

[3] 《清虚宫重显子返真碑铭》，陈垣编纂：《道家金石略》，文物出版社 1988 年，第 476 页。

[4] 参阅《元史·释老·邱处机》、李志常《长春真人西游记》、陈铭珪《长春道教源流》、王国维《〈长春真人西游记〉校注》、孙克宽《宋元道教之发展》、陈垣《南宋初河北新道教考》、姚从吾《东北史论丛（下册）·元邱处机年谱》、郑素春《全真教与大蒙古国帝室》、姚从吾《成吉思汗信任邱处机与这件事对于保全中原传统文化的贡献》等。

[5] 《元史》卷二百二《列传第八十九释老·邱处机》，中华书局 1999 年。

诚为千秋伟业。

元代姚燧《长春宫碑铭》中评议邱处机西行觐见成吉思汗，"经数十国，为地万有余里，蹀血于战场，避寇乎叛城，绝粮于莽阒之沙漠，自昆崙四年而至雪山，马上举策试之，未及积雪之半，触寒栗，裹敝瘃，宁其身之不恤，以忧轸斯世。计是劳绩，有不在开国诸勋之下，故帝锡之虎符，副以玺书，不斥其名，惟曰神仙"[1]。清代乾隆题联称赞："万古长生，不用餐霞求密诀；一言止杀，始知济世有奇功。"

统治者的尊崇，为全真道广开教门提供了机遇。"丘长春首被征聘，仍付之道教，天下翕然宗之。由一以化百，由百以化千，由千以化万，虽十族之乡，百家之间，莫不有玄学以相师授，而况大都大邑者哉。"[2]

邱处机在东归途中，就对道众说："今大兵之后，人民涂炭，居无室，行无食者皆是也。立观度人，时不可失，此修行之先务，人人当铭诸心。"[3]

宋嘉定十七年（1224），邱处机雪山论道东归燕京后，寓居天长观（即后来的长春宫、白云观），大辟玄门，立观度人。"厥后道侣云集，玄教日兴。乃建八会，曰平等，曰长春，曰灵宝，曰长生，曰明真，曰平安，曰消灾，曰万莲。会各有百人，以良日设斋供奉上真。"[4]李志常《长春真人西游记》记述："八会之众，皆稽首拜跪，作道家礼，时俗一变"，"自师复来，诸方道侣云集，邪说日寝，京人翕然归慕，若户晓家喻，教门四辟，百倍往昔"[5]。商挺《大都清逸观碑》："长春既居燕，士庶之托迹，四方道侣之来归依者，不啻千数，宫中为之嗔咽。"[6]姬志真《长春真人成道碑》："特旨复燕，敕建长春宫，主盟玄教，天下之冠裳者咸隶焉。仍赐金符，其徒乘传往还奉对，敕蠲门下赋役。自是玄风大振，道日重明，营建者棋布星罗，参谒者云骈雾集，教门弘阐，古所未闻。"[7]《金莲正宗记》记述："师既住持长春宫，而教化大行，全真之道，翕然而兴。"[8]"自轩辕以来，教门弘盛，未有如今日者。是教也，源于东华，流于重阳，派于长春，而今而后，滔滔溢溢，未可得而知其极也。"[9]

[1] 姚燧：《长春宫碑铭》，陈垣编纂：《道家金石略》，文物出版社 1988 年，第 720 页。

[2] 《顺德府通真观碑》，陈垣编纂：《道家金石略》，文物出版社 1988 年，第 504 页。

[3] 商挺：《大都清逸观碑》，《甘水仙源录》卷十，《道藏》第十九册，文物出版社、上海书店、天津古籍出版社 1988 年，第 809 页。

[4] 李道谦：《全真第五代宗师长春演道主教真人内传》，陈垣编纂：《道家金石略》，文物出版社 1988 年，第 636 页。

[5] 李志常：《长春真人西游记》卷下，《道藏》第三十四册，文物出版社、上海书店、天津古籍出版社 1988 年，第 481~498 页。

[6] 商挺：《大都清逸观碑》，《甘水仙源录》卷十，《道藏》第十九册，文物出版社、上海书店、天津古籍出版社 1988 年，第 809 页。

[7] 《长春真人成道碑》，陈垣编纂：《道家金石略》，文物出版社 1988 年，第 588 页。

[8] 《金莲正宗记》卷四，《道藏》第三册，文物出版社、上海书店、天津古籍出版社 1988 年，第 360 页。

[9] 《金莲正宗记》序，《道藏》第三册，文物出版社、上海书店、天津古籍出版社 1988 年，第 344 页。

营建宫观，兴宫崇教，作醮设坛，不可胜数。姬志真记述："长春真人起而应召之后，玄风大振，化洽诸方，学徒所在，随立宫观，往古来今，未有如是之盛也"[1]，"簪裳接迹，宫观相望，虽遐荒远裔，深山大泽，皆有其人"[2]。

在燕京，以长春宫为中心，广建观宇，据《顺天府志》所载，连其附近地区即有百余所宫观[3]。在河北、河南地区，众多全真道徒亦遵邱处机之训，大建宫观，以迎往来道众为务。在河北大名、磁州等地起建大小庵观三百余处。《终南刘先生事迹》记载刘志源在大名路"度门弟子数百人，建立庵观百有余所"[4]。《清平子赵先生道行碑》记载，赵志渊在河北"大名、磁、相之间度学者凡数百人，立庵观十有余所"[5]。在陕西，冯志亨"又创建五岳观及道庵十余处，为道众修进之所"，"自燕至秦三千余里，凡经过道家宫观，废者兴之，缺者完之，至百余所。其间公为之记，使刻诸石者，亦十二三焉"。[6]在山西，修筑的道观约300座以上，尤其潘德冲在芮城县永乐镇创建了全真道三大祖庭之一的纯阳万寿宫（俗称永乐宫）[7]。在山东，宫观亦相当多。

王重阳在胶东创立的全真道，经全真七子四方行化，"薄功名而不为，轻世位而不居，寄形于寂寞之滨，委心于纷华之外"[8]。从昆嵛山发迹到传遍整个胶东，并很快走向全国，在社会上广为流传。尤其在邱处机应召西游、返抵燕京后，立观度人，四辟教门，全真道达到了鼎盛。"自长春真君应诏以来，玄化既行，而教风益著，其华宫壮观，巨容俨像，而星罗夷夏。其奉真敬道之姓，无间王侯商贩，以今视昔，则相去万不也。嘻，道教其盛乎！"[9]宫观遍布，声焰隆盛，自西徂东，由中及外，风靡海宇，可谓"此道大行，逍遥乎真"[10]。

三、踏石留痕：烟霞风景自年年

自王重阳垂世立教、开创全真道，至清初，胶东道教活动一直很兴盛。石窟是道家最原始的修炼居住之所，如牟平昆嵛山的烟霞洞，崂山的云霞洞，文登圣经山的风凉洞、东华洞，乳山的玉阳洞、圣水洞，莱州寒同山神仙洞，荣

[1] 《终南山栖云观碑》，陈垣编纂：《道家金石略》，文物出版社1988年，第589页。

[2] 《南昌观碑》，陈垣编纂：《道家金石略》，文物出版社1988年，第590页。

[3] 《顺天府志》卷八《观》，北京大学出版社1983年，第83~103页。

[4] 《甘水仙源录》卷八，《道藏》第十九册，文物出版社、上海书店、天津古籍出版社1988年，第791页。

[5] 《甘水仙源录》卷八，《道藏》第十九册，文物出版社、上海书店、天津古籍出版社1988年，第791页。

[6] 《佐玄寂照大师冯公道行碑铭》，《甘水仙源录》卷六，《道藏》第十九册，文物出版社、上海书店、天津古籍出版社1988年，第770页。

[7] 《冲和真人潘公神道之碑》，陈垣编纂：《道家金石略》，文物出版社1988年，第554页。

[8] 商挺《大都清逸观碑》，《甘水仙源录》卷十，《道藏》第十九册，文物出版社、上海书店、天津古籍出版社1988年，第809页。

[9] 《真常宫记》，陈垣编纂：《道家金石略》，文物出版社1988年，第735页。

[10] 《终南山神仙重阳子王真人全真教祖碑》，陈垣编纂：《道家金石略》，文物出版社1988年，第452页。

成槎山的云光洞、千真洞，招远罗山的班仙洞等。仅昆嵛山一地就有十多处。

及至后来营建宫观，形成以昆嵛山为中心，东至文登、荣成，西至莱州、招远、栖霞、福山，南至乳山、海阳、莱阳的宫观群，如牟平昆嵛山神清观、栖霞太虚观、崂山太清宫、明道观、莱阳游仙宫，招远罗山日觉观，荣成圣水观等。"凡道观之称于世者，或占山水之秀，或擅宫宇之盛。"[1] 宫宇以示教，山水以远俗。

从羽化成仙的理想环境宫观，到仙话遗迹，到斋醮仪式，踏石留痕，全真道在胶东影响深远，留下了丰富多彩的道教文化遗产遗迹。

1. 昆嵛山与宫观遗址

牟平昆嵛山横亘文登、牟平、乳山三区交界处，被誉为"海上诸山之祖"。昆嵛山自古以来就有深厚的仙道文化基础，更重要的是多元文化并存，既有在唐代盛极一时的佛教无染院[2]，又有宋代"专经之士"的理学名儒，作为道教文化的发源地之一，有"山中七十二峰，峰峰有寺院，山山有宫观"之说[3]。

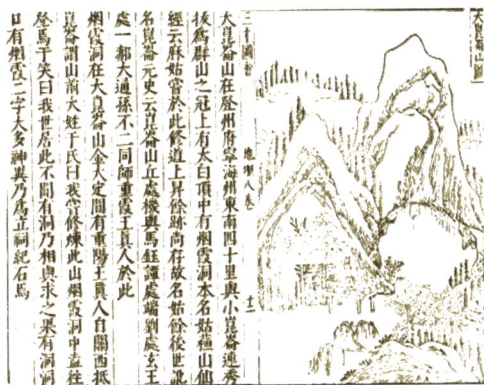

昆嵛山图（明代《三才图会》）

元代于钦《齐乘》记载：

大昆嵛山，州东南四十里。嵎夷岸海名山也，秀拔为群山之冠。仙经云：姑余山，麻姑于此修道上升，余趾犹存，因名姑余。后世以姑余、昆嵛声相类而讹为昆嵛，然今东夷人止名昆嵛。又有小昆嵛与之相连。宋政和六年（1116）封仙姑虚妙真人，重和元年（1118）赐号显异观。[4]

金代朝散大夫国侃撰《玉虚观记》记载：

---

[1] 《神清观记》，陈垣编纂：《道家金石略》，文物出版社 1988 年，第 480 页。

[2] 光绪：《增修登州府志》卷六十五《金石》。

[3] 同治：《重修宁海州志》卷一《山川》。

[4] 刘敦愿、宋百川、刘伯勤：《齐乘校释》，中华书局 2012 年，第 50 页。

东牟之昆嵛，昔麻姑洞天也。诸山绵亘相属，秀异峭拔，为东方冠，山之足蹈于海者三，相距皆不满百里，蓬莱、瀛洲、方丈，朝夕相望于晻霭间，盖天地英灵自然之气，独钟于此，故世多神仙异人焉。[1]

民国《牟平县志》记载：

《齐乘》云：南岱东沂之外，沂之蒙山，密之九仙，即墨之大小劳，宁海之姑余，般阳之长白，皆三齐之高大名山也，余不得并列。……王渔洋《池北偶谈》云：昆嵛山有山市，恒在清晨，遥望之，山化为海，惟露一岛，岛外悉波涛弥漫，舟船往来山下，人但觉在雾气中。[2]

昆嵛叠翠（《宁海州志》卷一）　　　范园春晓（《宁海州志》卷一）

昆嵛胜景，以叠翠为名。清时有人集唐诗赞曰：

灵山多秀色，绿翠如芙蓉。
青霭远相接，林烟晚更浓。
猿岩飞雨雪，瀑水映杉松。
暂策为龙杖，还希物外踪。[3]

范园，原为范怿花园，范与马丹阳友善，常宴集其中，有马钰书《归山琴操碑》。后舍宅为庵，邱处机继之，敬丹阳之故居，冀宏模之大辟，广为玄都观。及长春应诏，奉旨改为宫。迄今仍称范园，即现雷神庙。玄都观对早期全

[1] 陈垣编纂：《道家金石略》，文物出版社 1988 年，第 441 页。
[2] 民国《牟平县志》卷一《地理志》。
[3] 民国《牟平县志》卷九《文献志》。

真道之兴起，功不可没。它不仅是马丹阳、王重阳道教活动的旧址，而且是邱处机发展全真教的见证。

石洞烟霞（《宁海州志》卷一）

烟霞洞，昆嵛山西北崖，幽邃深曲，林壑秀美，为昆嵛山中最佳处。"金大定间，关西王祖师访山前大姓于氏曰：我前生修炼此山，山有烟霞洞，盍往登焉。于氏以为我世居此，未闻有洞。相与登山求之，果见洞，口有'烟霞'字迹，大为神异，建祠纪石焉。"[1] 邱处机诗云："碧洞烟霞苦不深，红尘车马卒难行，清溪道士无人识，坐啸云中阅古今。"[2] 石洞烟霞，引得后人遐想，"仙人何处在，窗里发烟霞"。

烟霞洞

神清观，全真教的祖庭，在烟霞洞东北。"观即邱处机所云：'彭城先生首创'者。金泰和间、元明相继增修，洪武六年重修时，兵部郎中刘崧撰文，略曰：'昔金大定中，重阳祖师由西秦东来，讲道阐玄，后长春真人邱处机即其地请额为神清观。'观中亭舍幽敞，林泉环绕，银杏枯槐，树大数抱，皆金元间物也。"[3]

圣水玉虚观，金大定间，王处一修炼于此。据金贞祐二年（1214）朝散大夫国俣撰《玉虚观记》记载："初，神师玉阳公，大定丁未，世宗遣使乘传迎致辇下，召于内殿，延问修真之道。就御果园建道院，给三品俸，敕充生辰醮高功主，赐冠简紫衣，悉表而辞之。未几恳求还山，诏不违其志，仍赐钱二十万，为道路费。师之乡里道俗闻其来也，千百相率，前十余舍遮道欢迎，不令他适，遂结茅于兹

修复后的神清观

---

[1] 刘敦愿、宋百川、刘伯勤：《齐乘校释》，中华书局 2012 年，第 51 页。

[2] 邱处机：《神清观十六绝序》，民国《牟平县志》卷九《文献志》。

[3] 民国《牟平县志》卷二《地理志》。

玉虚观（民国《牟平县志》）

圣水岩

岩。"[1]金承安二年（1197），敕牒赐额为玉虚观。金泰和七年（1207），王处一居圣水玉虚观，元妃送道经一藏[2]。金崇庆二年（1213），又敕赐牒为干真观（即万寿宫），贞祐二年（1214）重修。有碑。"地多名胜，最奇者为圣水泉，在观侧，甘冽澄澈，玉阳真人所浚也。上有石刻'圣水嵓''玉阳洞天'数字，均系玉阳亲笔。泉侧有洞，中坐石像一尊。"[3]水不见发源，裂石而出，激激如线，味甘冷且清，春秋不变，水旱不知，此亦美也。

岳姑殿（民国《牟平县志》）

麻姑修道处，在昆嵛山北峰——姑余山，《齐乘》引《仙经》云：姑余山，麻姑于此得道上升，余迹犹存，因名姑余[4]。在姑余山巅，"宋建麻姑殿于上，今俗称其山曰岳姑顶，山巅建庙曰岳姑殿，祀碧霞元君"[5]。

2. 栖霞太虚观

又名滨都宫，邱处机"明昌二年（1191），东归栖霞，乃大建琳宫，敕赐其额曰太虚，气象雄伟，为东方道林之冠"[6]。泰和年间，元妃遥礼邱处机为师，加赐玄都宝藏六千余卷，驿送太虚观。元好问《清真观记》记邱处机所言"在所道院，武官为之冠，滨都次之，圣水又次之。"太虚观成为邱处机常住宫观，"忘机不用苦清谈，

[1] 《玉虚观记》，陈垣编纂：《道家金石略》，文物出版社 1988 年，第 441~442 页。

[2] 《玉阳体玄广度真人王宗师道行碑铭》，《甘水仙源录》卷二，《道藏》第十九册，文物出版社、上海书店、天津古籍出版社 1988 年，第 737 页。

[3] 民国《牟平县志》卷二《地理志》。

[4] 民国《牟平县志》卷二《地理志》。

[5] 民国《牟平县志》卷二《地理志》。

[6] 《长春真人本行碑》，《甘水仙源录》卷二，《道藏》第十九册，文物出版社、上海书店、天津古籍出版社 1988 年，第 734 页。

大隐何烦住小庵"[1]。由是,邱处机声望日隆,名满四方,达官贵人敬奉者日益增多。

3.莱州大基山道士谷

金兴定三年（1219），邱处机带领尹志平、李志常

太虚宫中的长春仙井图（光绪《栖霞县续志》）

《登道士谷山》摩崖石刻

等18位弟子从道士谷中的昊天观应诏西行。"金明昌间刘国枢记云：大基山道士谷,后魏郑文公修道之地。流泉花竹,地占高敞,略无纤尘,郡之甲胜。"[2]在道士谷先天观遗址处有邱处机《登道士谷山》摩崖石刻,上题"太和丁卯（1207）中秋后刊,长春子书"。诗云：

淡荡春风暖,暄和晓日迟。褰裳登诘屈,绝顶玩幽奇。北海洪涛阔,南山大泽危。东风青鸟下,西岭白云垂。眼界空濛极,烟光缥缈随。精神何洒落,

大基山图（乾隆《掖县志》）

寒同山图（乾隆《掖县志》）

[1] 邱处机：《磻溪集》卷一,《道藏》第二十五册,文物出版社、上海书店、天津古籍出版社1988年,第815页。

[2] 刘敦愿、宋百川、刘伯勤：《齐乘校释》,中华书局2012年,第68页。

寒同山神仙洞

荣成铁槎山云光洞

荣成铁槎山增福延寿宫

道德自扶持。仿佛丹霄外，参差碧汉涯。那烦采芝术，直赴上仙期。[1]

4.荣成铁槎山

荣成铁槎山云光洞、增福延寿宫，王处一、郝大通修道处。增福延寿宫何时创建已不可考，现存元至正三年（1343）《重修兴延查山云光洞增福延寿宫碑》和至正七年（1347）《重修增福延寿宫碑记》，碑载："……玉阳广度体玄妙应真人，见云光之显迹，有阐悟道之心开，苦志炼度，不辞寒暑，独立于九鼎，……铭曰：'延寿之宫'。"王玉阳《云光集》即以此为名。

5.崂山

素称"海上仙山"，全真七子由昆嵛山来崂山，到太清宫，讲道传，宏阐教义，尤其在邱处机"掌管天下道门事务"后，崂山发展成为"天下第二丛林"，"九宫八观七十二庵"，蔚为大观。《太清宫志·开山始基》记载，崂山太清宫，系于西汉建元元年辛丑（前140），张公讳廉夫所创始。初为"三官庙"，历经多年修葺，遂成著名道观，被尊为"祖庭"。

《崂山志》云：

崂山之大也，不待琢而光相发者，天地自有之美，旷然心目，各得其所得，此固良工所不能施其巧，而寒暑不能易其色者也。[2]

元代于钦《齐乘》卷一记载：

---

[1] 邱处机：《磻溪集》卷三，《道藏》第二十五册，文物出版社、上海书店、天津古籍出版社1988年，第826页。

[2] （明）黄宗昌：《崂山志》卷二《本志》。

崂山图（明代《三才图会》）　　　　　　崂山图（同治《即墨县志》）

岸海名山也。又名劳盛山，……齐记云："泰山自言高，不如东海劳。"
吴王夫差登之，得灵宝度人经。……山高十五里，周八十里，此大劳也，与小
劳山、华楼山鼎足相联。大劳山有上清宫，五代末，华盖仙人识赵太祖于侧微，
宋人为建此宫。近世有刘使臣者，弃金符遁此山，其徒建碧落宫。[1]

游山、观海与寻仙，历代咏崂山诗甚多，影响之大者如李白《寄王屋山人
孟大融》：

> 我昔东海上，劳山餐紫霞。
> 亲见安期公，食枣大如瓜。
> 中年谒汉主，不惬还归家。
> 朱颜谢春晖，白发见生涯。
> 所期就金液，飞步登云车。
> 愿随夫子天坛上，闲与仙人扫落花。[2]

"洞里仙人何处去，烟霞风景自年年。"[3] 胶东道教仙话遗迹尚有很多，不胜
枚举。仙人仙迹、美丽传说，衍化出胶东独特的人文与自然融合的道教文化图景。

---

[1] 刘敦愿、宋百川、刘伯勤：《齐乘校释》，中华书局 2012 年，第 46~47 页。

[2] （清）王琦：《李太白集注》卷十三，上海古籍出版社 1992 年，第 256 页。

[3] （清）杨维庚：《烟霞洞》，民国《牟平县志》卷九《文献志》。

从民俗到非物质文化遗产：民间文化

富有地域特色、民俗淳厚、海味浓郁的胶东民间文化，世代相沿传承，生生不息。在悠长的历史演进中，胶东民间文化不断积累、衍变和融合，绵延不绝，发展成为弥足珍贵的非物质文化遗产，成为一种区域文化记忆。

一、传承久远的民俗

民俗，是民间具有世代相习的传承性事象（包括思想和行为），起源于民众群体生活的需要，在特定时代、地域中不断形成、扩布和演变，为民众的日常生活服务；既是规范人们行为、语言和心理的一种基本力量，又是民众习得、传承和积累文化创造成果的一种重要方式[1]。这种历代相沿相承的风尚习俗，受一定的地理环境、生产生活条件制约，具有显著的地域特色。《礼记·王制》："广谷大川异制，民生其间者异俗。刚柔、轻重、迟速异齐，五味异和，器械异制，衣服异宜。修其教，不易其俗；齐其政，不易其宜。"即民谚所谓"十里不同风，百里不同俗"。胶东民俗，既有生产生活又有岁时岁日，既有饮食礼仪又有游艺娱乐，其基本特色可概括为"向以朴鲁见称"[2]。

胡朴安在《中华全国风俗志》中记载了胶东各地的风俗禀性。如蓬莱，"介乎山海之间，土疏水阔，人性刚强。蓬故齐之东鄙，民淳而俗简，犹为近古"。黄县，"濒海之民，淳质易治。"福山，"民俗淳厚，无异邹鲁；宦无异于士，士无异于民，民之为农者什九，为吏者什一。以急公家完赋税为先务，以崇廉耻重敦睦为本。"莱阳，"民之气习醇雅，为士者敬慎而好礼，且勇于为义。"栖霞，"人淳无寇盗"。宁海州，"宁俗尚节义……缙绅节俭，崇礼让。为士者衣布食蔬，不事华耀。……什物器用，亦朴质无奇。"掖县，"其俗质胜乎文。"招远，"四民有常业，六礼有常仪，岁时有常节。宁朴无华，宁俭无奢。"文登，"士好经术，俗尚礼义"。荣成，"近山者，土瘠而鲜盖藏；近海者，网利而无常业。惟诵读之声，犹与机声相间，文之余也。"莱州，"东莱人尤

---

[1] 钟敬文主编：《民俗学概论》，上海文艺出版社1998年，第2页。

[2] 民国《牟平县志》卷三《地理志》。

朴鲁，故特少文义。人性刚强，志气缓慢。语声上，形容大，此水土之风也。"总而言之，胶东人"皆朴实纯直，甚者失之滞固。然专经之士为多。人淳事简，地瘠民贫，民多朴野，性皆犷直，犹有古风。凡有施为，质多文少"[1]。

1. 筵席风俗

一方水土养一方人。胶东人"人淳事简"，但又"性皆犷直"，"崇礼让"，热情好客，凡逢节日，或是婚寿嫁娶，邻里间要设筵席。"遇有冠婚丧葬之事，亲友送礼吊贺，主人设筵待客，此为惯例。"[2]"商民皆重过节，年节及端午、中秋，铺户皆设酒筵，放工一日，以作消遣。各娱乐场，遇节必甚拥挤，其留守铺中者，则鼓乐喧阗，终日不止。"[3]胶东筵席民俗可谓传承久远，影响绵延至今。《威海卫志·讌会》记载："大宾行奠礼，常会不行。汤饭三晋，肴十二器，果用十六碟。"[4]这是清朝乾隆年间威海地区非常讲究的一种筵席规格。其时，流行四一六席、六二八席。所谓四一六席，即四个冷盘、一个大件、六个热炒，外加六个小碟（葱、咸菜等）；六二八席，则是六个冷盘、二个大件、八个热炒，外加八个小碟。也有十全席或十全加四席或十全加八席的宴请[5]。民国年间，龙口盛行的筵会为四八八席：宴会以四凉碟、八中碗、八大碗，加油酥面，食曰点心者。此是高档次的筵席，至今在黄水河以东区域流行。海阳流行"中山席"和"三大件席"：中山席即一水果、两点心、一冷菜、四炒菜、六大碗、两饭菜、一鲜羹；三大件席为四南果、四干果、四糕点、四糖、四冷，一个大件跟二至四个中碗，每一个大件后上一道汤点，饭菜是四至八碗。烟台开埠后，"筵会之风甚盛，各界相互应酬，交际甚忙"。其时有三种宴房酒席流行。一种是半桌头席，《烟台大观·宴会》记载："烟市酒风最盛，普通宴会分为中西两种。中筵采用半桌头，即四干果碟、四水果碟、四南果碟、四冷荤碟、两大件、八小碗，中隔点心两道。以翅席最上，海参席次之。"[6]一种是"四一六"席，即四冷盘、一大件、六热炒。还有一种是"四二八"席，即四冷荤、两大件、八热炒。《烟台大观·饭馆》中说，"烟市筵会酬酢之风，堪称盛兴。故酒楼饭馆林立市内，饭馆分中西两种，……现市内最盛行之筵席，为二四八与四一六两种。二四八系两大件、四冷荤、八小碗；四一六系四冷荤、

从民俗到非物质文化遗产：民间文化

---

[1] 胡朴安编：《中华全国风俗志》（上篇）卷一，上海书店出版社1986年，第23~25页。

[2] 张育曾、刘敬之：《山东政俗视察志》，山东印刷局1934年，第700页。

[3] 刘精一：《烟台概览》，《烟台概览》编辑处1937年铅印本，第28页。

[4] 民国《威海卫志》卷一《疆域志》。

[5] 曹红：《威海民俗》，华文出版社2006年，第155页。

[6] 池田薰、刘云楼：《烟台大观》，鲁东日报社1940年铅印本，第22页。

一大件、六小碗"[1]。迄今，"四一六"席和"四二八"席仍然是胶东城乡常用的宴请规格。

胶东筵席种类多，命名方式也富特色。有以头道大件原料称呼的燕窝席、鱼翅席、海参席、鱼唇席、鲍鱼席、全鱼席等，有以菜肴件数冠名的四一六席、四二八席、十大碗席等，又有寓意吉祥的十全十美席、四平八稳席、步步登高席等，还有以四季特产为主的四季筵席（春、夏、秋、冬筵）及取自传说的八仙筵等。据统计，胶东筵席种类主要有四一六席（四冷荤、一大件、六行件，流行芝罘、福山、蓬莱）、四二八席（四冷荤、二大件、八行件，流行芝罘、福山、蓬莱）、四六席（四冷荤、六行件，流行莱州）、四四席（四冷荤、四大件、四行件、四饭菜，流行海阳）、四四八席（四冷荤、四大件、八行件，流行威海）、四六八席（四冷荤、六盘、八碗，流行莱州）、四八八席（四冷荤、八盘、八碗，流行文登、龙口）、四八席（四冷荤、八行件，流行芝罘、莱州）、四十席（四冷荤、十行件，流行莱阳）、四三六四席（四冷荤、三大件、六行件、四饭菜，流行芝罘）、四二八六席（四冷荤、二大件、八行件、六饭菜，流行莱州）、四四八二席（四冷荤、四大件、八行件、二饭菜，流行海阳）、四二八四席（四冷荤、二大件、八行件、四饭菜，流行芝罘）、十大碗席（十大海碗，流行牟平、栖霞）、十二红席（两大件、十大碗，流行牟平、福山、海阳）、十二席（十行件、二饭菜，流行龙口）、十二八席（十二行件、八饭菜，流行蓬莱）、双十二席（十二行件、十二饭菜，流行蓬莱）、十三碗席（十二行件、一碗汤，流行招远）、伴桌头席（四冷荤、四大件、八行件、四饭菜，流行芝罘）、八仙过海席（八大海碗；或八荤八素一汤；或八盘八碗，八大件八小件。流行蓬莱、长岛、芝罘）、两头堵席（两大件、十八行件，流行栖霞、莱州）、流水席（四冷荤、二十行件、一碗汤，流行招远）。[2]

"夫礼之初，始诸饮食。"胶东筵席礼仪也颇有讲究。筵席迎宾："先日具帖告期。至日侵晨，持刺奉邀。宾至投刺，主人出迎于大门外，揖让而进，登堂一长揖，再揖为谢。命坐以齿序。"坐席规矩："主人向宾通一揖，以次出。主人一长揖，向坐授爵于案，复一长揖，宾举爵酬主亦如之。如有专席，宾主揖跪，仪文繁缛。"送客礼仪："宾既退，次日，上宾用双柬，众宾用单帖谢，俱不回帖。""今则宾主相对鞠躬，长揖者亦少，其余燕享，拱手而已。"[3]

[1] 池田薰、刘云楼：《烟台大观》，鲁东日报社 1940 年铅印本，第 119 页。

[2] 郝祖涛：《胶东筵席习俗杂谈》，《民俗研究》1990 年第 2 期。

[3] 民国《莱阳县志》卷三《人事志》。

筵席座次：筵席座位的排定、上菜的方法、用具的选择等，也有讲究。如不按规矩论之，宾客则会大为不满，更有甚者，或"起席"（中途退席）或"掀桌子"。《烟台概览·宴会》载："烟埠居民，宴会之风甚盛。其中式宴，率用圆桌，向外方位之左为首坐，右为次坐。余以此递推，最末为主坐。……西式宴会，率用长棹，主人分棹之两端，客位则先以字条排定。……酒茶须自左侧送入。"[1] 旧时宴请，民间家宴多设炕上，用长方形炕桌，也称小桌，桌上置案盘。向外方位之左为首席，右次之，余以次递推，最末席在炕下，即俗话说的"打横"。在地下摆宴用八仙桌，坐北朝南，一席八人。席位排列，以上菜口为准，右边的上手位为首席，与其相对者为次席，右边下手位为三席，与之相对者为四席，正前方为五、六席（又称桌子后），上菜口两席为陪客席，靠右的一位为主陪。现在的筵席以圆桌为多。主陪正对门口，副陪与之相对。门口位置也是上菜方向。主陪的右席位为首席，又称"一席"，坐主客；左席位为次席，又称"二席"；副陪的右席位为三席，左席位为四席。剩下的席位酌情而定，可以是其他陪客及次要的客人，但也要据客人的身份、年龄等安排好。过去，胶东有"男女不同席""父子不同席""爷孙可同席"的习俗，除祝寿的家宴以外，父子不能同席，兄弟也应尽力避免同桌。男女不同席，女客和女客的孩子，均安排在一屋，或一桌或两桌。

喜事筵席尤为复杂，既有至亲，又有朋亲，还有送客的，这就要求陪客者排席时弄清客人们的身份、年龄、辈分、亲疏等。喜筵往往有多桌，头一、二桌为"送亲大客"，因是新娘家的代表，自然要安排在最显要的席位上。倘"送亲大客"为两辈人，则年长者安排在第一桌，低辈者在第二桌；若是同辈，就全安排在头桌大客、二客席位上。

筵席酒风："众宾毕至，行酒，主人向宾通一揖，宾以次出，主人一长揖，向座授爵于案，复一长揖，宾举爵酬主亦如之，如有专席，宾主揖跪。"[2] "宾毕至行酒，主向宾通共一揖。宾以次出，主人一长揖，向坐授爵于案，复一长揖，宾举爵酬主，如之。如有专席，主人行酒，先出厅致奠，次揖众宾，后请专宾出次授爵。先一爵，主人长揖授宾，宾受爵，向众宾告偺复位，主人行一跪礼。宾饮毕，还爵于主。主人复进一爵，止长揖，宾再饮毕，复还爵于主，命从者索酒酬主，亦如主人礼。"[3] 为客斟酒叫"满上"，乡中酒令多为猜拳。一饮一杯叫"干"，

从民俗到非物质文化遗产：民间文化

---

[1]　刘精一：《烟台概览》，《烟台概览》编辑处 1937 年铅印本，第 30 页。

[2]　民国《牟平县志》卷三《地理志》。

[3]　光绪《增修登州府志》卷六《风俗》。

半杯叫"二开"，依次有"三开""四开"。敬人酒自己先喝，叫"先饮为敬"。

2. 渔民禁忌

靠海吃海，胶东沿海渔民在生产生活中形成一些习俗、禁忌。如语言上有诸多忌讳。忌说"翻"，多用"蓬"代替，称"帆船"为"风船"；风船行海上，要把船帆拉上桅杆时，说"长蓬"或"撑蓬"；风船停泊要把船帆落下桅杆时，说"落蓬"；吃鱼翻吃另一面时，不说"把鱼翻过来"而说"把鱼划过来""把鱼顺过去"；饺子下锅时不说"下饺子"而说"煮饺子"；器具打破，忌说"碎了"，而说"笑了"；还忌说"扣""老""倒"等字，"老"是渔民对鲸鱼的尊称；向碗里盛饭要说"装饭"；还忌说"完了""没有了"等，因海上打鱼丰收与否也靠运气，"完了''没有了"有空船而归之嫌，应说成"满了"；渔船出海丰收，则说"发了财"，更甚者则称"发了血财"。

行为上也有很多禁忌。如筵席上，勺子不能背朝上放置，盛器不能扣放，筷子不能横搁碗盆沿口，不准吹口哨，"登船不酒"，"父子不同船"，"兄弟不同船"；渔船起航称为"出潮"，返航称为"收山""归山"，称打鱼为"闯海""干力量"，在近海滩挖蛤蜊等为"赶小海"，之外还有"拉大网""拉小网"的叫法。春汛和秋汛第一次出海称为"下河"。

3. 节日习俗

胶东清明节，盛行邻里间互赠面燕的习俗。"荣成县人民，在清明节之一日，各家多以面粉制若干小燕，互相赠送。儿童更持香楮、小燕、熟鸡蛋，至土地祠供奉……并有一般儿童，匿于土地祠后，伺有人前来，便将小燕及鸡蛋放下，群相夺取，名曰抢清。迨之夜半，方始还家也。"[1]

胶东七夕节，也颇具特色。胡朴安《中华全国风俗志》记载荣成七夕事象，虽称之为"迷信"，但"乞巧之俗，各地皆然，原无足奇。惟荣县乞巧风俗，有与他处不同者，故撷录之，以备采风者参考焉。"是为参考，兹录如下："一、巧芽。七月初一晨间，各家小孩，趁朝曦未出时，咸取盅一只，置些许细沙麦子于其中，名曰生巧芽。视麦芽之好歹，定小孩之巧拙。故一般小孩对于自己之巧芽非常注意，日间灌以清水，夜置露天中，尽心维护，大有宋人悯苗之概。迨至七夕，麦芽已渐长大，于是从盅中取出，视麦芽之根须如何定一生之巧拙。例如须长而密，于是巧立花名，谓之为佛手，为金钱、为宝贵不断头，吉语连篇。设根须不甚长密，或因水泡烂不甚雅观，于是谓小孩蠢拙不堪，难期造就，

---

[1] 胡朴安编：《中华全国风俗志》（下篇）卷二，上海书店出版社1986年，第28页。

种种坏批评，不一而足。或有将巧芽之嫩芽剪下，和糖包以面粉，名曰月芽。男孩做圆月形，女孩做半月形，晚间对月食之，亦乞巧之一事。……二、巧花。用面粉制成种种食品，或莲蓬形、或金鱼形，或荷花形、竹篮形等等，不胜枚举，谓之曰巧花。七夕，人家咸须制此食物应景，并谓七夕吃过巧花，能使人巧。"[1]

二、璀璨的非物质文化遗产

从区（县市）级到市级，从省级到国家级，胶东非物质文化遗产丰富而宝贵。遍布城乡的非物质文化遗产传承久远，既有海洋文化特色，又具地域禀赋，可谓是胶东传统文化的活化石。兹列举数种如下。

1. 民间音乐戏曲：海阳大秧歌

海阳大秧歌的产生，与当地敦厚、淳朴的民风民俗密切相关。"民俗淳朴，士习娴雅。岁时伏腊，斗酒相劳，彬彬乎质有其文"[2]，"民多朴野，性皆犷直，犹有古风，凡有施为，质多文少"[3]。

海阳大秧歌系民间乐舞。孟元老《东京梦华录》卷七"元宵节"记载："正月十五日元宵，……奇术异能，歌舞而戏，鳞鳞相切，乐声嘈杂十余里。"宋金时期，民间乐舞百戏已甚为繁盛。南宋周密《武林旧事》卷二"元夕"记载："诸舞队次第簇拥前后，连亘十余里，锦绣填委，箫鼓振作，耳目不暇给。"清代吴锡麟《新年杂咏抄》也记载，秧歌，乃南宋灯宵之村田乐，所扮有耍公子、打花鼓、拉花姊、田公、渔婆、杂沓灯术，以博观者之笑。在宋金舞队中，以农村生活、生产为题材的歌舞，史籍多有记载，《梦梁录》元宵舞队中有"村田乐"一项，《武林旧事》元宵舞队节目中亦有"村田乐"。出土实物，有考古发掘的侯马金墓砖雕乐舞。秧歌舞态，农乐中来。这种由"村田乐"而演变成的秧歌至明初期已"舞唱于庭"，进而衍变为一种集歌、舞、戏于一体的民间艺术形式。

海阳大秧歌起于何时，已难稽考。民间艺人追溯至春秋后期，所谓"周朝的歌舞唐朝的戏，宋朝舞队村田乐，明清秧歌始相传"。到明初始有记载，据凤城镇建设村赵炳书家藏《赵氏谱书》记载："二世祖赵（通）世袭（大嵩卫）指挥镇抚诰封武略将军。明洪熙元年（1425），欣逢五世同堂，上赐'七叶行祥'金额，悬匾谷旦，诸位指挥偕缙绅光临赐贺，乐舞生闻韶率其创练之秧歌，

---

[1] 胡朴安编：《中华全国风俗志》（下篇）卷二，上海书店出版社 1986 年，第 25~26 页。

[2] 胡朴安编：《中华全国风俗志》（上篇）卷一，上海书店出版社 1986 年，第 25 页。

[3] 乾隆《海阳县志》卷三《风俗》。

金墓砖雕乐舞（《文物季刊》1997 年第 4 期）

舞唱于庭，其乐融融"。明洪武三十一年（1398）设大嵩卫于今凤城，凤城临海口，闽、粤、江、浙海泊所萃，促进了民间艺术的发展。清雍正十三年（1735）裁大嵩卫设海阳县以后，[1] 海阳大秧歌兴盛发展。时有民谣："乡下秧歌进了城，先拜娘娘后耍景；正月十五不进城，过日来了撵出城。""听见锣鼓点儿，搁下筷搁下碗；听见秧歌唱，手中活儿放一放；看见秧歌扭，拼上老命瞅一瞅。"民国《莱阳县志》："上元，小儿陈百戏，演杂剧，鸣箫鼓，谓之秧歌。"光绪《增修登州府志》："上元……子弟陈百戏，演杂剧，鸣箫鼓，谓之秧歌。"这些方志都记载了上元（元宵节）晚上"喧阗彻夜"的风俗。

海阳大秧歌在发展演变中，不断借鉴其他音乐唱腔，吸收其他艺术精华。如乾隆三十五年（1770）海阳柳树庄人陈英弼编写的秧歌剧《陈老喜劝子跑四川》序中所述："余随胡公廷章供职邛州，甚爱蜀歌之美，仿做'跑四川'，教秧歌班演唱"。再如把武术元素吸纳进来，在"乐大夫"中有"螳螂门"和"八卦门"之分，即指舞蹈动作汲取了不同拳术套路而形成不同的风格。

海阳大秧歌

"海阳秧歌的音乐由锣鼓和歌曲两部分组成，以锣鼓伴奏为主。打击乐由大鼓、大锣、大钹、小钹、堂锣等组成。两种主要的锣鼓曲谱'慢走阵'与'快走阵'，只是速度不同，节奏型基本一致，一般为三鼓一锣（一板三眼）。歌曲多为民间小调，演唱时，中间有打击乐插入，其代表曲目为《大夫调》、《跑四川》等，可根据实际情况选用笛子、笙、

---

[1] 乾隆《海阳县志》卷二《沿革》。

二胡等乐器伴奏"。[1] 队形、舞蹈节奏与音乐节奏相吻合，舞蹈动态表现自由，节奏变化随性而为，真、善、美、恶、丑的舞蹈语汇，表现得淋漓尽致。

"没有秧歌不叫年"，有了秧歌才有年味。"拜正月、耍二月、哩哩啦啦闹三月"。海阳大秧歌仍旧受到胶东人民的喜爱，看秧歌、扭秧歌仍旧是老百姓生活中的开心乐事。

2. 蓝关戏

古老高腔剧种之一，属于道情戏，主要流行于莱州、招远两县。莱州的东季、龙埠、马回沟、李家疃及与之毗邻的招远的蚕庄、小河沟、金岭等村镇，被称为"蓝关戏窝"。

考"蓝关戏"的源起，可能是从渔鼓发展而来，而渔鼓即是道情。所谓"道家唱情，僧家唱性，儒家唱理"。道家唱情即道情。胶东"蓝关戏"《湘子出家》唱词："韩湘子坐街前，打渔鼓唱蓝关，你听我讲讲上八仙。"打渔鼓而唱，其腔是"蓝关腔"。迄元明时期，由道士唱诵的道曲演化而来的渔鼓道情传于民间，其内容也日渐丰富，既有民间历史故事，又有神话故事，在当地方言及民间音乐影响下，唱腔随之有所变，在这种发展演变中形成了"胶东渔鼓"。正如《中国戏曲音乐集成·山东卷》所总结："渔鼓戏的剧目，多是些离世出家、修道成仙的神话故事，在《东游记》的神话故事中，多是以韩湘子为主要角色。如表现韩湘子率众过海的《八仙闹龙宫》，表现韩湘子报恩行孝义救叔父韩愈的《过蓝关》，表现韩湘子夫妻关系的《二度林英》、《三度林英》等。"[2] 清代初期，胶东地区说唱形式的渔鼓道情开始向戏曲衍化，道光年间形成人戏[3]。马少波先生说："南官（蓝关）戏也是高腔的一种……在明代末年已经流行，其流行地区是我的家乡——山东掖县龙埠、马回沟、李家疃以及与招远县相毗连的一带村庄。"[4] 据莱州东季村老艺人季凤仪所述，当年他在绘制"蓝关戏脸谱"时所参照的原本的扉页上有"清朝道光二年重绘"的字样；又据莱州龙埠村张春吉等老艺人的回忆，当年他们誊抄《罗网洞》等剧本时，原本上有"清朝道光五年"的字样；再根据历代相传存留至今的存放戏服、道具的木箱上刻有"清朝道光二年"文字，据此推断，明代末年开始流行的蓝关戏，至清道光年间已很兴盛了[5]。

[1] 吴晓邦主编：《中国民族民间舞蹈集成·山东卷》，中国 ISBN 中心 1998 年，第 178 页。
[2] 《中国戏曲音乐集成·山东卷》，中国 ISBN 中心 1996 年，第 867 页。
[3] 山下一夫：《道情戏中韩湘子故事的发展与传播》，《中华戏曲》2007 年第 1 期。
[4] 马少波：《戏曲艺术论集》，中国戏剧出版社 1982 年，第 270 页。
[5] 范庆梅：《烟台文化通览》，山东人民出版社 2012 年，第 584 页。

其时，"蓝关戏"戏班主要集中在莱州的东季、龙埠等地，形成以莱州龙埠村、东季村为代表的十几个"连字班"和一大批专攻此业的会唱者。东季班以演《东游记》为主，称"文蓝关"；龙埠班以演《西游记》为主，称"武蓝关"。一文一武，在胶东引起很大的轰动。

"蓝关戏"称谓的由来，坊间有不同的说法。一种认为"蓝关戏"主要剧目以唱"八仙"故事为主，且以韩湘子度其叔父韩愈于"蓝关"的故事为多，因取难关的谐音，故称"蓝关戏"。"蓝关"一词来自于唐诗人韩愈《左迁至蓝关示侄孙湘》"云横秦岭家何在，雪拥蓝关马不前"，可见"蓝关戏"亦为

"文蓝关"《东游记》

"武蓝关"《西游记》

专门演出韩湘子故事的剧种[1]；再一种说法，"蓝关戏"是元代时就盛行的江西弋阳腔在莱州的遗留，因"蓝关戏"的唱腔多为高腔，此种唱腔形式源自江西的弋阳腔，高腔曾称"官腔"，故又称"南官戏"，意为"南方传入的官戏"，取其谐音为"蓝关戏"；还有一种说法认为"蓝关戏"又叫"连字戏"，取其连续不断的意思[2]。

"蓝关戏"剧目分为两类，正如《中国戏曲音乐集成·山东卷》总结的："蓝关戏的剧目基本上以演八仙故事为主，经常上演的有《韩湘子出家》、《过海》、《高楼庄》等，艺人称它为《东游记》。另一类也是演八仙的故事，但戏中又出现了孙行者等人物，艺人们称它为《西游记》。但与唐僧西天取经的故事并不相同，剧目有《大潮阳》《小潮阳》等。"[3]据统计，根据《东游记》改编的大型连台本戏，有《生湘子》《湘子出家》《棋盘山》《湘子还家》《湘子下书》《贬潮阳》《大潮阳》《水帘洞》《八仙过海》《下海要宝》等。

---

[1] 山下一夫：《道情戏中韩湘子故事的发展与传播》，《中华戏曲》2007年第1期。

[2] 中国戏剧家协会主编：《中国地方戏曲集成·山东卷》，中国戏剧出版社1960年。

[3] 《中国戏曲音乐集成·山东卷》，中国ISBN中心1996年，第845页。

根据《西游记》改编而成的大型连台本戏，单出戏有《火焰山》《流沙河》《高老庄》《神仙洞》《打人参果》《闹天宫》等。

蓝关戏的班社又称"拨脸子""耍儿会"等，实为业余，农闲集合，自组班子，义务演戏。蓝关戏班社的形成，约在清晚期，戏班出名的

蓝关戏脸谱图

村是莱州市的季家、马回沟，招远县的小河头。年复一年的"拨脸子"（教唱学）活动，多是在农闲时进行，班主被尊称为"师傅"，多是当地艺人、长辈，学员也多为当地晚辈，口传心授，非正式坐科，亦非跟班学艺，没有明确的传承谱系，往往邻里相授、街邻互取，或者是父子相传、祖孙数世，彼此切磋，相互增益。

由于地域、文化的差异，蓝关戏在胶东逐渐形成了东、西两路。清朝光绪年间，龙埠、东季、马回沟、小河头等村的艺人，每逢庙会、山会，便云集一堂，献艺交友，同台演出。当地艺人们有句口头禅："十里蓝关音不同，音同唱不成。"呈现了蓝关戏风格多样、绚丽丰繁的盛况。至此，蓝关戏名声大震，饮誉胶东，正如俗语所说："蓝关高腔开了台，男女老幼跑掉鞋""去听蓝关戏，冻死也愿意"等[1]。

3. 胶东全真道教音乐

全真道教音乐是专门为诞生在昆嵛山的全真道派谱写的，由全真派创派人王重阳及徒弟邱处机等全真七子不断改写创作，主要供庙宇道人演奏。

据民国《牟平县志》记载的《金马丹阳归山操碑》：金大定二十年（1180），"钰与云水僧竺律师、殿试范寿卿相会于郡城之北三教堂，因焚香宴坐，命郦州道士王大师鼓琴久之，亦一时之盛会。日昃则有乡人云集，由此作琴操"[2]。《金范寿卿归山操跋石刻》也记载这次盛会："一日焚香晏坐，有郦州道士王公抱琴而来，作金石弄，其声清越，远山与之俱应。"[3]陈垣先生《道家金石略》记载了在潍县玉清宫有邱处机缮写的《昆嵛山丹阳马真人琴曲归山操》碑："丹

[1] 杨学业：《蓝关戏》（非物质文化遗产记忆档案），山东友谊出版社 2013 年。
[2] 民国《牟平县志》卷九《文献志》。
[3] 民国《牟平县志》卷九《文献志》。

阳师（马钰）就作归山操以遗坐人。"[1] 马钰《归山操》碑文：

> 能无为兮无不为，能无知兮无不知。知此道兮谁不为，为此道兮谁复知。
> 风萧萧兮木叶飞，声嗷嗷兮雁南归。嗟人世兮日月催，老欲死兮犹贪痴。
> 嗟人世兮魂欲飞，伤人世兮心欲摧。难可了兮人间非，指青山兮当早归。
> 青山夜兮明月飞，青山晓兮明月归。饥餐霞兮渴饮溪，与世隔兮人不知。
> 无乎知兮无乎为，此心灭兮那复疑。天庭忽有双叶飞，登三宫兮游紫微。[2]

这首"以词章劝化于众人"的《琴曲归山操》在全真教中广为流传，影响深远。"操"即琴曲，如"鼓琴贵得情，情者，古人创操之意，哀乐忧喜之所见端也"。[3] 明代琴家杨表正在《弹琴杂说》中说："琴者，禁邪归正，以和人心。是故圣人之制，将以治身，育其情性，和矣！……凡鼓琴，必择静室高堂，或升层楼之上，或于林石之间，或登山颠，或游水湄，或观宇中，值二气高明之时，清风明月之夜，焚香静室，坐定，心不外驰，气血和平，方与神合，灵与道合"[4] 清初著名琴学家徐上瀛在《溪山琴况》中也说："盖琴为清庙、明堂之器，声调宁不欲廓然旷远哉？"[5] 琴是道教乐器，大雅之器，识心见性，开阔广传。

全真道初创时，王重阳即提出《立教十五论》，倡导"得道之人身在凡而人在圣境"。全真七子之一的邱处机，提出"教门大兴四方，往往化为道乡、道院"。胶东众多的村庙道士居住在庙宇道观，有常年居道观修持的"清居道"，

金马钰归山操碑

《金马丹阳归山操碑》（民国《牟平县志》）

---

[1] 陈垣：《道家金石略》，文物出版社 1988 年，第 434 页。

[2] 民国《牟平县志》卷九《文献志》。

[3] （清）王善：《治心斋琴学练要》卷一《总义八则》，上海古籍出版社 1995 年，第 167 页。

[4] 修海林：《中国古代音乐史料集》，世界图书出版公司 2000 年，第 499 页。

[5] 修海林：《中国古代音乐史料集》，世界图书出版公司 2000 年，第 578 页。

也有居村庙而进行世俗道场的"伙居道"。"清居道"所用乐曲受外界干扰较小，音乐道性气质最为浓烈；"伙居道"则受世俗音乐的影响呈现出世俗化特点。

烟台芝罘岛阳主庙道人朱相坤保留的四种宫调联缀演奏的器乐曲，是山东道教器乐曲中尤其同宫联缀保存最为完整、规范的曲目。芝罘阳主庙的祭祀活动延续了数千年，至20世纪30年代，道人朱相坤得其父朱智信（也为该庙道人）所传，善吹管子，并把所学道曲从1948年开始传授给现管子演奏者杨懋铎，1956年又与道人林祥瑞组团赴济南参加山东民族民间音乐会演出。1986年山东省普查时，杨懋铎为全省调查录音，靠回忆整理了四大调套曲，并被《中国民族民间器乐曲集成·山东卷》收集，四大调套曲成为山东现存唯一完整的同宫成套连缀曲。

朱相坤（左二）等演奏全真道教音乐

除朱相坤传留的由四种宫调联缀演奏的器乐曲外，流传下来的曲谱还有泰安"岱庙"保存的宋半字谱《玉音仙范》16册，含曲牌104首；牟平花园道观保存的工尺谱《乐曲本》，手抄47首乐曲等。

4.长岛渔号

长岛地域的特殊性孕育了特有的民俗，形成了特别的海岛文化——"长岛渔号"。《淮南子》卷十二《道应训》："今夫举大木者，前呼'邪许'，后亦应之，此举重劝力之歌也。"这种"举重"而唱的"劝力之歌"即为一种劳动号子。"长岛渔号"也是一种劳动号子，是源于海洋渔业劳动的一种民间音乐，发源于砣矶岛，已有300多年的历史，是风帆时代渔民的闯海之歌。

随着渔业的不断发展，在捕鱼协力配合的劳作中，号子自然应运而生。正如渔民所说："没有哑巴船，只要船一动，号子嘴上吭。"清末民初，捕鱼劳作的渔具、渔场发生变化，大风船也在逐渐变大，当时在砣矶岛上的大船达300多只，这些大风船系母船带子船，常年活动在烟威、莱州、渤海湾和辽东湾一带渔场。随着海上劳动强度增加，需要权威性的号令节奏统一行动。拾锚、上网、竖桅、长篷、摇橹、捞鱼、发财、拉船等八种渔号便脱口而出，这便成了长岛渔民的歌谣。大风船多为18人操作，以吆喝呐喊和领唱合唱为主要形式的"长岛渔号"，遂成为统一步调、协调动作、指挥作业的"渔令歌"。"长岛渔号"的领者俗称号头，也叫"号子老艄"，是富有经验的闯海者，既有权威的号召力，又有凝聚力和向心力。领号，有轻重长短，有平缓急促；合号，视渔令为军令，应合的句头紧咬着领号的句尾，严格配合领号的腔调、情绪。"无号不齐，不齐无力"，一领一合，一呼一应，有万众一心、众志成城之势，蔚为大观，令人震撼。

《长岛县志》记载，20世纪30年代，砣矶岛后口村有只名为"大瓜篓"的船只在烟台港抛锚，适逢有只天津的"大改翘"（船名）正要长篷出海，时值雨后，篷绠湿涩，他们费了九牛二虎之力，也没把篷张起来。砣矶岛上有个著名的号头，即刻带领自己的伙计们靠了上去，拉起大绠，喊起"长篷号"，硬是把沉重的篷帆张了起来，在港的渔民无不钦佩，"长岛渔号"从此闻名遐迩。[1]

"长岛渔号"以砣矶岛为轴心，影响所至，不仅长岛县境内各岛，北至丹东、大连、营口，西至天津、塘沽，南至蓬莱、莱州、龙口，东至威海一带，都有流传。

原生态的"长岛渔号"，以粗犷高亢的"宫""徵"调式为主，以婉转平和、带有民歌小调特点的"商""羽"调式为辅，按调式风格可分为平号、急号和娱情号三类。当海上作业遇上风浪或追赶鱼群时唱的急促有力的号子，即属急号，如紧橹号、追鱼号等。平号类是在风平浪静正常捕鱼作业时喊唱的号子，如拾锚、上网、长篷等，其调式平稳舒缓，节奏缓慢，着力点明确。而娱情号子则是一类自娱自乐的抒情号子，如发财号，或领合交替，或自发喊唱，采用旋律优美的3/4拍，展示出渔民欣喜愉悦的心境。不论哪类号子，皆以感情和力量为重，随性而自由。"长岛渔号"在调式、喊唱、说词、民俗规范上，在音乐特征的丰富性上，均有存史之价值。

5.八卦鼓舞

"透空碎远、极异众乐"[2]，八卦鼓舞，是一种独特的民间舞蹈形式，明末清初诞生于栖霞上林家村，距今300多年，是道教斋醮仪式、武术与当地民俗相融合而产生的亦鼓亦舞的民间艺术。

道教文化在栖霞民间植根已久，影响到人们生产生活的方方面面。《栖霞

---

[1] 山东省长岛县志编纂委员会：《长岛县志》，山东人民出版社1990年，第326页。

[2] （北宋）沈括：《梦溪笔谈》卷五《乐律一》。

县志》载："滨都宫，北十里，真人邱处机建，一曰太虚宫。极壮丽，神曰三清。"[1]全真派创始人邱处机即为栖霞滨都里人，后被成吉思汗封为"神仙"，统领全国道教。邱处机为纪念师傅王重阳，在上林家村附近修建重阳宫，栖霞也从此成为远近闻名的道教胜地。阴阳观是道教认识世界的方式，八卦来自于阴阳，阴阳是八卦的核心。在道教举行斋醮仪式时，需要鼓乐配合，以鼓为令，头遍鼓燃灯、献供，二遍鼓献香，

八卦鼓舞

三遍鼓道长读"回向文"诵经。由此，以鼓为道具，并在鼓上绘画种种图案进行美化，编创出独特的八卦鼓舞。而重阳宫所在的庙后镇上林家村，道教祭祀规模宏大且斋醮仪式频繁，成为具有当地民间文化特色又带有宗教色彩的民间八卦鼓舞的发源地。之后，凡祭祖、祈福等，都行八卦鼓舞，八卦鼓舞因而走下圣坛，成为祭祀舞，流传于民间。

民间的八卦鼓舞，以上林家为中心，向周围地区辐射，向东传播到烟台市福山区，演变为福山雷鼓，向西传播到牙山一带。

据重修于乾隆时期上林家村《林氏世谱》记载，"林"姓人家系明朝初年从栖霞的雾滋奔迁来，而在流传至今的栖霞民谣中，如民歌《于七抗清十二月》中唱到："五月里来开石榴花，双方交战牙山下，八卦战鼓击雷响。"于七是明末清初栖霞人，1661年在牙山举起反清义旗，八卦鼓舞为农民起义军壮过声威。那时，八卦鼓舞就已成为栖霞流行的一种民间舞蹈。

八卦鼓舞的道具是鼓、鼓槌和伞。鼓直径约50厘米，双面牛皮，鼓面上绘有阴阳鱼八卦图，鼓邦有不同图案。鼓槌皆为桃木，长约80厘米，槌柄顶部刻龙头形象。伞则是女用道具，把长约1米，木制而成，伞顶为平顶、形状

八卦鼓

鼓槌

---

[1]　乾隆《栖霞县志》卷一《疆域志》。

鼓邦图案

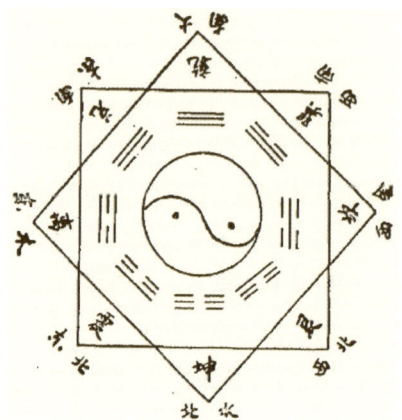

八卦舞方位图

为圆形，伞面呈古铜色，伞面绘有八卦图案，在伞沿部分点缀有黄色穗头，又称"旗杆伞"。

"八卦鼓舞"，表演形式为男女对舞，由8男8女组成，也可依次增加为24人、32人等，直至几百人。领舞者称"叫头"，舞蹈动作随"叫头"鼓槌节奏的变化而变化。步法有四种：禹步、滑步、双滑步、连步。禹步，俗称"踩八卦"，即相传的夏禹之步，是夏禹祭祀天地、山川、神祇、求神问卜时的舞步，可快可慢，可强可弱，基本特点为轻、飘、蹲、转。据《云笈七签》卷六一：其法，先举左，一跬一步，一前一后，一阴一阳，初与终同步，置脚横直，互相承如丁字，所亦象阴阳之会。"八卦鼓舞"的基本步法，也是先起左脚，与《云笈七签》所载"步罡踏斗"一致。

祭祀礼仪舞祭中引入八卦，这种"巫舞"可能流传久远。有学者从巫觋祖传的手抄韵书及民间发现的神秘符号图式，推测是夏朝的"八卦舞谱"[1]。胶东八卦鼓舞何时形成，鲜有文字记载，在"以八卦的方位作为舞蹈动作运动轨道的标向"上，胶东八卦鼓舞与这种"八卦舞谱"却很相近。

八卦鼓舞的步法是以八卦的"卦位"、以东西南北中五个方向作为舞蹈动作的方向。按八卦中的阳刚阴柔、阳实阴虚、阳开阴合、阳大阴小、阳强阴弱、阳明阴暗等，通过人体动作的动与静、大与小、左与右、高与低、上与下等的反差来体现舞蹈的韵律。基本队形一般为"八字形"，队形变化有"八条街""双龙吐须""辫麻花""单串花""双串花""按波花"等，在队形变换中，以圆为轴心，左旋右转，转中回圆，圆中见转，即当舞队成圆形转圈时，往往自左向右转，而伞则向左旋转。阴阳结合，风生水起。

---

[1]　周冰、曾岚：《最古老的舞谱："八卦舞谱"》，《舞蹈艺术》1986年第1期。

八卦鼓舞音乐所使用的伴奏器乐以管子、萧等为主奏乐器，笙、唢呐、鼓、钟、铙、钹、铛子、钗子、铃子、木鱼等为伴奏乐器，其伴奏音乐与道教音乐联系紧密，是道教音乐与胶东民间音乐的融合。

八卦鼓舞与道教文化联系之密切在民间舞蹈中甚为少见，集鼓、舞于一体的民间舞蹈遗存，是一种仅存的独一无二的道教舞蹈类型，更是一种稀有的非物质文化遗产。

6. 胶东大鼓

"铁拳砸了几十下，只打得个猛虎两眼鼻孔冒血浆，好武松还是一个不住地打，决不让猛虎再还阳，众明公您要是听了这段事难把那其中含义细思量……"一段《武松打虎》，引出了胶东大鼓。

胶东半岛地区的一种鼓词类说唱曲种，因最初是盲人走街串巷、求生糊口唱的小调，亦称"盲人调"。盲艺人以占卜算命为主，说唱大鼓为辅，将节子板绑在左腿上，靠腿的颤动打板击节，自弹三弦演唱。方言差异，多因地取名。如福山地区以福山方言演唱鼓曲的被称为"福山大鼓"，蓬莱地区用蓬莱方言的则称为"蓬莱大鼓"等。于会泳的《山东大鼓：犁铧大鼓·胶东大鼓》记载："原来在胶东地区的各个县份里，差不多都有着自己的地方大鼓曲艺，从前较流行的福山大鼓、蓬莱大鼓、海阳大鼓及威海地区的荣成大鼓等，其中尤以福山大鼓和蓬莱大鼓最为著名，据说，这些大鼓都是由老西河调（即早期的西河大鼓）分支出来的。"[1] 到了清嘉庆之后，才慢慢发展成早期大鼓的曲调。20世纪 20 年代，流行胶东半岛各地的盲人，吸收东路大鼓、莱阳弹词、茂腔等唱腔曲调，得到新的发展。抗日战争爆发后，胶东各地盲艺人基于爱国热情，将盲人组织"三皇会"改建为"盲人抗日救国会"，对大鼓进行了重新填词与加工，在城乡进行抗日革命宣传。此后，对原有鼓曲形式进行重新创编，定名为胶东大鼓。

胶东大鼓流派的产生，也是据不同地区以所用方言演唱鼓曲来定名，大致可分为三路。北路：流传于烟台、牟平、福山、蓬莱、黄县等胶东北部沿海地区，使用芝罘片、蓬黄片烟台方言，其唱腔特点为说唱性强、唱腔高亢、节奏相对紧密，是胶东大鼓中最具代表性且影响最大的一脉。东路：流传于威海、荣成、文登、乳山等胶东东部沿海地区，即使用文荣片烟台方言，其唱腔特点是曲调质朴，少华彩而口语化，富于说唱性。南路：流传于栖霞、莱阳、海阳、

---

[1] 于会泳编：《山东大鼓：犁铧大鼓 · 胶东大鼓》，音乐出版社 1957 年，第 94 页。

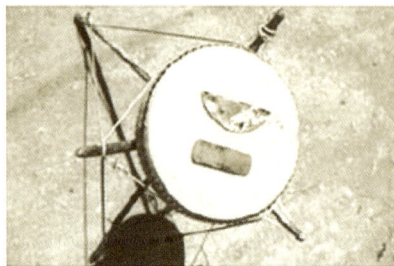

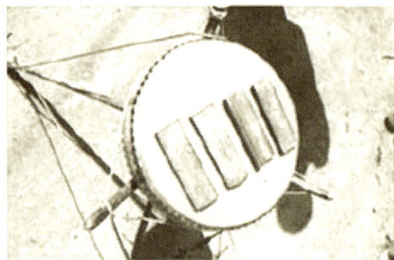

胶东大鼓及伴奏乐器钢板、四玉版

剪纸中的胶东大鼓

莱州等胶东半岛中南部地区，使用蓬黄片、东潍片烟台方言，其唱腔特点为旋律性强、旋律中融有胶东中南部民歌、茂腔等唱腔元素。

早期胶东大鼓，多由盲艺人口耳相传、口传心授传承，只有口头唱本而无乐谱，如《过新年》《鞭打村花》《吕洞宾戏牡丹》等。在"盲人抗日救国会"成立后，由当时的文艺工作者进行重新梳理，历史书目如《施公案》《刘伶醉酒》《紫镯记》等，反映胶东风俗、生活的诙谐小段儿如《拴娃娃》《大螃蟹》《偷年糕》《庄稼乐》等。也有为了宣传革命，根据当时广为人知的事迹改编的，如《红灯记》《小英烈》等。尤其在胶东解放区，以当地真人真事为原本，经艺术加工后，更成为喜闻乐见、鼓舞意志的"革命大鼓"。如《上营战斗》《锄奸记》《保家乡》《反蚕食》《民兵英雄赵守福》《五虎村大战》《雷神庙战斗》《血洒七里庄》等，这些"革命大鼓"成为另一种战斗宣传的有力武器。

传统胶东大鼓的伴奏乐器主要为鼓、板和三弦，在发展过程中，又吸纳借鉴了其他音乐伴奏元素，如二胡、坠琴、京胡、洋琴、四胡等。

从乾隆年间最早演唱盲人调的荣成盲艺人刘学义，到道光年间福山刘行有、同治年间黄县丁武臣，胶东大鼓已有250多年的历史。在胶东大鼓形成发展中，既有对当地民歌小调的传承，又有从戏曲等吸纳乐曲新元素；既有本土乐曲，又有外来乐曲；既体现胶东淳朴民俗，更蕴含着民间盲艺人的辛酸。带有生存韵味的胶东大鼓，仍旧存活在胶东民间盲艺人中，从昔日的走街串巷到今天的舞台说唱，他们仍旧是民间文化守望和弘扬不可或缺的一部分。

7.祭海图腾：渔灯节

渔灯节是胶东沿海渔民特有的传统祭海节日，流传于烟台开发区的芦洋、八角，蓬莱山后初旺、山后陈家、山后顾家、山后李家、沙窝孙家等渔村。

渔灯节始于何时，无从考证。一说在山后初家最早兴起，已有300年的历史；一说据《登州府志》卷二记载，建村较早的芦洋村（原名芦洋寨）始建于明朝洪武二十九年（1396），距今600余年，山后顾家建村也有500多年的历史，有村就有渔灯节，由此推算渔灯节至少已有500多年的历史。

渔灯节的活动，不同时期有不同内容，几百年来不断传承发展。每年正月十三或十四午后，如山后初家村的渔灯节场面，"中午一过，村中锣鼓四起，昭示着祭船的人已经开始行动。这时村中男女老少和外地来赶节的人齐集村东通码头的大路两旁。从午后两点多开始，送灯、祭船的队伍陆续出村，他们以承包渔船的联户为单位，锣鼓、鞭炮开路，后面跟着抬供的、扎成箱鞭炮的、端灯的，穿过夹路人群，喜气洋洋朝自家的渔船行进。一些个体承包户，势派不及联户组那么大，夹在别人队伍之中，或以篓子、或以柳斗盛供，也自奔自家的渔船。供品必有饽饽、菜肴，稍丰盛的又有一个猪头，猪头用生的还要带血，名为'发血财'。渔灯多改用现成的生日蜡烛，但沿袭旧时以萝卜、胡萝卜制灯的旧习惯，生日蜡烛都插在萝卜做的底座上。祭船队伍到地，先将所有船舱打开，置灯点燃，再将供品罗列船头，点香烧纸，由船长带头，向船而拜。其致拜的方式，多数已改为鞠躬，个别守旧的依然跪拜叩头。拜船之后，船员纷纷登船燃放鞭炮，盛况非凡。有些个体户，自己祭船放鞭炮之后，还要守在船上，候亲友前来'送鞭'。所谓'送鞭'，多是无船人家，他们备了鞭炮到亲友船上燃放，致贺祝丰收吉利，船主极重这种人情。所有县里、镇上停泊在这里的船只，一律随俗，也都到船上送灯、放鞭炮。就这样，前前后后，岸上船上，

渔船挂满彩旗

锣鼓鞭炮，祭船的和围观的一样兴奋，潮水一般的人群狂欢达二三小时。至五时多，祭船的活动结束，所有的锣鼓集中码头，和村里请来的秧歌队一齐出发，载歌载舞，经过村东大路，穿过游行，所过之处又燃放鞭炮迎接，狂欢达到高潮，也就在高潮中戛然而止"[1]。

渔灯节的"灯"，有三层涵义：一是取鱼虾丰登之意；二是照亮引路，佑护人船平安归来；三是使神灵认人识船，保佑人船平安。渔灯节是渔家文化的典型代表，是渔民的一种祭祀活动形式，具有专一性，其鲜明的渔民特色、丰富的文化内涵是胶东民俗文化的重要组成部分。

据考证，渔灯节是从传统的元宵节中分化出来的一个专属渔民的节日。在胶东，元宵节又称为"灯节"，除了燃灯，又有往海神庙、渔船上送灯的习俗，即称为"送渔灯"。而往祖坟送灯则称为"送麦灯""送山灯"。

8.民间技艺：烟台剪纸

烟台剪纸，方志鲜有记载，到清同治年间，胶东民间每逢年节已有剪贴灯花、以彩纸挂门楣等民俗。事实上，如同其他地方，烟台剪纸作为一种民俗，源远流长，明清时期已十分兴盛，蓬莱、招远、黄县、掖县等地妇女多善此工，"二八闺秀绣罗衫，巧剪花样百家传"，还出现了染色新类别。

开埠后，烟台剪纸加入了新元素。据《烟台市民族宗教志》记载，1927年由美国北长老会设立的益文商业专科学校，首次将剪纸作为学校劳作课的参考资料，并编入教材。同时，又以教会名义四处收购烟台民间剪纸。时任益文学校校董兼教员的传教士毕韦廉等人发起成立了"毓璜顶剪纸研究会"，其会员为女基督徒中的剪纸能手。"毓璜顶剪纸研究会"是我国最早的剪纸研究机构，不但举行剪纸艺术研讨会，还把剪纸列为学校劳动课，甚至将本校的剪纸作品出口到西方国家，为学校增加收益。

清代福山剪纸品色《八仙》

对外影响较大的则是1934年在烟台爱道女校创办的毓璜顶剪

---

[1] 山曼：《新时期节俗改革探微——蓬莱渔灯节调查的思考》，《民俗研究》1988年第4期。

纸厂，采用中西结合的剪纸技巧，融中国传统文化及西方教会文化入画，烟台剪纸内涵随之拓宽，并走向商业化。毓璜顶剪纸厂主要生产用于圣诞贺卡、新年贺卡、入席名片、月份牌等剪纸作品，初期在沿海和长江沿岸西方侨民和教会中销售，后远销西方国家。20世纪30年代，剪纸花样发展到数百种，订单价值数万元。剪纸研究会和剪纸厂为烟台剪纸的对外传播和产业化做了最初的探索，同时也开创了民间剪纸对外贸易之先河，在近代剪纸史上也有着不可替代的历史地位。

剪纸形式，多种多样，有蓬莱、招远等的窗花，胶县的单幅剪纸，烟台的门签，黄县的纸盒花，牟平的墙花，掖县的喜花等。"烟台的剪纸与胶东各县的剪纸，有着不同的发展过程：开初，烟台的剪纸，不论在风格或剪法上，同是属于胶东各地的窗花传统，其内容也多是以'吉祥如意'、戏曲、传统民间故事为题材。自帝国主义势力侵入烟台后，这一优美的民间艺术，很快就被外国人发现了，先以教会名义向市民广为搜罗，继而设立工厂廉价承收，不断窃运国外。二十年前，烟台窗花曾达到了极盛时代，在艺术传统上也有许多变革。例如，一部分人由自剪自赏，走上了专业生产；为了达到更高的生产数量，在工具上，由原来的剪刻改为刀刻；随着人民文化要求的发展，在内容体裁上也冲破了那些专以'吉祥如意'为主题的小圈圈，走向以反映城乡市郊、街头巷尾的生活活动为主要内容。……烟台刻花，由于能够形象地记载当时的社会面貌，因此，直到今天，我们看到这些作品，依然还觉得它逼真而亲切，好像是我们看到了20年前的、今天已经看不到的东西，如：流行于胶东东部的驮轿，往年的节日灯会，街头闲情，以及各式各样的服饰装束等。"[1]

清代招远剪纸品色

资料来源：郭万祥：《胶东剪纸》，广西美术出版社2010年，第44、122、211页。

清代福山剪纸熏样

[1] 王鼎：《烟台刻花》，山东人民出版社1957年，第2页。

9. 体育文化遗产：螳螂拳

螳螂拳为象形拳的一种，首批被国家体育总局列入系统研究整理的传统武术九大流派之一[1]。

螳螂拳的源起衍变，说法颇多。多数观点认为螳螂拳是明末清初王郎所创，螳螂门内持此说；也有认为王郎就是明末清初抗清义士栖霞人于七，王郎即于七[2]；还有学者认为王郎实无其人、纯属虚构，螳螂拳在乾隆时期首创，李秉霄是最早螳螂拳创始人[3]。

有关王郎的生平事迹、创拳经过已难稽考。大约清咸同年间，螳螂拳先师梁学香著作的拳谱《可使有勇·入门全解》述为：昔者王郎老师，作为分身八肘、乱接、秘手，但论虚实刚柔，其妙无敌。螳螂拳原始拳谱《罗汉行功短打》卷一之《少林衣钵真传》卷首载有"十八家拳歌"云："太祖的长拳起首，……王郎的螳螂总敌。"世传之螳螂拳谱，如螳螂拳传人宋志德《拳谱》、崔寿山《螳螂拳谱》等均将十八家拳歌列于卷首。太极梅花螳螂拳宗师郝恒禄1926年所作的《太极梅花螳螂拳论》对王郎创拳传说也有生动记述，说是王郎与僧比试不能胜，大惭而去，休息树下，仰身而卧，思其所败，反复不成眠，偶见树上有两只螳螂，长二指许，身白色。一使勾拿一蝇，其欲得之，因而两螳奋争，或蹦或跳，或俯或仰。后按螳螂形式，择其妙者而用，取其精者而作，用其得胜要手化作拳术，精而求精，始化出奥妙无穷、与众不同的螳螂拳。六合螳螂拳家陈运涛所作《螳螂拳略论》，有简要记述，一说是王郎为与宋太祖之长拳斗争应变而成，一说是为与韩通之通背拳斗争见螳螂斗蛇有所悟而创。这些传说，众说纷纭，无史料可证，但螳螂拳门内视王郎为创始人则是可以理解的，正如少林尊达摩为始祖、武当尊张三丰为祖师一样。

于七，周绍贤《清初于七之变轶史》记载：其祖父善武术，好交游……于七幼受家教，昼习文，夜习武，年弱冠，技艺已成……参加科举考试得中武解元。林竹岗《于七抗清记》记载：其祖父聘沧州亡命武师胡登选教授于七武术……崇祯初年参加郡城武试，名列武庠。次年又往应武闱，以力大艺精获中武举，

[1] 张炳斗：《名震全国的螳螂拳兴在莱阳》，《莱阳文史资料》，烟台新闻出版局1992年第4辑。李成银等：《螳螂拳的起源与传人》，《中华武术》2000年第3期。刘敬儒：《六合螳螂拳》，人民体育出版社2003年，第16~24页。中国武术百科全书编撰委员会编：《中国武术百科全书》，中国大百科全书出版社1998年，第136页。国家体育总局武术研究院：《螳螂拳》，人民体育出版社1999年，第3页。卫笑堂：《八步螳螂拳》，台北逸文出版有限公司2002年，第17~18页。

[2] 陈世钦：《螳螂拳的由来及其发展的探讨》，《武林》1990年第5期。

[3] 黄培浩、高炳南：《螳螂拳的探源》，《中华武术》2006年第3期；王开文：《螳螂拳为王朗所创？》，《中华武术》2008年第5期；王开文：《螳螂拳起源问题再探》，《安阳师范学院学报》2011年第5期。

时年二十二岁。杜延阁《谭略》云：于七藏于平度之昆玉山，人竟不知，至癸卯乡试，扮为士子，囊书骑驴而去。后逃至云南，为吴三桂所录，未及吴反，病死。于七兵败牙山后去向，一种说法是到崂山下清宫为道士，如《纪栖霞于乐吾起兵》（《山东文献》第1卷第3期）、王维庭《记明末于七起兵轶事》。一种说法是于七到崂山华严寺皈依佛门，如林竹岗《于七抗清记》记载：于七被异人导行至崂山佛寺，披缁剃度，复以沸水沃面，漆身为厉，颜面模糊不可复辨，遂与世隔绝，隐藏于深山梵室之中。从这些笔记、传闻所载，恐因史料不足、证据缺乏，难以佐证于七即王郎，只能存疑待考。

文献记载始于李秉霄。螳螂拳之师承，有史可稽的是乾隆年间莱阳小赤山李秉霄。民国《莱阳县志》载："……先是小赤山李秉霄，乾隆时随父宦游南中，有大盗某甲于狱得危疾，已昏不知人。典狱以告官，命出之。秉霄通医理，过试其脉，买药饮之，盗汗出而苏，夜半伺隙潜遁。越数月，秉霄深夜独坐，盗突至叩谢，秉霄与语欢甚，盗以艺授之。秉霄亦英敏，艺成而盗不复至。大赤山赵珠，其高弟子也。珠年老尝趺坐床上，剹盗卫三素耳其名，遽入爪探其睛，珠手挥之，跌床下，不敢少动。珠传海阳于山夼梁梦（学）香，梦（学）香传化龙……铭阁既与化龙友善，两家弟子多互受其得。铭阁之传者，为石河徐志倬，化龙则赵格庄宋耀坤，民国二十二年设国术馆，城内教授生徒亦两家之子弟也。"[1]

崔寿山《螳螂拳谱·叙言》论及螳螂拳师承：清中期，有附贡生李公秉霄，赴秋闱不第，遂绝世俗，匿迹山泉。与其交游，皆一时侠客。后得异人传授，于螳螂之术得其精粹。而方志所载，可明确螳螂拳的师承从乾隆时期的李秉霄算起，却难以推断出螳螂拳之创始人就是李秉霄。民国《莱阳县志》记载："……自乾嘉以来，始稍稍可知云，而地蹚长拳螳螂三派

吉又從于芝修學芝修者地蹚派也小里村人以鐵腿著融會各家多心得嘗曰吾足迹遍七省角藝者無慮千數百人所敬事若匹敵二人而已其所敬事謂山西鄰某四敵則邑人姜化龍也化龍黃金滿人習螳螂術先是小赤山李秉霄乾隆時隨父宦遊南中有大盜某甲於獄得危疾已昏不知人典獄以告官命出之秉霄通醫理過試其脈買藥飲之盜汗出而蘇夜半伺隙潛遁越數月秉霄深夜獨坐盜突至叩謝秉霄與語歡甚盜以藝授之秉霄亦英敏藝成而盜不復至大赤山趙珠其高弟子也珠年老嘗跌坐床上剹盜衛三素耳其名遽入爪探其睛珠手揮之跌床下不敢少動珠傳海陽于山夼梁夢香夢香傳化龍化龍身不滿五尺又凝肥若無能者及試其技則靈巧

民国《莱阳县志》卷三

---

[1] 民国《莱阳县志》卷三《人物》。

为著。"[1]可见，乾嘉以来螳螂拳已流行，而非李秉霄另辟蹊径开创的新型武术拳种。

从仅有的文献记载，并由武术拳种的创始衍生看，"王郎的螳螂总敌"，明末清初仍处于初创时期，在集合和融会多种拳法基础上凝练而成，其时只是雏形。而莱阳作为螳螂拳的发源地，历经数百年的传承发展，迄清末民初，衍生出多个门派，主要有：太极螳螂拳，如"梁铁锤"梁学香，莱阳"三山"（李昆山、王玉山、崔寿山）、"两亭"（宋环亭、赵石亭）等；梅花螳螂拳，如近代烟台"三大拳坊"之一"螳螂郝宏"武馆创办人郝莲茹等，七星螳螂拳，林景山一系，如有"快手李"美称的李子占、拍摄过多部影视的于海等；六合螳螂拳，龙口、招远林世春一脉，如以"磨盘手"见长的丁子成等。

---

[1] 民国《莱阳县志》卷三《人物》。

"封侯非我意，但愿海波平"[1]：海防文化

正如严复所言，"历代君民皆舍海而注意于陆"[2]。历代备边，皆在西北。重陆轻海，古有边防而无海防，海之有防，自明代始。自明清迨至近代，胶东海防营建不断发展，海防体系逐步形成，海防设施如堡寨、炮台、墩等沿海岸线星罗棋布。这些海防遗址遗存以其独有的形式，昭示着胶东醇厚的海防文化特色。

一、胶东海防地理形势

明清时期，胶东海疆成为拱卫京师的重要海防门户。赵尔巽《清史稿》论说："山东海岸绵亘，自直隶界屈曲而南以达江苏，其间大小海口二百余处。东北境之登莱青三府，地形突出，三面临海。威海、烟台岛屿环罗，与朝鲜海峡对峙，为幽蓟屏藩。"[3]清代地理学家顾祖禹《读史方舆纪要》则认为：

山东不滨海为国乎？自滨州、沾、利之间，取途勃海，竟指天津，不过五百余里。繇登、莱而指旅顺口，亦不过五百里。天津，河漕海运之道所辖集也。登、莱、旅顺间，又海运之途所必经也。脱有狡狯之徒，凭依岛屿，辽、碣以南，沧、瀛以东，所在蜂起，海运其能以无阻乎？然则将奈何？曰：山东者，驭之得其道，则吾唇齿之助也。失其理，则肘腋之患也。[4]

而山东海疆形胜，又以胶东的登州府、莱州府为最。登莱二府，指臂相倚。《读史方舆纪要》云："又《海防考》：山东海防，惟在登、莱二郡。而成山以东白蓬头诸处，危礁乱矶，伏沙险湍，不可胜纪，故守御较易。"[5]莱州"内屏青、齐，外控辽碣，籍梯航之便，为震叠之资，足以威行海外。岂惟岛屿之

---

[1] （明）戚继光：《止止堂集》，中华书局2001年，第13页。

[2] 《严复集》，中华书局1986年，第257页。

[3] （清）赵尔巽：《清史稿》，中华书局1976年，第4101页。

[4] （清）顾祖禹：《读史方舆纪要》卷三十，上海书店出版社1998年，第223页。

[5] （清）顾祖禹：《读史方舆纪要》卷三十，上海书店出版社1998年，第228页。

险，足以自固乎哉！"[1]其中，所属胶州"联络淮沂，屏蔽齐兖，控海道之咽喉，为登莱之襟要"[2]。

登州控扼渤海水道，为山东海防前哨。《读史方舆纪要》称登州："僻在东陲，三面距海，利擅鱼盐，且北指旅顺则扼辽左之噤喉，南出成山则控江淮之门户，形险未可轻也。范氏曰：自古海道有事，登莱为必出之途，而密迩辽左尤为往来津要。"[3]洪武九年（1376）改登州为府，置蓬莱。《明太祖实录》记载："上以登莱二州皆濒大海，为高丽、日本往来要道，非建府治，增卫兵，不足以镇之。遂割莱州府文登、招远、莱阳三县，益登州为府，置所属蓬莱县。复以青州府之昌邑、

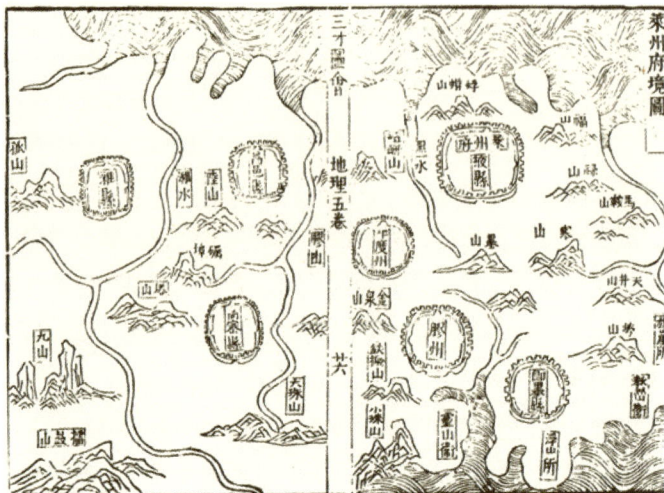

莱州府境图

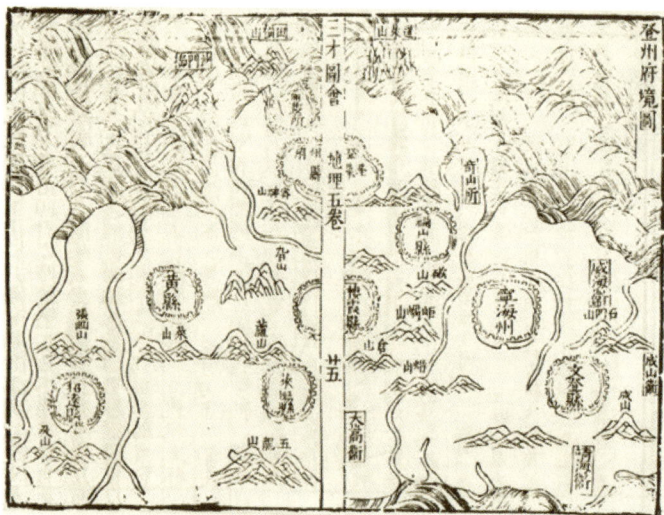

登州府境图（明代《三才图会》）

---

[1] （清）顾祖禹：《读史方舆纪要》卷三十六，上海书店出版社1998年，第254页。

[2] （清）顾祖禹：《读史方舆纪要》卷三十六，上海书店出版社1998年，第255页。

[3] （清）顾祖禹：《读史方舆纪要》卷三十六，上海书店出版社1998年，第256页。

即墨、高密三县补莱州府。"[1] 光绪《增修登州府志》卷一说："登州一郡，三面洪涛，屏翰京师，控引辽左，扼东南冲突之要。乃分土仅六百余里，而缘海之地，自姆屺岛口迤东至成山，折而南至嘉鸡汪，又折而西至东良海口，环抱纡延。……计其里道一千二百有奇。夫区区之郡当凋瘵之余，非有富民足与保聚，非有重兵足与防守，非有高山深溪足与凭负乃可。"

明人郑若曾评述：

> 登莱二郡凸出于海，如人吐舌，……其在海外则岛屿环抱，自东北崆峒、半洋，西抵长山、蓬莱、田横、沙门、砣矶、三山、芙蓉、桑岛，错落盘踞，以为登州北门之护。过此而北，则辽阳矣。此天造地设之险也。[2] 登、莱乃泰山余络，突入海中，文登县尤其东之尽处也。成山以东，若旱门滩、九峰、赤山、白峰头，诸岛纵横，沙碛联络，潮势至此，冲击腾沸。[3]

明清以前，胶东沿海防务只限于或防止内部敌对势力，或防御北方少数民族入侵，并未有真正的御海建置。如北魏天赐元年（404），"置山东诸治，发州郡徒谪造兵甲，以备海防"[4]。十六国时期，后赵在胶东驻守兵力，建造战船，"遣渡辽将军曹伏，将青州之众戍海岛，运谷三百万斛以给之；又以船三百艘运谷三十万斛诣高句丽，使典农中郎将王典帅众万余屯田海滨，又令青州造船千艘，以谋击燕"[5]。唐天宝元年（742），在胶东设登州守捉、东牟守捉[6]。宋庆历三年（1043），建"刀鱼寨"[7]，"郡守郭志高奏置刀鱼巡简，水兵三百戍沙门岛"[8]。到至正十三年（1353），"分沂州元帅府于登州，分元帅左右监军于宁海军"[9]。

迄元末，日本逐渐强盛，一些亡命、武士、失业人民、商贾、游氓等，纠合张士诚、方国珍残部及江浙失业人民、沿海称兵者等，结伙为盗，成为倭寇，

[1] 《明实录》明太祖实录，卷一百零六，台湾"中央研究院"历史语言研究所校勘本。

[2] （明）郑若曾：《筹海图编》卷七，中华书局 2007 年，第 455 页。

[3] （明）郑若曾：《筹海图编》卷七，中华书局 2007 年，第 456 页。

[4] 光绪《山东通志》卷百十五《兵制》。

[5] 《资治通鉴》卷九十六，上海古籍出版社 1987 年，第 641 页。

[6] 光绪《山东通志》卷百十五《兵制》。

[7] 依丹崖山麓，登州城北海湾处，用以驻泊刀鱼战船。刀鱼战船是北宋时期普遍使用的一种巡逻船，每船可载百余人。因船体狭长，形状像刀鱼，故称为"刀鱼战船"。而驻泊刀鱼船的港口（水寨），遂被称为"刀鱼寨"。

[8] （清）顾祖禹：《读史方舆纪要》卷三十六，上海书店出版社 1998 年，第 257 页。

[9] 光绪《山东通志》卷百十五《兵制》。

不时侵扰沿海，发生抢劫烧杀事件[1]。"元末，濒海盗起，张士诚、方国珍余党，导倭寇出没海上，焚民居，掠货财。北自辽海、山东，南抵闽、浙、东粤，滨海之区，无岁不被其害。"[2]元至正十八年（1358）起，倭人连寇濒海郡县。如至正二十三年（1363），倭人寇蓬州。可见，倭寇对胶东的骚扰，在元代已存在。

日本岛夷入寇之图

明朝立国伊始，胶东沿海就受到倭寇的侵扰，备受荼毒。据《明实录》记载，洪武二年（1369），"倭人入寇山东海滨郡县，掠民男女而去"[3]。洪武三年（1370），"倭夷寇山东，转掠温、台、明州傍海之民，遂寇福建沿海郡县。福州

卫出军捕之，获倭船一十三艘，擒三百余人"[4]。洪武四年（1371），"倭夷寇胶州，劫掠沿海人民"[5]。洪武六年，"倭夷寇即墨、诸城、莱阳等县，沿海居民多被杀掠，诏近海诸卫分兵讨捕之"[6]。洪武七年（1374），"倭夷寇胶州，官军击败之。"[7]"倭寇登莱"[8]可见，在明初期，胶东罹受倭寇侵扰很频繁。

面对倭患，明太祖开始试图通过外交努力而睦邻自固。洪武二年（1369）遣杨载等七人出使日本，诏书：

……自去岁以来，殄绝北夷，以主中国，惟四夷未报。间者山东来奏，倭兵数寇海边，生离人妻子，损伤物命，故修书特报正统之事，兼谕倭兵越海之

[1] 陈懋恒：《明代倭寇考略》，人民出版社1957年，第3~18页。
[2] 谷应泰：《明史纪事本末》，中华书局1977年，第843页。
[3] 《明实录》明太祖实录，卷三十八，台湾"中央研究院"历史语言研究所校勘本。
[4] 《明实录》明太祖实录，卷五十三，台湾"中央研究院"历史语言研究所校勘本。
[5] 《明实录》明太祖实录，卷六十六，台湾"中央研究院"历史语言研究所校勘本。
[6] 《明实录》明太祖实录，卷八十三，台湾"中央研究院"历史语言研究所校勘本。
[7] 《明实录》明太祖实录，卷九十一，台湾"中央研究院"历史语言研究所校勘本。
[8] 民国《山东通志》第一册，商务印书馆1934年，第829页。

由。诏书到日，如臣奉表来庭；不臣则修兵自固，永安境土，以应天休。如必为盗寇，朕当命舟师，扬帆诸岛，捕绝其徒，直抵其国，缚其王，岂不代天伐不仁者哉？惟王图之。[1]

诏书措辞严厉，但交涉未达目的。洪武三年（1370）又派莱州赵秩赴日，"外夷小邦，故逆天道，不自安分，时来寇扰，此必神人共怒，天理难容。征讨之师，控弦以待"[2]。外交努力取得成效甚微，倭寇入寇有增无减，仅洪武七年（1374）入寇登莱、莱州三次[3]。遂开始加强海防体系建设，以武力消弭倭患。洪武二十八年（1395）九月，朱元璋颁《皇明祖训》，将日本列入"不征之国"。

此后，倭寇对胶东不断侵扰。如光绪《增修登州府志》记载登州府屡遭倭寇及海贼的劫掠：

> 洪武三十二年春，倭寇宁海，指挥陶铎击败之。永乐四年，倭寇威海卫，指挥危宁力守三日，都督统兵来援，始退。六年倭寇成山卫，掠白峰头、罗山寨，登大嵩卫之草岛嘴，又犯鳌山卫之羊山寨、于家庄寨，杀百户王辅、李茂。不逾月，寇桃花阑寨，杀百户周盘。郡城沙门岛一带抄略殆尽，命安远伯柳升、平江伯陈瑄率舟师沿海捕倭。升败之于灵山，瑄追至白石岛（蓬莱海中），百户唐锭等追至朝鲜界，奏捷还师，始置备倭都司。十四年，倭舟三十二艘泊靖海卫之杨村岛，都督同知蔡福等率兵合山东都司兵击之。[4]

到明朝嘉靖年间，受"嘉靖倭乱"的影响，胶东沿海倭患也加重了。嘉靖三十一年（1552），倭犯靖海卫[5]；嘉靖三十三年（1554），倭寇掠民舟入海[6]；嘉靖三十四年（1555），倭船阻风，泊威海卫之栲栳岛[7]；嘉靖三十五年（1556），倭寇灵山卫养马岛（即灵山岛），犯海阳所，犯靖海卫文登营[8]；嘉靖三十六年（1557），转掠山东[9]。

[1] 《明实录》明太祖实录，卷三十九，台湾"中央研究院"历史语言研究所校勘本。

[2] 《明实录》明太祖实录，卷五十，台湾"中央研究院"历史语言研究所校勘本。

[3] 道光《重修胶州志》卷三十四；民国《山东通志》第一册，上海商务印书馆1934年，第829页；《明实录》明太祖实录，卷九十一，台湾"中央研究院"历史语言研究所校勘本。

[4] 光绪《增修登州府志》卷十三《海防》。

[5] 民国《文登县志》卷十四《灾异》。

[6] 《明实录》明世宗实录，卷四百零八，台湾"中央研究院"历史语言研究所校勘本。

[7] 民国《文登县志》卷十四《灾异》。

[8] （明）郑若曾：《筹海图编》卷七，中华书局2007年，第455页。

[9] 《明实录》明世宗实录，卷四百四十七，台湾"中央研究院"历史语言研究所校勘本。

正如明代著名军事家赵士桢在《倭情屯田议》中所言：“得陇望蜀人心之常，倭奴能涉滔天洪涛吞并朝鲜，又何惮而不敢跨鸭绿衣带之水窥兵内地辽左？”[1]

二、胶东海防体系的营建

1.设立卫所

明初，置卫所于要害处，实行卫所制度。卫所，即卫城、所城。卫、所是胶东海防体系的中心建制，是海防军队驻扎的主要军事据点。

自京师达于郡县，皆立卫所。卫所编制的原则是，每卫5600人，置卫指挥使统领，每卫下设前、后、中、左、右5个千户所，每个千户所设一名正千户和两名副千户，统兵1120人。千户所下设百户所，每百户所统兵112人。百户所下设2总旗，每总旗下又设5小旗，每小旗10名士兵。

洪武年间，山东沿海共设11卫，终明一代未变。其中，登州一府就设7卫。

洪武元年（1368）设青州左卫，洪武三年（1370）设莱州卫，洪武九年（1376）设登州卫，洪武十年（1377）设宁海卫。这是胶东最早设立的卫。

洪武三十一年（1398）二月，“倭夷寇山东宁海州，由白沙海口登岸，劫掠居人，杀镇抚卢智。宁海卫指挥陶铎及其弟铖出兵击之，斩首三十余级，贼败去。铖为流矢所中，伤其右臂。先是倭夷尝入寇，百户何福战死。事闻，上命登莱二卫发兵追捕，至是铎等击败之”[2]。此事件对明朝触动很大，遂置山东都指挥使司属卫七：安东，灵山，鳌山，大嵩，威海，成山，靖海。

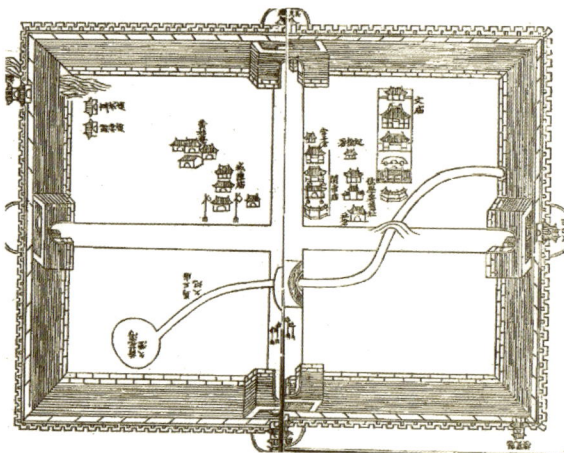

威海卫城图（民国《威海卫志》）

卫所设置在冲要之地，系一郡者设所，连郡者设卫。如威海卫，乾隆《威海卫志》记载：“明洪武三十一年，析文登县辛、汪、都三里立威海卫。永乐元年建城，领左、前、后三所，总部系山东都司兼辖属宁海州。”[3]而威海卫“山历土斥，实滨海堤隐，

---

[1] 中国历史研究社编：《倭变事略》（中国历史研究资料丛书），上海书店出版社1982年，第155页。

[2] 《明实录》明太祖实录，卷二五六，台湾“中央研究院”历史语言研究所校勘本。

[3] 乾隆《威海卫志》卷一《疆域志》。

然为东陲一厄塞。北古陌南仙阜，龙蟠虎踞。东面刘公岛疏峰拱秀，砥柱中流。刘公岛北通朝鲜、旅顺，东接日本、琉球，南望崇明、台湾，西达天津、直沽，轴舻相接，间藏不轨，惟恃文武兼资，可以兴屯御侮，为东隅屏藩。地环渤海，壤接扶桑"[1]。威海卫三面环山，地理位置显要，所处海湾，是山东半岛沿海航行停泊的必经之地。卫城所在，群山环绕，地形复杂，"在卫北三里，秀峰插天端，方如屏岭，设峰墩汛兵守之"[2]。

卫下设所。有明一代，沿海千户所共计 14 所。洪武年间胶东沿海设 6 所：胶州所、福山所、奇山所、浮山所、雄崖所、宁津。从成化到嘉靖年间又设置金山所、百尺所、寻山所、海阳所、大山所、石臼所、夏河所和王徐寨所。莱州卫辖王徐寨所，登州卫辖福山所，宁海卫辖奇山所，大嵩卫辖大山所，另金山所为威海卫所辖。各千户所所属略有分别，奇山所属山东都司直隶之守御千户所，而金山所、大山所等分属各卫之备御千户所[3]。

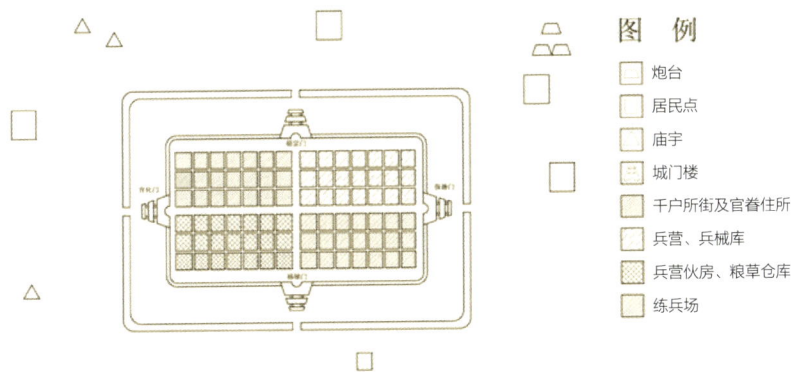

奇山所城复原示意图

卫所城池的选址和建筑，具有典型的军事防御特征。如威海卫城，"砖石相间，高三丈，阔二丈，周六里。……门四，楼铺二十，池阔一丈五尺，深八尺"[4]。

再如"奇山守御千户所"所城。洪武三十一年（1398），"为海防设奇山所，驻防军东通宁海卫，西由福山中前所，以达登州卫"[5]。"奇山守御千户所"

[1] 乾隆《威海卫志》卷一《疆域志》。

[2] 乾隆《威海卫志》卷一《疆域志》。

[3] （明）郑若曾：《筹海图编·山东兵制》，中华书局 2007 年；（清）顾祖禹：《读史方舆纪要·山东方舆纪要》，上海书店出版社 1998 年。

[4] 民国《威海卫志》卷二《建置志》。

[5] 民国《福山县志稿》卷五《商埠志》。

所城西门（宣化门）

所城南门牌坊

地处西南河口以东高地。所城建造模式："砖城，周二里有奇，高二丈二尺，厚二丈，池阔三丈五尺，深一丈，楼铺十六座。"[1]四边城墙中部均开设城门，"有东西南北四门，门上俱有望楼。城内有十字街，街道俱以石铺，平平坦坦，颇适步行"[2]。东为保德门，西为宣化门，南为福禄门，北为朝宗门。门楼上建有庙宇，东门二郎庙，西门三官庙，南门财神庙，北门药王庙。下层为指挥所，上层为远望所，四敌楼之间设堡十二座，呈半圆形突出于城墙之外，城墙内侧建环形马道，城内街道布局呈方格网状。十字形的城内主干道构成主轴线，两边布置公共性建筑，如官府衙门、祠堂等。

卫所之间设置巡检司，卫之隙置所，所之隙置巡检司，郑若曾《筹海图编》记载20个[3]。缉捕盗贼，盘诘奸伪。凡在外各府州县关津要害处俱设，率徭役弓兵警备不虞。巡检司只设少量弓兵，沿海岸线游弋巡视，如有情况便点燃烟墩进行传报。

其中，登州府10个，莱州府6个，青州府4个。洪武九年（1376）设辛汪寨巡检司，在莱阳县北70里，弓兵27名，墩兵3名。洪武九年（1376）设孙夼镇巡检司，弓兵20名，墩兵9名，在福山县西北。洪武九年（1376）设杨家店巡检司，弓兵21名，墩兵9名，在蓬莱县城东南60里；在蓬莱县还设有高山、马停镇巡检司。洪武二十三年（1390）设海仓寨巡检司和柴胡寨巡检

[1]　光绪《山东通志》卷十九《疆域志》。

[2]　匡裕祥：《烟台笔记》，《新游记汇刊续编》卷七，中华书局1922年印行，第31页。

[3]　（明）郑若曾：《筹海图编》卷七，中华书局2007年，第440—442页。

司，各有公廨 18 间，巡检 1 员，攒典 1 名，皂隶 2 名，弓兵 20 名，在掖县北面[1]。

解宋营寨遗址

蓬莱黑峰台烽堠遗址

卫所下辖寨、墩、台等。洪武二十五年（1392），在莱州卫冲要之处置 8 总寨，在宁海卫置 5 总寨，共辖 48 小寨，以防御倭寇。现发现的城寨遗址如登州解宋营寨遗址，即为明代遗存。解宋营遗址，"寨城建在两山之间的低洼之处，呈四方形，周长约八百米，城墙的残垣高约七，宽达九米，城外尚有一段长约二百多米、宽约四米的护城河遗址。这座城堡北面对着大海，南面筑有砖砌的城门，并有完整无损的顶门城楼。同时，还发现城堡的东西山岗上，各建有高达七米的烤火台，一东一西，迢迢相对，成为解宋城堡军事设施的一部分，从而构成一个较为完整的军事实体，为研究明代堡寨建设提供了珍贵的资料"[2]。据光绪《山东通志》所记："解宋寨城在县东北六十五里，石城，周一里六十丈，高二丈五尺，厚丈余，池阔一丈深七尺，南一门，楼铺五座。"[3]

在卫、所之间，设有多处墩台、烽堠，明朝在山东沿海设墩约 253 个，堡约 133 个[4]。墩台，又称烟墩，主要用于防守、警戒和联络。昼则举烽，夜则举燧。设炮曰台，司烽曰墩，皆有堡房。堡房是在烟墩下设置的带有院墙的小屋，供守望烟墩的士兵居住。如洪武三十一年（1398），在黄县的北面临海处，置墩 16 处：界河墩、呼家墩、界首墩、马亭口墩、龙口墩、仁化墩、白沙墩、盐场墩、榆林墩、吕口墩、西皋墩、天尊墩、黄河墩、王回墩、小河口墩、新设河口墩[5]。洪武二十三年（1390），在掖县北面设有 11 墩，其中柴胡寨巡检司辖小皂、武家庄、上官、柴胡、大原、诸高 6 墩，海仓寨巡检司辖 5 墩（万

[1] 乾隆《掖县志》卷二《海防》。

[2] 《登州古港史》，人民交通出版社 1994 年，第 170 页。

[3] 光绪《山东通志》卷十九《疆域志》。

[4] （明）郑若曾：《筹海图编》卷七，中华书局 2007 年，第 442–454 页。

[5] 同治《黄县志》卷二《营建志》。

历二十五年又增建 3 墩）[1]。

胶东埭堡分布图（一）（《筹海图编》卷一）

《筹海图编》记载，靖海卫墩 20、堡 8，赤山巡检司墩 1，宁津守御千户所墩 8、堡 9，海阳守御千户所墩 7、堡 10，成山卫墩 10、堡 9，寻山所墩 8、堡 7，温泉寨巡检司墩 2，威海卫墩 8、堡 4，百尺崖守御千户所墩 6、堡 3，辛汪寨巡检司墩 1，宁海卫墩 6、堡 12，金山所墩 5、堡 4，清泉所墩 2，奇山所墩 4、堡 2，孙夼镇巡检司墩 3，登州卫墩 6，福山所墩 3，柴胡寨巡检司墩 6，马埠寨所墩 3[2]。这些烟墩位于沿海高地或山丘上，因地造形，或为人工堆筑，或假山丘加工，多呈圆锥形。"惟卫所诸城，尚有居民，其余小寨，半皆坍塌，仅遗古址而已。"[3]现保存较好的如威海戚家庄烟墩、乳山金港烟墩等。

有明一代，卫、所、巡检司、寨及墩台的设立，构筑了胶东大小相维、经纬相错的沿海防线。"山东登莱三面滨海，自蓬莱抵胶州二千余里，海岛给错，国初建立营卫所寨，以防海备倭，虑至远也。"[4]正如陈仁锡所言："沿海制置卫所水寨，星布其列，而又联以烟墩，冀以兵侦，能通其梗，狼息鲸晏，而

---

[1] 乾隆《掖县志》卷二《海防》。

[2] （明）郑若曾：《筹海图编》卷七，中华书局 2007 年，第 448~453 页。

[3] 民国《牟平县志》卷十《文献志》。

[4] 《明实录》明世宗实录，卷五百六十三，台湾"中央研究院"历史语言研究所校勘本。

胶东堠堡分布图（二）（《筹海图编》卷一）

沿海安堵。"[1]

　　自明代延续下来的卫所防御体系，从清初期开始逐步裁并，至清雍正时已

---

[1]　（明）陈仁锡：《无梦园初集》（漫集）卷二《纪海防》。

或裁撤，或省并，或改设，备立营制，兼用八旗及绿旗兵。如大嵩卫，乾隆《海阳县志》卷二记载："海阳县，原大嵩卫也，卫设海阳所，地在海之北，故名。……明于县西南置大嵩卫，并海阳所，属登州府。皇清因之。顺治十三年省海阳所入卫，雍正十三年改卫为县，编户三十一里。"成山卫，"明洪武十三年置成山卫，于卫南置寻山所，属登州府。国朝因之。顺治十二年省寻山所归成山卫。雍正十二年河东总督王士俊疏请将成山卫裁汰，改设一县。……旨俞允，并钦定成山卫改县为荣成县。十三年改设为县"[1]。

2.构筑"海防三营"

卫、所、巡检司的海防体系也有弱点，协同配合、整体作战力不强。永乐至宣德年间，明政府先后于登州、文登和即墨组建相对独立的海防守备营，即登州营、文登营和即墨营。

登州营：《读史方舆纪要》称："登莱二府，指臂相倚。设登州营于北面，则青莱二卫及滨海之地具属焉"[2]，"登莱二郡，东南北三面距海，故设营连络，每营当一面之寄，登州营则扼北海之险者也，登莱二卫及青州龙卫皆属焉"[3]。《筹海图编》称："登莱二郡凸出于海，如人吐舌，东南北三面受敌，故设三营联络，每营当一面之寄。登州营所以控北海之险也，登莱二卫，并青州左卫俱隶焉。其策应地方，语所则有奇山、福山中前、王徐前诸所；语寨则有黄河口、刘家、汪、解、宋、芦、徐、马、停皂河、马埠诸寨；语巡司则有杨家店、高山、孙夼镇、马亭镇、东良海口、柴胡、海仓、鱼儿铺、高家港诸司。三营各立把总二员，以总辖之。"[4]

文登营：文登营享有"齐东重镇""东方名藩"之称。《读史方舆纪要》称："文登逼近东海，设营所以扼其险也。……夫建营之意，北所以援登州，南所以应即墨，犄角之雄，实在于此，可不重欤。"[5]光绪《文登县志》记载："明设三卫以备倭寇，三卫各处一隅，不相统属。宣德间建营，盖以地当三卫之中，南去靖海，东抵成山，北至威海，各相去百里，内外设把总为营官，多以指挥为之，盖以节制三卫，联络声援。"[6]《筹海图编》称："……文登县东北有文登营之设，所以控东海之险也。宁海、威海、成山、靖海四卫皆隶焉。

[1] 道光《荣成县志》卷一《疆域》。

[2] （清）顾祖禹：《读史方舆纪要》卷三十六，上海书店出版社1998年，第256页。

[3] （清）顾祖禹：《读史方舆纪要》《方舆全图总说》卷一，上海书店出版社1998年，第812页。

[4] （明）郑若曾：《筹海图编》卷七，中华书局2007年，第455页。

[5] （清）顾祖禹：《读史方舆纪要》《方舆全图总说》卷一，上海书店出版社1998年，第812页。

[6] 光绪《文登县志》卷一《关隘》。

其策应地方，语所则有宁峰、海阳、金山、百尺崖、寻山诸所；语寨则有清泉、赤山等寨；语巡司则有辛汪、温泉镇、赤山寨诸司。迤而北，则应援乎登州；迤而南，则应援乎即墨。三营鼎建，相为犄角，形胜调度，雄且密矣。"[1]

即墨营：《读史方舆纪要》称："登莱三营之设，即墨一营视登州、文登二营尤为切要。"又"海防考：自登州之大嵩卫至府境鳌山、灵山卫及青州府境之安东卫，尽南面滨海之险，皆即墨营控御处也。"[2]《筹海图编》称："……即墨所系，较二营似尤为要。自大嵩、鳌山、灵山、安东一带南海之险，皆本营控御之责。其策应地方，语所则有雄崖、胶州、大山、浮山、夏河、石臼诸所；语巡司则有乳山、行村、栲栳岛、逢猛、南龙湾、古镇、信阳、夹仓诸司。其海口，若唐家湾、大任、陈家湾、鹅儿、栲栳、天井湾、颜武、周疃、松林、全家湾、青岛、徐家庄诸处，俱为冲要，堤防尤难。"[3]

这样，胶东海防在卫所之上，又增设了更高一级的军事机构"营"。登州、文登、即墨三营犄角拱立，驻地设在所控各卫的中心地带，指挥协调及出击增援，均为便利。

3. 修筑蓬莱水城

洪武初年，对登州府城不断扩建，原绕城的黑水河（今画河）及其密水分支纳入城内，又修建水门。水门各三，池阔二丈，深一丈。[4]洪武九年（1376），登州卫指挥使谢规，以河口浅隘，奏议对画河入海处"绕以土城，北砌水门，引海入城，名新开口"[5]。明太祖采纳了谢规的建议，在北宋修建的"刀鱼寨"的基础上，疏浚扩大画河入海口；南部加筑城墙，截断画河河道，以阻止从上游带来的泥沙进入港湾；在丹崖山东麓开凿水门，修建码头，引海水注入小海，便宜战船停靠和通行；环筑土城，使刀鱼寨以西成为一个封闭的港湾，即今天的"小海"；以画河为护城河，环绕城南、城东入海。"明洪武九年指挥谢规疏通海口，由水闸引海水入城中，名小海，为泊船所设立。帅府城周三里许，高三丈五尺，厚一丈一尺，一门曰振扬楼，铺共二十六座。万历二十四年，总兵李承勋以砖筑东北西三面，增建敌台三座。"[6]这就形成了人们俗称的"水城"。

[1] （明）郑若曾：《筹海图编》卷七，中华书局2007年，第456页。

[2] （清）顾祖禹：《读史方舆纪要》卷三十六，上海书店出版社1998年，第255页。

[3] （明）郑若曾：《筹海图编》卷七，中华书局2007年，第456~457页。

[4] 道光《重修蓬莱县志》卷二《地理志》。

[5] 光绪《蓬莱县续志》卷二《地理志》。

[6] 光绪《山东通志》卷十九《疆域志》。

蓬莱水城，负山控海，"东扼岛夷，北控辽左，南通吴会，西翼燕云，艘运之所达，可以济咽喉，备倭之所据，可以崇保障"[1]。经过修筑，丹崖山和刀鱼寨以及寨西水域整合为一体，外筑墙围之，东面入海处置水门作为出口。

水城作为海防要塞，其主要设施分为海港和陆地设施两部分，构成了进退自如的军事防御体系。海港设施主要包括以沿港（小海）为中心的防波堤、水门、平浪台、泊船码头等，陆地防御性建筑主要有城墙、炮台、水闸、陆地门、驻兵营房、指挥所等。水城"周三里许，高三丈五尺，阔一丈一尺。南门一曰振扬，楼铺共二十六座"[2]。

永乐六年（1408），在水城增设登州备倭都指挥使司，节制沿海诸军，作为胶东海防体系防倭备倭的统一指挥机构，统辖防倭事宜。嗣后不设都指挥使，或署都指挥或以都指挥体统行事。永乐七年（1409），建登州营于水城内，备倭立帅府于此，名备倭城。登州备倭都指挥使司的设立，作为海防军事指挥机构，在备倭防务上发挥了重要作用。

万历二十四年（1596），以砖石加固城墙，依地势在东、西、北三面增设敌台三座，此后又在水门口外的东西两侧分别修建炮台，东西两炮台呈掎角之势，是护卫水城的重要设施[3]。水城威慑力得以增强，真正成了军事要塞。

水城除了驻扎水师和

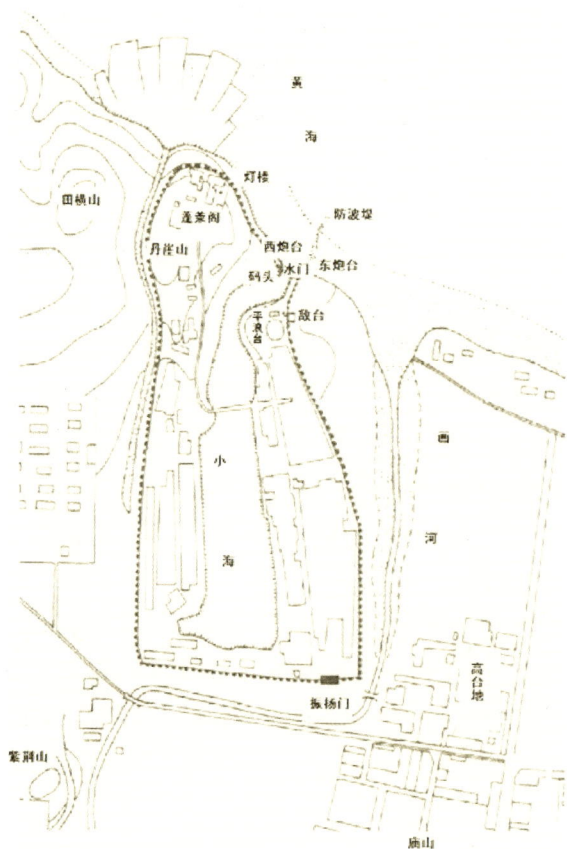

登州水城（备倭城）平面图

---

[1]　（明）宋应昌：《重修蓬莱阁记》，光绪《蓬莱县续志》卷十二《艺文志》。

[2]　道光《重修蓬莱县志》卷二《地理志》。

[3]　道光《重修蓬莱县志》卷二《地理志》。

水上战舰外，还贮存转运军事物资，成为向辽东输送军事给养的重要中转站。通过登州运饷辽东成为定制。《明英宗实录》卷三十一记载："辽东都司所属衙门历日俱山东印造，自登州浮海运至。"《明英宗实录》卷十三记载，宣德、正统年间"山东六府布花钞俱运赴

水城图（道光《重修蓬莱县志》）

登州卫，拨船装送过海，给赏辽东军士"。《明神宗实录》卷三一〇记载，万历年间明军支援朝鲜抗倭战争，山东各地的军事物品和粮食都运抵登州后再"令淮船运至旅顺，辽船运至朝鲜"。这样，登州水城作为北方最大的军港设施及胶东海防战略基地，还担负海运饷辽的重任，所谓"饷辽莫如海运，海运莫如登莱"。

清朝初期，在水城设立水师营。顺治十六年（1659），登州官员徐可先为加强水城的防御能力，在天桥架设铁栅，以铁叶固之。并疏浚港池，以利战舰泊驻启离。

康熙四十三年（1704），又增建炮台，添置火炮。乾隆五十八年（1793）重修，道光二十年（1840）、同治元年（1862）、光绪元年（1875）多次修葺。

蓬莱水城选址，背山面海，西北傍丹崖山和田横山，西南以紫荆山为屏障，南临庙山，东南有高台地作屏障，中间是低平开阔的海湾，"满潮水深四尺五寸，落潮无水。码头石尖外，满潮水深六七尺，落潮二三尺里许，外水深丈余，二里外水深数丈，再外直接对海之长山岛，水深十二三丈不等里许。"[1]地理形势得天独厚，战可攻，退能守。港外也有险可恃，泊驻启离，安全通畅。

4.兵力建设

因地缘优势，登州所聚集的海防兵力远远多于山东其他沿海重镇。据《明

---

[1]　光绪《蓬莱县续志》卷二《地理志》。

沙船图式

会要》载：明初，"沿海卫所，每千户所设备倭船十只，每百户船一只，每卫五所共五十只。每船，旗军一百户"。在莱州府还制定了水军"海哨"之制，为防倭之法，"卫所既设官兵，又制有数百料大船、八橹哨船、若风尖快船、高把哨船、十桨飞船凡五等，以三四五月出哨，谓之大汛；七八九月出哨，谓之小汛。盖倭船之来视风所向，清明后风自南来，重阳后风起自北，皆不利于行故也。"[1]

除登州水城驻有水师外，莱州在明万历年间也创置水师。《掖县志》载，万历二十五年，以倭警创设参将，统领全营；二十六年，以都司管参将事；三十年，"议添水寨一营，在三山下，设把总一员，哨官二员，沙船十三只，唬船六只，水兵四百一十八名"[2]。各卫所也屯有重兵，兵员编制原则为每卫5600人，每千户所1120人，每百户所112人，每小旗则设10名士兵。

明代后期，登州水城得到不断扩建，登州水师的实力也得到进一步充实。万历二十九年（1601），黄克缵升任右副都御史，巡抚山东，其《东牟观兵夜宴蓬莱阁》碑刻诗赞美登州水师："天光海色春相映，叠鼓鸣笳夜急催。鳌首三山含雾动，潮头万马拍空来。"

清代前期，西方殖民者尤其是英国开始觊觎和侵扰山东海疆，成为主要的海防强敌。如道光十二年（1832）六月十八日，英国船驶至山东洋面，借口粤省买卖不公，希冀另图贸易。道光十五年（1835）后，"海氛渐起"，当年五月，"有双桅夹板夷船一只，驶入内洋。……二十二日抵威海口。阅三日，抵崆峒岛。……二十九日，始出洋南去。""二十年六月，突有夷船三十余只驶入浙洋，登岸陷定海，旋北驶登莱洋面，遍窥诸岛。又停泊砣矶岛及烟台等处，购买薪米牛只，沿海戒严。"[3]

---

[1] 同治《即墨县志》卷四《武备》。

[2] 乾隆《掖县志》卷二《营制》。

[3] 光绪《增修登州府志》卷十三《海防》。

雍正时，设青州八旗驻防，以镇守山东地方，与满洲营东西控制。青州驻防的设置，"无事则以绿营备巡卫而民生安，有事则以旗兵制其后而国势壮。青州居一省之中，巡警之事简，故青州、寿乐二营官自三品以下而隶于登州总兵；屏国之任重，故驻青昂邦兼辖德州耳。安邱汛以地近隶胶州副将，诸城汛以海防会汛隶即墨参将，然皆不得内逾穆陵之险，是青州全势固总于一府，尤以驻防为重镇云。"[1]

绿营兵是驻守山东海防的主力。至鸦片战争前，形成兖州镇、曹州镇与登州镇成鼎峙之势的绿营军区，分防全省各地。其中，受巡抚节制之登州镇辖登中营等 9 营[2]。

建立山东绿营水师（简称山东水师）。据光绪《山东通志》记载："顺治元年（1644），登州设水师营，存明制十分之一，领以守备、千总等官，沙唬、边江船十三只，水兵三百八十六名，驻扎水城，分防东西海口。"[3] 顺治十八年（1661），移临清镇总兵官驻登州，改为登州镇，以总兵领之，原城守营水师改为前营水师。康熙四十三年（1704），扩建登州水师，"添设游击二员及守备千把副之，增兵一千二百名，改沙唬船为赶缯船二十只，分巡海口，东至宁海州，西至莱州府而止。因分为前后两营，统隶本标水陆各专其责"。康熙四十五年（1706），"前营移驻胶州，巡哨南海。后营驻水城，巡哨北海"。康熙五十三年（1714），"裁水师后营，经制官减兵七百名。裁赶缯船十只，止存前营水师游击一员，守备一员，千总二员，把总三员。赶缯船十只分为南北两汛。"雍正十二年（1734），于成山头添设东汛水师，"巡哨自成山南至马头嘴，与南汛巡船会旗北汛，南至成山头与东汛巡船会旗，三汛统归水师前营管辖本镇兼防"[4]。

至雍正十二年，山东海疆形成了三汛水师，分驻登州、胶州、荣成，三汛水师均归水师前营统辖，由登州镇统之。三汛水师兵员总数为 2200 人。登州水师前营出海巡哨的时间为，三月内出洋巡哨，九月内回哨。

鸦片战争后，胶东海防又进行了整顿、强化，改造战船，增加水师员额，加强巡洋会哨。道光二十二年（1842），恢复康熙年间水师旧制，增设水师后营，加强北汛水师力量。"于登州添设后营游击一员，定为水师题缺，归登州镇兼辖。

---

[1] 咸丰《青州府志》卷二十九《兵防考》。

[2] 光绪《增修登州府志》卷十二《海垒》。

[3] 光绪《山东通志》卷一百十四《兵制》。

[4] 光绪《山东通志》卷一百十四《兵制》。

以北汛守备改作游击中军守备。……除东汛仍隶前营外，后营游击责令督防北汛。其应管洋面，自登州城外天桥口以东，至成山汛为东路，天桥口以西，至直隶交界之祁河口为西路，天桥口以北至隍城岛外奉天交接洋面为北路。原额弁兵，分巡东西两路，增设弁兵，分巡北路，游击统辖三路，驻扎登州水城。"[1] 道光三十年（1850），增设文登营水师。由于水师的力量弱小、战斗力低下，在第二次鸦片战争中，和其他沿海省份一样，根本无法阻截抵御西方列强的坚船利炮。

同治十二年（1873），改登州水师前后二营为登州水师营，文登营水师为荣成水师营，以文登营两将为协统领，管辖两营，驻扎烟台[2]。并且，登州、荣成两水师营，各管战船七号，扼扎天桥、石岛二海口，以资控制。经过营建，山东水师面貌焕然一新，战斗力明显增强，虽未形成正规的近代海军，但是胶东海防开始向近代化海防迈进了。

光绪元年（1875），清政府决定筹建北洋、中洋、南洋三支海军。经过多年筹备，光绪十四年（1888）12月，北洋海军在威海卫刘公岛上正式成立，《北洋水师章程》由清廷颁布施行。北洋海军拥有舰船近50艘，是当时最具战斗力的一支力量，也是近代海防事业发展的最高峰。但直到甲午战争之前，北洋海军的技术改造没有跟进发展，技术装备落后，再加上其他诸多因素，致使北洋海军在甲午战争中全军覆没，以失败收场。

5.修筑海防工事炮台

清代海防的主要措施是修筑炮台，安放火炮，以一个或数个炮台构成一个军事要塞。顺治十五年（1658），准总督三省张元锡在莱州三山岛修筑炮台，以控扼莱州海口。康熙五十八年（1719），修整胶东海防工事，旧有者修理，原无者增筑，或撤回不紧要的炮台兵丁，添于紧要炮台之处，或改为烟墩，在胶东沿海要塞处大规模建筑炮台，并安设炮位，共百余座。其时，炮台简陋，所谓："山东沿海之炮台，原系前朝之烟墩，非炮台也。……不过一土堆，上有炮亭一间，傍有营房三间，若发炮，连台恐亦震倒。"[3]

雍正四年（1726）二月，在山东沿海冲要处修建炮台。如，在登州所属之八角口建筑炮台后，又在成山卫之龙口崖、文登县之马头嘴、莱阳县之丁字嘴、即墨县之巉山、胶州之唐岛口、诸城县之亭子栏六处，开工建筑炮台。六处炮

---

[1]　《筹办夷务始末（道光卷六三）》，《续修四库全书（史部·纪事本末类）》，上海古籍出版社2002年，第584页。

[2]　光绪《山东通志》卷一百一十四《兵制》。

[3]　中国第一历史档案馆：《雍正朝汉文朱批奏折汇编》第2册，江苏古籍出版社1991年，第506页。

台工程坚固，如八角口炮台之式。

迄雍正十年（1732），山东共建成海防炮台20座：龙旺口炮台、亭子栏炮台、古镇口炮台、唐岛口炮台、青岛口炮台、董家湾炮台、巉山口炮台、黄龙庄炮台、丁字嘴炮台、黄岛口炮台、五垒岛炮台、马头嘴炮台、石岛口炮台、养鱼池炮台、龙口崖炮台、祭祀台炮台、之罘岛炮台、八角口炮台、天桥口炮台、三山岛炮台等。

乾隆五十五年（1790），清政府又曾下令在胶东沿海修治各海口炮台。

清朝前期所建的炮台，沿海建置，可谓星罗棋布，当时清廷认为防范极为周密，可确保海疆常宁，平静无虞。但由于其火炮铸造技术和炮台建筑技术方面存在缺陷，只能是一种治安性控制，在维持海疆治安、打击震慑海盗贼匪上发挥作用，而在船坚炮利的西方列强面前，则没有多少抵御能力。鸦片战争中，这些炮台要塞不堪一击，即为明证[1]。

鸦片战争期间，道光二十一年（1841）清廷批准山东巡抚托浑布关于添造火炮，以资攻击，并择年力强壮之人，加强训练等防御计划。

鸦片战争后，山东巡抚托浑布、梁宝常相继对炮台、大炮进行了增补和改进。梁宝常认为登州府城西门外的紫荆山地当高阜，登其上，则四面情形瞭然在目，实为要隘之地，应"就山势平宽之处，约地十亩余，建立高台，四面排筑三合土围墙，台下暗藏兵炮，台上建盖庙宇，使夷人由海上瞭望，但见有庙，不知有兵，我兵即可潜伺动静。"即使"夷人若由西山口扑岸，则突出横冲，可以断其西北来路；若由西山口转折而南，绕攻西门，则从旁夹击，亦可以断其南路；若夷人径由正北进扑郡城，则台上开炮。据建瓴之势，直捣其背，使之站立不住；或分兵以横击之，亦足使其腹背受敌。是据一要隘，而声东击西，面面皆应"[2]。对于大炮，梁宝常主张

烟台西炮台

[1] 参阅：茅海建：《天朝的崩溃：鸦片战争再研究》，生活·读书·新知三联书店1997年。

[2] 《筹办夷务始末（道光卷六六）》，《续修四库全书（史部·纪事本末类）》，上海古籍出版社2002年，第670页。

添造广东式样的炮架和炮子。这种炮架既省人力，又极便捷。炮子射出后，一触即行炸裂，四面飞击，一炮可得数炮之用。

第二次鸦片战争后，面对"古今之创事，天地之变局"的夷祸之烈，清廷开始"切筹海防"。海防关系紧要，既为目前当务之急，又属国家久远之图，亟宜未雨绸缪，通盘筹划。[1]时任山东按察使、巡抚的丁宝桢，对胶东沿海登州、威海卫和烟台三地进行重点设防。在登州，于城北建沙土高式炮台，城内建沙土圆式炮台。在威海卫，于刘公岛东口建浮铁炮台，于岛口内筑沙土曲折炮台，于口外海面密布水雷，其北口内亦建沙土浮铁炮台，可作兵轮船水寨之用。在烟台，于烟台山下及八蜡庙、芝罘岛之西，建浮铁炮台；芝罘岛之东，筑沙土曲折炮台。

海防遗存，如烟台西炮台、东炮台等。光绪十七年（1891），李鸿章在经过实地考察后，认为"烟台为北洋通商三口之一，中国沿海商岸，南自琼州，北自营口，俱已建置台垒；烟台水深口宽，尚无建置，实不足以壮声威。况威海既为海军屯驻口岸，烟台相距百余里，系威防后路，不容一隙之疏。"而"烟台十里外，仅有通伸岗一台，距口门过远，虽置巨炮，亦难遥击，惟岿岱山与崆峒、芝罘两岛，鼎峙海门，天然关隘。岿岱背山面海，尤为轮船进口必经之路，亟应先在岿岱筑炮台一座，并于东南相连之玉带山添筑炮台一座，以便策应；芝罘、崆峒从缓添置"[2]。在岿岱山所筑炮台，由八座小炮台组成，周围筑营墙三百四十丈。

烟台东炮台

在建筑风格上，既有古代封闭性城堡的风貌，又有近代军事设施的特点。光绪二十九年（1903），北洋海军在烟台开办海军学堂，冰心的父亲谢葆璋奉命来

[1] 张侠等：《清末海军史料》，海洋出版社1982年，第12页。
[2] 山东省历史学会编：《李鸿章、张曜会请添筑烟台、胶州炮台片》，《山东近代史资料》（第三分册），山东人民出版社1961年，第60页。

烟筹建，年仅三岁的冰心随父亲来烟台。多年之后，对常去玩耍的东炮台，冰心在《我的童年》中追忆当时的情景：

　　回想起来，住在海军练营旁边的时候，是我在烟台八年之中，离海最近的一段。这房子北面的山坡上，有一座旗台，是和海上军舰通旗语的地方。旗台的西边有一条山坡路通到海边的炮台，炮台上装有三门大炮，炮台下面的地下室里还有几个鱼雷，说是"海天"舰沉后捞上来的。这里还驻有一支穿白衣军装的军乐队，我常常跟父亲去听他们演习，我非常尊敬而且美慕那位乐队指挥！炮台的西边有一个小码头。父亲的舰长朋友们来接送他的小汽艇，就是停泊在这码头边上的。……这营房、旗台、炮台、码头，和周围的海边山上，是我童年初期活动的舞台。[1]

资料来源：李晓飞：《烟台开埠记忆》，黄海数字出版社 2009 年，第 65 页。

冰心与父亲谢葆璋在烟台东炮台

三、"腹有奇兵百万藏"[2] 的抗倭名将戚继光

　　"明初，沿海要地建卫所，设战船，董以都司、巡视、副使等官，控制周密。迨承平久，船敝伍虚。及遇警，乃募渔船以资哨守。兵非素练，船非专业，见寇舶至，辄望风逃匿，而上又无统率御之。以故贼帆所指，无不残破。"[3] 嘉靖三十一年（1552），"嘉靖倭乱"后，明廷擢升戚继光为登州备倭署都指挥使，担负三营二十五卫防倭重任，以应对海疆危难。

　　戚继光（1528—1587），字元敬，号南塘、孟诸，登州卫（今蓬莱）人。出身将门，从其五世祖戚斌开始，戚家世袭登州卫指挥佥事。戚继光幼时倜傥负奇气，好读书，通经史大义，还时常"融泥作基，剖竹为杆，裁色褚为族旗，聚瓦砾为阵垒，陈列阶所，研究变合，部伍精明，俨如整旅，居然蛇鸟之

---

[1] 《冰心全集·第七卷》，海峡文艺出版社 1994 年，第 69 页。

[2] 纪燉迥：《谒戚武庄公祠》，光绪《蓬莱县续志》卷十四《艺文志》。

[3] 《明史》，中华书局 1974 年，第 8352 页。

戚继光画像（山东省博物馆藏）

势，而绰有风云之状"[1]。嘉靖二十三年（1544），年仅17岁的戚继光承袭世职，用荐擢署都指挥佥事，开始了军旅生涯。任登州备倭署都指挥使后，励精图治，整饬胶东海防。

严肃卫所军纪。其时，卫所将卒骄惰，军政渐蠹，更有部分官兵勾结地方豪强，私设赌场，聚赌成习，严重败坏了军纪。戚继光到任后，严令各卫迅速查办。据档案《登州卫指挥使司为地方赌博事申文》，并批示"其同伙人犯，据本犯已招在官，如果豪强有势之家，该卫难于拿处者，即便速呈……有司拿缉，以安地方"，登州卫发生一起聚赌案，该卫奉命缉拿到部分犯人后，呈文上报戚继光。戚继光亲批："看得详报招由，法虽已的，但棍伙结党败俗，情极可恶。且史辰、李氏俱称未到官，该卫枉法曲护可见矣。仰卫务要拘获人犯，逐一完足，速招解夺，转会发落。此缴。"[2]

凡卫所有玩忽职守者，视情节轻重予以查处。《登州卫指挥使司为拘解听事吏刘希奉事申文》中，登州卫听事吏刘希奉因玩忽职守，"旷役律限"，而受到"速拘正身到官，差人解司究治"。戚继光作出批示，要"具实申来，以凭参革施行，毋得迟错未便"。于此也可看出戚继光整顿吏治的作风。

卫所官员贪挪公款，克扣军饷，乱益滋甚，军纪荡然。据档案《登州卫指挥使司报还欠张守祖官银事申文》和《登州卫右所千户张守祖为官银被借受累事呈文》，登州卫右所千户张守祖向戚继光反映，前任指挥使曾私自批准官银借与他人："嘉靖三十一年，蒙本卫将卑职收受在官贮库脚价银五两五钱六分一厘，此有本卫先存今故刘指挥拘令库吏邢子演，将库贮官银借与千、百户李武臣等，各分人情使用，向未还补。后蒙上司按临查盘，蒙卫拘令卑职借佃赔补前银完足盘讫。今有李武臣等，一向未还，负累卑职按月行利，佃赔还人。今债主一逐上门逼追，讨要无辏。如蒙呈乞追给偿还债主，庶不亏累寒官施行。"详明情况后，戚继光批示："仰该卫即于见支折色内查给，具由缴。"要求将

---

[1] 戚祚国：《戚少保年谱耆编》，中华书局2003年，第4页。
[2] 辽宁省档案馆：《登州卫致戚继光公文选》，《历史档案》1984年第2期。

挪用的款项从李武臣等人的俸饷中扣还。此宗事件的处理结果是，千户李武臣、武鉴等人所欠官银被追回，乔昆等人也已部分追回，尚欠官银仍在收讨中。

修建海防工事，加强军事训练。要求各卫所在沿海三十里设一铺（驿站），十里设一墩（烽火台），以加强卫所间的联络。戚继光还常到卫所视察堡台墩等各类设施，责令凡有损坏当即维修。嘉靖三十二年七月，登州卫的海防重地水门，因人为破坏被河水冲失栅栏栓木。戚继光与登州卫指挥使等联名上报山东都指挥使，破坏分子遂被缉捕，赔偿所毁栓木，水门得以修补。积极组织和训练当地民兵，以此代替客兵，以胶东人守卫胶东，民兵吃"马粮"（官粮），掌弓箭。平时操练，倘有报警即上阵。

整顿卫所领导机构。在档案《登州卫请委新官掌中千户所印信事申文》中记载，当戚继光接到中千户所千户马纲"近因得患左背寒湿等病，不能任事，时常举发，即今似已痼疾"，"为议处清军照刷差官，以修复宪政事内开，坐提卑职耽误住俸，革去管事

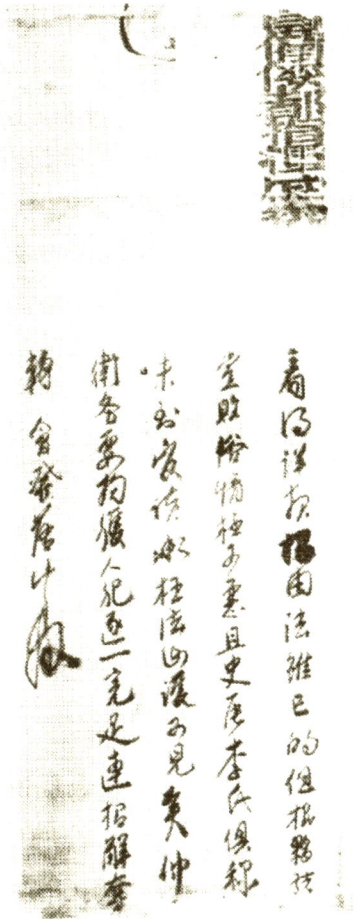

戚继光批件（辽宁省档案馆藏）

听解，合将印信关所转达别官掌管缘由到所，转申到卫"的辞职报告后，立即批准。对接替马纲的人选，登州卫提出三人。三人之中，"查得本所佐贰副千户李堂所事欠精，及查空闲署正千户周朝新袭未练，副千户蒋经曾蒙奖励"，全面权衡后，戚继光批示："依拟，蒋经管署。"这一批示，可看出戚继光用人思想。据《登州卫指挥使司请更换不堪领班官员事申文》，查得卫指挥使各领班官或已亡故，或"衰老患病，领班废事"，戚继光遂对十一卫指挥进行调整，更换不能胜任者，委任栾煦（登州卫）、夏时（莱州卫）、王泮（威海卫）、胡平（大嵩卫）等"年力精壮、干练有为"的官员担任指挥使，负责赴京操备领班之事。并要求登州卫指挥"栾煦替王柱，不许推病托延，致误军务未便。先具奉到日期及各官遵依缘由，并不违依，准回报查考，毋得违错未便。"表

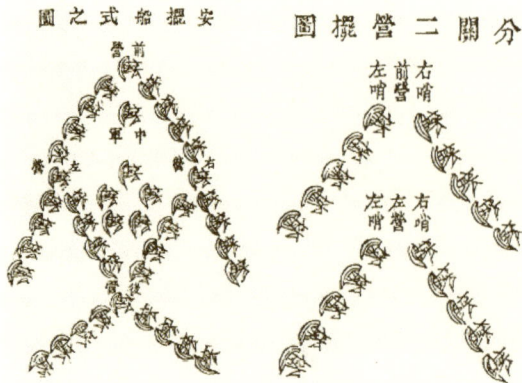

资料来源：（明）戚祚国：《戚少保年谱耆编》，中华书局2003年，第46~47页。

兵夫列船式

明戚继光对新任命的指挥使从严要求、服从命令的态度。

抗倭军事理论。戚继光善战，也能文。《纪效新书》和《练兵实纪》两部兵书，对后世影响深远。《练兵实纪》是戚继光戍守蓟门时"一年三百六十日，多是横戈马上行"，积累了不少带兵经验而撰写的，备受后人推崇。《纪效新书》十八篇，涉及募兵要求、编伍办法、军法禁约、作战号令、战法行营、武艺、守哨、水战等，是抗倭治军的经验总结，也是"戚家军"的条令汇编。戚继光在《纪效新书》序言中说："夫曰纪效，明非口耳空言；曰新书，所以明其出于法而非泥于法，合时措之宜也。"《纪效新书》"不为韬略之陈言"，皆阅历有验，且以图而为之说，便于观之能习，习之能用。正如戚继光在自序中所言："尝验之技艺行阵，特其练中之一事耳，然精微极于无声无臭而小不能破，放之格天地动鬼神而大不能逾者，乃躬行心得之学，至诚无伪之道，自非正其谊不谋其利、明其道不计其功之造诣，其孰能与此？"[1] 王世贞在序中评价："精者探无间、操无形，若庄生之谈要眇。粗者教技艺、按营垒，分水布陆，纤细条备，若陶朱公之治生。"[2]

戚继光在胶东备倭两年多的时间里，整饬海防，取得了一定成效，颇受时人称道。如当时的御史雍公焯称赞说："即举措而见其多才，占议论而知其大用。海防之废弛，料理有方；营伍之凋残，提调靡坠。谋猷允济，人望久孚，用是誉溢朝端，金曰'良将才也'。"[3] 后人纪焜迥作《谒戚武庄公祠》：

铃韬虎豹阵鸳鸯，腹有奇兵百万藏。一片石西坚垒在，三神山畔古祠荒。

---

[1]　（明）戚继光：《纪效新书》，中华书局1996年，第1页。

[2]　（明）戚继光：《纪效新书》，中华书局1996年，第268页。

[3]　（明）戚祚国：《戚少保年谱耆编》，中华书局2003年，第16页。

绯袍异代瞻遗像，宝剑当年赐尚方。日暮备倭城上望，余威犹靖海波扬。[1]

戚继光有战功，也能诗。戚继光在登州时曾留下了若干诗篇，后编为《止止堂集》，分《横槊稿》三卷、《愚愚稿》二卷。其中，不少诗歌因事赋怀，体现了戚继光意气翩翩的胸襟抱负。

如任登州卫指挥佥事时作《韬钤深处》：

小筑惭高枕，忧时旧有盟。呼尊来揖客，挥尘坐谈兵。
云护牙签满，星含宝剑横。封侯非我意，但愿海波平！[2]

《过文登营》：

冉冉双幡渡海涯，晓烟低护野人家。谁将春色来残堞，独有天风送短笳。
水落尚存秦代石，潮来不见汉时楂。遥知百国微茫外，未敢忘危负岁华。[3]

时刻心系国家安危、忧国忧民的情怀跃然纸上。有些诗则是其军旅生涯的写生。如《马上作》：

南北驱驰报主情，江花边月笑平生。一年三百六十日，多是横戈马上行。[4]

戍蓟门时，马上豪吟《辛亥年戍边有感》：

结束远从征，辞家已百程。欲疲东海骑，渐老朔方兵。
井邑财应竭，藩篱势未成。每经霜露候，报国眼常明。[5]

《端阳奉邀藩臬诸司观龙舟有作》：

参差飞鹢集中流，振地欢声竞楚舟。宪纪高悬明法象，海氛常净见訏筹。

[1] 光绪《蓬莱县续志》卷十四《艺文志》。
[2] （明）戚继光：《止止堂集》，中华书局2001年，第13页。
[3] （明）戚继光：《止止堂集》，中华书局2001年，第5页。
[4] （明）戚继光：《止止堂集》，中华书局2001年，第22页。
[5] （明）戚继光：《止止堂集》，中华书局2001年，第8页。

江潭独抱孤臣节，身世何须渔父谋。一片丹心风浪里，心怀去楫敢忘忧！[1]

其他，如"南北征途莫问年，但教意气每翩翩。"[2]"报国志酬民恨雪，艰虞此意更谁知？"[3]"春雨下危樯，烟波正渺茫。好山当幕府，壮士挽天潢。鸟立林边石，人归海上航。驱驰还我辈，不惜鬓毛苍。"[4]谋勇可当乎八面，胆气独雄于万夫的戚继光，其诗亦遒劲豪壮，正如《四库全书总目提要》所言："诗亦伉健，近燕赵之音。"[5]

四、胶东海防理论

除了顾祖禹《读史方舆纪要》、郑若曾《筹海图编》对胶东形势论述外，值得重视的胶东海防理论尚有：

1. 王士性的海防理论

"伉直有声"的王士性在《广志绎》中认为，防倭不仅是为了保证沿海的安全，对于卫戍京师也同等重要。"惟山东腹内向称安静之地，近乃有朝鲜之变，若倭得志朝鲜，则国家又于登、莱增一大边也。谭东事者，止言辽阳剥肤，而无一语及登、莱，不知辽阳虽逼，然旧边地，辽宿重兵，一时不能得志。且陆行千里，寇至声息时日得闻，更有山海关之限。登、莱与朝鲜，止隔二百里之水，风帆倏忽，烽燧四时，非秋防、非春泛，其难守比诸边为甚。"[6]设防登、莱有利于京师的拱卫，王士性指出："山东备倭府立于登州。癸巳、甲午间，倭方得志朝鲜，东人设备往往于是。余谓客曰：'此非山东之所谓备倭也。'曰：'祖宗不建府于登乎？'曰：'登州备倭之设，祖宗盖为京师，非为山东也。海上艨艟大舰乘风而来，仅可抵登郡东面而止，过此而入海套，则大舰无顺风直达之便，欲泊而待风，则岸浅多礁石，难系缆。故论京师则登州乃大门，而天津二门也，安得不于登备之。'"[7]胶东如何备倭尤显重要，王士性认为："以山东筹之，则登乃山东东北一隅，犹人家之有后水门也，尚有前堂在。倭从釜山、对马岛乘东风而来，正对淮口，然淮有督储部府，尚宿重兵，在倭不遽登岸也。其登必从安东、日照，此数百里无兵。然中国之殷瘠夷险，倭必有乡导

[1]（明）戚继光：《止止堂集》，中华书局 2001 年，第 99 页。
[2]（明）戚继光：《止止堂集》，中华书局 2001 年，第 93 页。
[3]（明）戚继光：《止止堂集》，中华书局 2001 年，第 18 页。
[4]（明）戚继光：《止止堂集》，中华书局 2001 年，第 16 页。
[5]（明）戚继光：《止止堂集》，中华书局 2001 年，第 1 页。
[6]（明）王士性：《广志绎》卷一《方舆崖略》，中华书局 2012 年，第 199 页。
[7]（明）王士性：《广志绎》卷三《江北四省》，中华书局 2012 年，第 245 页。

预知之，而泰山香税，外国所艳闻也，则必驰泰安州。既则济宁商店咸在城外，倭必觊之而走济宁。又进则临清大贾所必觊也，而驰临清。掠劫既饱，然后入省城，此山东大厅堂，而倭所必由之道也。不备前门，而备后门乎？"[1] 更值得重视的是，王士性认为防御倭寇应随时变化，"登海浅，水行二十里皆淖途，前所云多礁，船不得泊。即起岸，而登州地旷人稀，鲜富室，若清野待之，一望萧索，四五日必回舟，而大舟必漂去，又无渔船、客船可挈用之，故倭不走登州也。"但如果日本侵占朝鲜则登州又变成防御的重点，这是因为倭寇常借助东南风自朝鲜西海岸进入胶东，"则登与旅顺口相对一岸，不用乘风，不须巨舰……一夜而渡，抵岸方知，此时难防又特甚焉，则非今日之比。故备寇者须知我险，须知彼情，难刻舟以求剑也"[2]。

2. 宋应昌的海疆防御论

"先是巡抚山东，即存心边务，题海防事宜五事。不报。又题海防要略，大意谓倭奴情形已著，而春讯不可不预为之防，因进选将、练兵、积粟三策，仍督造军器、火药，分拨沿海官兵，画策设防。"[3] 宋应昌认为，辽东半岛与胶东一海之隔，互为犄角，其间岛屿星罗棋布，是拱卫环渤海地区的天然门户。"辽东旅顺口，与山东蓬莱诸山对峙，相去五百余里，中有海岛一十七处，棋布星罗，彼此接望，诚天造地设，横亘其间。而凡登莱北海、天津东海、蓟门南海，胥赖此险为门户也。"[4] 从这一认识出发，海防部署方案："岛中俱可藏兵泊船，而各岛居民筑室耕田，尽成家业，诚一鼓舞召集，其忠勇为人推信者，每岛一人，量给冠带或名色把总，令其统率精壮者为兵。复将调来沙兵七千名，沙船二百只，应天船兵九百五十名，沙唬船八十只，兵一千五百三十五名，分布各岛，仍给以将军等大炮。令官兵与民兵，不时出海远哨，如有倭犯情形，则举放号炮，岛岛相传。昼则每岛举烟数十道，冲突海天，夜则举火数十炬，照耀海面。倭奴见之，知我为有备耶，则不敢深入；疑我为虚设耶，则我兵实在诸岛战船绕其后。内地防守扼其前，而彼且腹背受敌矣。"[5] 同时，强调："防倭甚于防虏，守海急于守边。……在山东沿海以及天津，在在皆称险要，而登莱各海岛，处处皆宜设防。其增将添兵，更不宜缓于蓟保二镇也。"[6] "……

[1] （明）王士性：《广志绎》卷三《江北四省》，中华书局 2012 年，第 245 页。

[2] （明）王士性：《广志绎》卷三《江北四省》，中华书局 2012 年，第 246 页。

[3] （明）诸葛元声：《两朝平攘录·卷四》。

[4] （明）陈子龙：《明经世文编》卷四百一，中华书局 1962 年，第 4347 页。

[5] （明）陈子龙：《明经世文编》卷四百一，中华书局 1962 年，第 4347~4348 页。

[6] （明）陈子龙：《明经世文编》卷四百一，中华书局 1962 年，第 4345 页。

辽左以及山海，山海以及天津，天津以及山东，地壤相接，势若率然，有如修守诚设，则戒备自严。倭犯辽，则蓟兵可以扼其前；倭犯蓟，则辽兵可以蹑其尾；倭犯山东，则蓟、保可以遥其声援，而辽兵可以直渡朝鲜，捣其巢穴。兵连势合，权一事专，战守有此动彼应之机，调度无左牵右顾之虑。故谓辽左山东增设，不宜缓于蓟保，分布不宜迟于时刻也。"[1]

3. 杜臻的海防理论

《海防述略·登莱》中分析了胶东海防地理形势，胶东半岛与辽东半岛及两者之间的庙岛群岛形成重要的海防线，而且是天造地设之险。"其在海外，则岛屿环抱，自东北崆峒半洋，西抵长山、蓬莱、田横、砣矶、三山、芙蓉、桑岛，错落盘铭，以为登州北门之护。过此而北则辽阳矣。此天造地设之险也。"他认为，应建水寨于岛屿，"但建水寨于岛屿，良有以也。夫岛屿既不设险，则海口所系非轻。"对文登营之设认为甚为必要，"登、莱突入海中，至文登县，尤其东之尽处也。成山以东，若旱门滩、九峰、赤山、白蓬头，诸岛纵横，沙碛联络，潮势至此，冲击腾沸。议者谓倭船未敢卒达。然考之明初，倭寇成山，海侧居民，重罹其殃。倭果畏海，奚而有是哉！故文登县东北，有文登营之设，所以控东海之险也。"

三营虽"相为犄角，形势调度"，任务过于艰巨，"其海口若唐家湾、大任、陈家湾、鹅儿、栲栳、天津湾、颜武、周睡、松林、全家湾、青岛、徐家庄诸处，俱为冲要，堤防尤难"[2]。因此，兵力布置应为：自青州之赣榆界而东，于安东卫设守备分哨，至莱州之高密界而止；莱州自古镇巡司而东，于灵山卫（今胶南市东灵山卫）之沙沟设守备，分哨逄猛以西之海口；又于即墨县治南设守备，分哨浮山以东之海口；又于登州莱阳之大嵩卫设守备；又折而东北，则文登设守备，以协防东南两面之险；又折而西北，于登州府北有副总兵驻扎，设水陆两游击，分扼两港岸，前哨旅顺，以协防北海一面之险；又西设王徐寨守备，防守白浪、新河等九海口；于莱州府设游击，南策即墨，北应王徐；又西于青州设游击，南策安东，北守唐头营一带。[3]

---

[1] （明）陈子龙：《明经世文编》卷四百一，中华书局 1962 年，第 4346 页。

[2] （清）杜臻：《海防述略》，中华书局 1991 年，第 10~11 页。

[3] （清）杜臻：《海防述略》，中华书局 1991 年，第 11 页。

"直道而行" [1]：胶东商帮

商帮，是某一地区或某一行业同籍商人的总称。明末清初，胶东商品经济有了长足发展，涌现出一大批传统商人，为维护利益、协调关系、联络乡谊，按不同籍隶或行业组成各种行帮，形成具有地域特色的胶东商帮。

胶东商帮，即指山东商人资本集中分布的登、莱二府所属各县商人。开埠后，以开埠城市为中心的胶东商帮开始转型。胶东商帮受传统齐鲁文化思想的长期浸润，秉承儒家文化忠恕之道，以义致利，诚信经商，博施济众，而又重土安命，形成具有海洋文化特质、直道而行的商业禀性，可谓是鲁商的代表。

一、"逐利四方" [2]：胶东商贾的兴起

1.胶东商贸初始发展

滨海而处的胶东，北环渤海，南濒黄海，负山面海，正如《山东海疆图记》卷八所云：所产不足以供终岁之食，给生不堪舒愉，故其民多贾。湾阔水深，舟楫便利，为商品流通提供了方便，可以吸纳众多的资金，促使品种繁多、数量巨大的商品集散交易，成为经济活动的集中场所。早期胶东商业就很发达，经商传统渊源有自来。从汉魏六朝的海上丝绸之路，到隋唐登莱与辽东、高丽、日本贸易的频繁，到宋金元时期胶东诸口岸的发展，尤其有元一代，漕粮取海道北运，登、莱州府等都是重要的海运码头和物资转运口岸，经济一度很活跃。

迄明初，与辽东海运频繁，海运饷北平、辽东为定制。永乐年间，会通河成，海运废，漕粮改由运河北上京师，而登、莱二府，由于禁海流通受阻，"土旷人稀，一望尚多荒落" [3]。陆上交通不便，海上贸易又受阻，加以本地市场需求有限，因而每值丰年，户户粮食充足，谷有余不能出给他郡以转资；而灾荒之年，不足不能求籴他郡，小熟则骤饶，小凶则坐困，遂导致粮价高昂。为适应商品经济发展的形势，登莱巡抚陶朗先在《登辽原非异域议》中力主开禁货殖：

---

[1] 《论语·卫灵公》。

[2] 光绪《增修登州府志》卷六《风俗》。

[3] 嘉靖《山东通志》卷七《形势》。

131

货殖通，则农末相资，而军民可保无逃亡也。登之为郡，僻在一隅，而境虽连莱青，而阻山界岭，鸟道羊肠，车不能容轨，人不能方辔，荒年则莱青各与之同病，而无余沥，以及登丰年则莱青皆行粜于淮扬、徐沛，而登州独无一线可通之路。是以登属军民不但荒年逃，熟年亦逃也。故登民为之谚曰："登州如瓮大小，民在釜底，粟贵斗一金，粟贱喂犬豕，大熟赖粮逃，大荒受饿死"，谓有无之不相应也。盱彼辽阳，一水可渡，是天造地设，以为登民生路者，奈何天固与之，人固绝之。诚令登辽两地不为禁限，则商贾往来络绎不绝。不惟登辽边腹之间，征贵征贱，人可使富，即青莱淮泗皆可与登辽转相贸易，则登州且为一大都会，奚翅半年贩粟可以充粮。且市侩牙竖之业，俱可自食其力，而何患户口之不殷繁，方舆之不充实耶！言登而辽可知也。辽不通登更有何术而富耶。则相通之法，又何惮而不为也。[1]

农末相资，也说明当时商品生产已有较大发展，商品流通不再限于本地市场，对外市场需求越来越大。而海运，虽与辽东仍通畅，但多为运输军需物资。如正统十三年（1448），《明史》卷八十六记载："运青、莱、登布花钞锭十二万斛，岁赏辽军"。到嘉靖、隆庆时期，海禁久弛，私贩颇多。胶东北岸渤海湾内，贩运布匹、米豆等货物的商人往来不绝；南岸胶州、即墨一带，多与江淮私通有无，"胶州之民以腌腊米豆往博淮之货，而淮之商亦以其货往易胶之腌腊米豆"[2]。其时为违禁贸易，多轻舟沿岸航行，"转运米豆南北互济，犹不过轻舟沿岸赍粮百石而上，连墙大艘未尝至也"[3]。

清初，仍严禁商民船只私自出海，不许片帆入口。康熙初年，准令登、莱等处出海捕鱼，但依然严禁贸易。康熙中叶海禁松弛后，胶东沿海贸易快速发展，范围扩大，"三江两浙八闽之商"到胶州，"居集乎东关之市"[4]。南北贸易船只规模增大，多为沙船，载运量小者千余石，大者二三千石。

登莱二府，"沿海一带地方，绵亘三千余里，南通江浙闽广，北达天津、盛京，直临大洋。"如威海"地环渤海，壤接扶桑"[5]，"东接高丽，南通日本、琉球，北达奉天、天津，岛屿联络，刘公最险，为江浙七省通商要路，货船停

---

[1] 顺治《登州府志》卷十九《艺文》。

[2] 同治《即墨县志》卷十二《艺文》。

[3] 道光《胶州志》卷一《海疆图序》。

[4] 道光《胶州志》卷三十九《金石》。

[5] 乾隆《威海卫志》卷一《疆域》。

泊，海寇劫掠，每从此发，诚宁（宁海州）文（文登）之屏蔽，登郡之门户，而帝都之咽喉也"[1]。登州府，"食货所资惟田农拙业，而地狭人稠不足以更费；其山民或务茧丝，或竞鱼盐，时有赢余而险阻备尝焉。若夫操末业走四方者多营末富"[2]。除粮棉等农副产品的输入、本地鱼盐的输出外，南北货物的转运也甚为频繁，因而从事沿海贸易者甚多。"地狭人稠，境内所产，不足以自给，故民多逐利四方。或远适京师，或险涉重洋。奉天、吉林，绝塞万里，皆有登人。富或为当商，或挟重资，南抵苏广，北赴辽沈，舟航之利，捷于他郡。"[3] "登为要地，士马如云，加以海运通道，商旅如归。"[4] 商贾经过登州海面，直趋天津、奉天，商贾辐辏，亘古未有。登州府所属的九个县，"服贾滨海之利，九属皆资"[5]。因而，胶东虽土地资源匮乏却无缺粮之虞，南北商贾频繁往来经商贸易，日渐成为富庶之区。

2.明清胶东商贾兴起

传统商人，大率有"运盐者曰盐商，开质库者曰当商，售木材者曰木商，此三者之在闭关时代，皆为大商"[6]。对胶东而言，明朝时已有商人记载，莱阳尉世杰"弘治间贾于江西"，刘起安"崇祯间，设帐局于栖邑"。[7] 明清时期，随着商品经济的发展，胶东当商、钱商、盐商、行商开始崛起。"其在东省贸易者，以盐、当、票号为最大。"[8]

登州府，富者多为当商，也有挟资南达于苏广、北赴辽沈经商者；贫者则"租屋设肆，以逐什一，甚至旋市菽麦熟而售之"[9]。康熙四十六年（1707年），康熙巡行边外，见各处皆有山东人，或行商，或力田，至数十万之多。乾隆四十五年（1780），朝鲜人朴趾源以朝鲜政府使节团随行人员的身份，渡鸭绿江，涉辽野，至北京。在其日记中保留着其在东北遇到的山东商人的记载。"（秋七月）二十一日丁酉，乍雨还晴。留东关驿。闻邻舍有登州客李先生者，善推数。……老者亦登州人也，姓祝而忘其名。……余曰：'登州距此几里？缘何到此？'祝曰：'登州古齐境，所谓负海之国，旱路距皇京一千五百里。

---

[1] 乾隆《威海卫志》卷九《艺文》。

[2] 光绪《增修登州府志》卷首《小序》。

[3] 光绪《增修登州府志》卷六《风俗》。

[4] 康熙《黄县志》，康熙十二年知县李蕃序。

[5] 光绪《增修登州府志》卷六《风俗》。

[6] （清）徐珂：《清稗类钞》，《农商类·商业》。

[7] 民国《莱阳县志》卷三《人物》。

[8] 李秉衡：《李忠节公奏议·卷五》。

[9] 光绪《增修登州府志》卷六《风俗》。

今俺们舟往金州买棉花，住此。'""夕日，雨快霁，又至一铺，亦有三个登州客商为榨绵缫茧，船往金州、盖州牛家庄，距登州水程二百余里，对岸，一帆风来云云。"[1]

府治蓬莱，"民贫土脊，故四民错处，农末相资，多泛海以谋生者"[2]，故行商居多。蓬莱"北面滨海，无可种植之地，西面绕山"，"地少土薄，丰年且不敷所用，一遇凶歉，愈不能有仰食奉省"，因此，"招商通运，以补土田之不足"。[3]

黄县商人。康熙时，黄县"地狭人稠，有田者不数家，家不数亩，养生者惟贸易为计，而妇女尤勤纺织"[4]。到同治时期，"黄则滨绝海隅，距都会益远，其民习贸迁之利，航海运涉，轻去其乡"[5]。"黄县地狭人稠，故民多逐利四方，往往致富。远适京师，险涉重洋。奉天、吉林方万里之地，皆有黄民履迹焉。"[6]黄县商人主要从事与辽东地区的贸易，东北的奉天、吉林、大连、营口等地，均有黄县商人执商界之牛耳。"黄地不产木棉，丰年之谷不足一年之食，海泊木棉来自江南，稻粟来自辽东。民所仰给也。其商于外也，辽东为多，京都次之。地距辽东数千里，风帆便利，数日可至。倏往倏来，如履平地，常获厚利。"[7]因地缘优势，风帆便利，外出行商者甚众，以当时黄县总人口而算，农民占十分之三，士与工占十分之二，商人则占到十分之五[8]。"大贾则自造舟贩鬻，获利尤厚。于是人相艳视，趋鹜日众矣"，小商小贩多"百十为群，以骡驴负货而至。"[9]从商人所占比例，可看出商业是当时社会经济构成的主体。地寡人众，自然条件一般，"丰年之谷不足一年之食"，却号为"富庶之区"，其因即在于商业繁盛。

黄县当商尤多。当铺，亦称"典当"或"押店"，典当商是以物资作抵押、施放高利贷的商人资本。"典当之营业性质，为零星之抵押放款，其周转平民金融，与钱庄、银行之流通工商金融，有同样之效能，实为我国旧式之金融机

[1] （朝鲜）朴趾源：《热河日记》，上海书店出版社1997年，第78、80页。
[2] 道光《重修蓬莱县志》卷十二《艺文志》。
[3] 道光《重修蓬莱县志》卷五《食货志》。
[4] 康熙《黄县志》卷首，李蕃序。
[5] 同治《黄县志》卷首，龚易图序。
[6] 同治《黄县志》卷一《风俗》。
[7] 同治《黄县志》卷三《食货志》。
[8] 同治《黄县志》卷三《食货志》。
[9] 同治《黄县志》卷三《食货志》。

关，其历史由来已久。"[1] 黄县当商为大宗，又以银钱典当等从事金融业者为巨。尤其以西关最为繁盛，"西关则列肆数百，银钱之肆多至数十"[2]。黄县实力最大的当铺要数丁氏家族，被称为"典当世家"。黄县丁氏，先世以勤俭起家，继而经营商业，遂致富饶。当铺业是丁氏的支柱性行业，同时兼营以高利贷业务为主的钱庄业。丁氏的当铺和钱庄，时有丁氏八大钱囊之说，"文来""金城""泰来""天记""信来""正谊""东悦来""西悦来"等，这八大栈房所拥有的当铺多达 202 个，几乎遍布山东每县，形成了大规模的当铺网络。除当铺和钱庄外，丁家的经营范围还包括药房、粮行、丝业、煤、石油等，如黄城西关的登仁寿药局、鱼市街南侧文来的缫丝厂，烟台的"元丰祥"煤号，济南四马路的"丰华"石油公司，北京众多的粮行等[3]。丁家鼎盛时期，曾一度分布京、津及东北三省等十一个省市。黄县丁氏家族可谓是胶东传统商人的典型代表，并以其儒官商一体化的经营风格，保持着在地方政治、经济等社会诸方面的影响力。

"黄民多畜牧之利，水居兼利鱼虾，山居兼利薪刍木果。"[4] 县志记述其商业贸易状况，粮、果在南关，牛豕驴骡等牲畜在东关，菜蔬在东街，薪刍在西关；百货则"各随所期之日为所市之地，东关之集期以九日，南关之集期以七日，北关之集期以三日，西关之集期以一日五日"。尤其居肆而贾，甚为繁荣，东街的衣肆，南关的粮肆，西关更是列肆数百[5]，"闽广苏杭西洋巧丽之物靡不必陈，俨然一小都会矣"[6]。正如同治年间龚易图所称赞："近岁以来言东海富庶之区者，曰唯潍与黄，其科名文物之美，冠缨世族之盛，亦二邑为最。"[7]

也有远涉重洋到朝鲜经商者，如李伦圃，"父经商外出，久不归，伦圃十九岁，渡海寻父，历辽东，逾铁岭，过鸭绿江，乃得父"。[8]

对黄县商贾，县志有以下评述："本富为上，末富次之。本富者不窥市井，不行异邑，坐而待收，命曰素封也。黄县地寡人众，惜地如金，沃土一亩价直五六十缗。家稍有力，莫不思殖恒产，虽有豪强无由兼并。……用贫求富，农

[1] 民国实业部国际贸易局编：《中国实业志·山东省》（癸），台北宗青图书公司 1934 年，第 103 页。
[2] 同治《黄县志》卷三《食货志》。
[3] 蒋惠民：《黄城丁氏家族》，山东大学出版社 2004 年，第 44~45 页。
[4] 同治《黄县志》卷三《食货志》。
[5] 同治《黄县志》卷三《食货志》。
[6] 同治《黄县志》卷三《食货志》。
[7] 同治《黄县志》卷首，龚易图序。
[8] 光绪《增修登州府志》卷四十三《文职》。

明信片上的芝罘湾商船

不如工，工不如商，物之情也，而况瘠土之民乎？然则黄多逐末之民，亦势使然哉。"[1]

福山（烟台）商人。烟台海运发展较早，历史上芝罘等常作为物资转运港口。至明时，港口活动中心由芝罘湾移向南部的西南河口一带，"过往船舶，皆泊于芝罘岛南，岛长十余里，西南沙埂一道，连于陆地，俗名西沙湾，相传为秦始皇辇道，岛上古墓，坏土颓然，俗呼康王坟"[2]。芝罘港的地位，开始逐步下降。清代中叶，随着大运河航运的衰落，沙船海运漕粮逐渐成为主要的漕运方式。清朝利用海航运送漕粮，并规定海漕船只可以八成装米，二成搭货，并免其纳税以恤商。而南来的漕船，每因北洋风劲浪大，沙洲弯曲，时有搁浅触礁之患，非熟谙北路海线不敢轻进，往往驶至烟台，另雇小船，将货物分装搭载，拨至天津。漕船所挟物资，在烟台开始贩卖，促使烟台与其他沿海口岸贸易增多，也推动了烟台当地贸易的发展。

五口通商后，洋货在南方沿海的大量出现，沙船成为专门从事沿海贸易的商船。作为南北货物中转贸易集中地，烟台地缘优势更加突出，停泊烟台的商船数量逐年增多，并出现了船帮，如宁波帮、广州帮、潮州帮、关里帮等。而且，据《清文宗实录》卷二八七记载，有广东商人，欲在烟台买地，盖造公所。虽未得成，也可见往来之密切。还有外国商船走私径航至烟台者。据统计，咸丰九年（1859），福山县海口税收大幅增长，总额为12123余两，占山东沿海14州县海口总税收额的28.67%。[3] 这个时期，福山取代胶州成为山东最重要

---

[1]　同治《黄县志》卷三《食货志》。

[2]　张相文：《齐鲁旅行记》，《东方杂志》1910年第2、3期。

[3]　交通部烟台港务管理局编：《近代山东沿海通商口岸贸易统计资料（1859—1949）》，对外贸易教育出版社1986年，第235页。

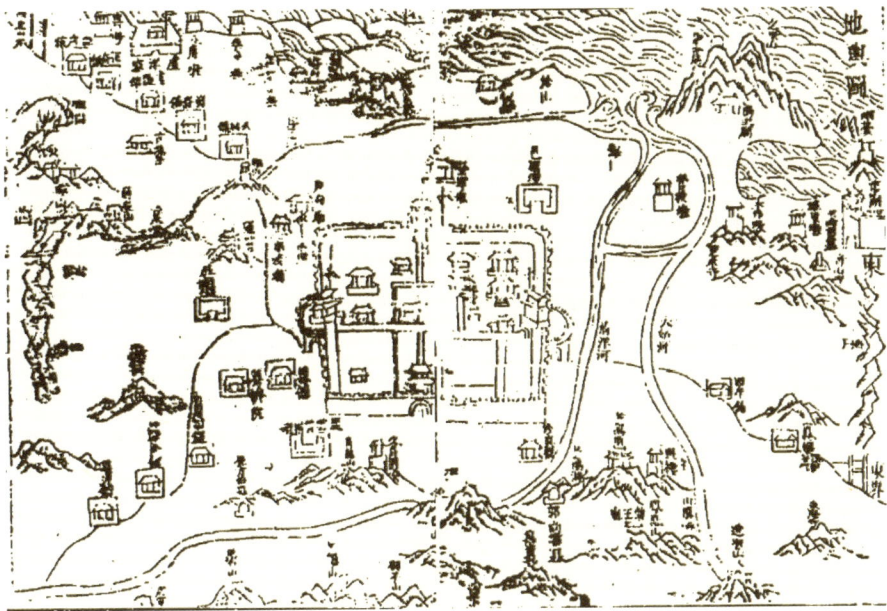

福山地舆图（乾隆《福山县志》）

口岸，而又以烟台为最，"当烟台未开口岸时，航海商舶，凑集颇盛，本非散地荒陬可比，且地当南、北洋之中，上顾旅顺，下趋江浙，均一二日可达"[1]。正如郭嵩焘考察后所称，"海船收泊避风最便，故烟台一口，遂为商船之所辐辏"。但此时烟台尚无行户，"闽广船至，必投所相知者，乃揽以为客，为之代觅售主。买卖两边，各得行用二分"。[2]

清政府为加强对山东沿海贸易的管理，于咸丰九年（1859）在胶东各海口设立税局，"福山之烟台为一局，而以宁海戏山各口、文登、威海各口附之"，"黄县之龙口为一局，而以掖县海庙各口、蓬莱天桥各口、昌邑下营口附之"，"荣成之石岛为一局"，"即墨之金家口为一局，而以女沽、青岛、海阳、乳山各口附之"，"胶州之塔埠头为一局"。[3] 可见，烟台已超过胶州等海口，成为山东沿海最重要的港口市镇。正如英国人所言："将近三十年来，它和渤海湾的其他几个港口一起，成为欧洲与中国商品的巨大贸易中心"，"在天津条约签订之前，烟台的贸易已表明它是一个重要之地，人们已经充分地知晓这

---

[1]　《许景澄条陈海军应办事宜折》，《山东近代史资料（第三分册）》，山东人民出版社1961年，第51页。

[2]　《郭嵩焘日记（第一卷）》，湖南人民出版社1981年，第254页。

[3]　光绪《增修登州府志》卷二十《杂税》。

一点"。[1]

栖霞商人。"人淳事简,土瘠民贫",多小贩,"无千金之贷,即有一二领贴当商,亦送货福、黄二邑,零星借其资本,名曰解当。"因此,"节俭愈于他郡,而民性固滞,骤难理喻。贫则轻去其乡,至航海数年,弃妻子而不顾"[2]。有义行的商人,林准,是监生,"有远乡祖产数顷,付族人经理",后又"以数千金,招商开设典库"。王英度,"平生货殖数万计,终其身田不满百。"而在京贾致富的王永盛,也是赡亲恤族。[3]尤其出现了在胶东影响甚大的牟氏家族。从清嘉庆年间,牟氏家族开始进入鼎盛时期,成为胶东地区有名的大地主,建造了闻名四乡的地主庄园。到清末,牟氏庄园共有土地6万亩,山岚12万亩,佃户庄155个,年收地租660万斤。牟氏家族也投资近代工商业,先后在栖霞、烟台、上海等地开设了杂货店、药铺、缫丝坊、花边庄和钱庄等各类实业。但土地经营仍是主业,商业仅为一种补充,在其庄园总收入中所占比例甚微[4]。

招远商人。有远贩羊只的商人,有贩运榆树皮为业的商人,也有贩卖药材的商人,"昔富厚者,家多牧羊至千百为群。或贩榆树皮于京师。又有收买防风、黄芩等药材者。"这种榆树皮非普通榆树,而是与榆树类似的榔榆,"榔榆,生山中,状如榆。其皮有滑汁,秋生荚如大榆。今东山接壤栖霞处多有之,可研末作香。招邑地产者颇粘,旧贩京师,或以致富"[5]。把榔榆树皮贩运至京师,主要用来做香料。"制可焚之香,必以木屑,榆皮为上,杂树皮次之。"[6]至顺治时期,"物产萧条,一切生理大抵仅存什一而已",也有赴集鬻杂货者,但非本地商人。[7]

莱阳商人。莱阳是一个重要的商品集散转输地,行商坐贾以贩卖为业。清初,莱阳的羊郡、蠡岛等皆为重要的海口贸易码头,"帆船云集,商贾往来苏浙、朝鲜、津沽,称便利焉"[8]。雍正年间新定船税,莱阳为770两,仅次于胶州,在山东沿海州县中位居第二。[9]尤其羊郡"市场繁盛,南船北马,凡平(平度)、掖(掖县)、栖(栖霞)、招(招远)之土产,江浙闽广之舶品,

[1] 英国驻烟台领事馆:《1865年烟台贸易报告》,载《英国国会文书》第七卷。
[2] 乾隆《栖霞县志》卷一《疆域》。
[3] 光绪《栖霞县续志》卷七《义行》。
[4] 林书华、史有年、肖靖:《牟氏庄园兴衰史》,山东省出版总社烟台分社1989年。
[5] 顺治《招远县志》卷五《物产》。
[6] 光绪《莱州府乡土志》卷下《植物制造》。
[7] 顺治《招远县志》卷四《风俗》。
[8] 民国《莱阳县志》卷二《交通》。
[9] 乾隆《山东通志》卷十二《杂税》。

胥以此为集散所。"土产若油饼、猪、盐、沙参之属,南方棉、纸、竹木、蔗糖之类,山西的铁锅,周村的铜货,博山、淄川的煤炭、瓷器,多由此转输。[1] 清代中期,羊郡海口淤塞后,金家口成为莱阳的主要海口,号称"莱阳码头"。[2] 莱阳商人的活动范围,"资之饶者置货于京师、金陵、苏杭淮扬,其歉者远至临清,近则南北台、青山庙、莱之海庙置焉"[3]。当铺也有名,至"同(治)、光(绪)年间,城内先后设庆来、瑞来、仁洽、天复四号。穴坊庄洪昌号嗣改裕成,水沟头长裕号嗣改庆成"[4]。发展到后来,"城市乡镇有代办汇兑商,专营京沪平津辽吉等处汇兑之事;有银钱商,专营押放款事;有煤炭铜铁商,于济博潍烟青各埠贩运之;有估衣商,于苏杭烟青周潍等处贩运绫罗绸缎吉服寿衣销售之;有药商,于燕之祁州、豫之禹州运输药材或批发零售其他;有杂货商,贩卖日用货物;又有书笔商、洋药商,亦各专其业"[5]。

海阳商人。"自苏州至海阳行村口海道:南起苏州浏河口,至崇明三尖沙、吕四放洋,向北行过五条沙入黑水大洋,取劳山头转东至即墨田横岛,过土步岛至海阳牙岛,西入何家口,至城十里。宁波至海阳亦从苏州进路。自福建至乳山口海道:南起福建五湖门口,至阳山,过茶山,向北行过五条沙入黑水大洋,取千里岛,转过青岛至乳山口,至城八十里。"[6]有清一代,有胶东商人在北京城内经营饭庄、酒馆。据崇彝记载,"京师南城外饭馆,夙有'四大兴'之称……至最久而不衰者,为泰丰楼(开于光绪初年,所谓新饭馆)、致美斋(在咸、同间)二处。致美并非饭馆,当年只卖点心、佐酒之品,仅有食品三二种,后渐扩充,方成大馆子"[7]。"泰丰楼",即是海阳人孙氏创办,京城闻名的"八大楼"饭庄之一。

掖县商人。"齐带山海,膏壤千里,宜桑麻,人民多文采布帛鱼盐,其俗宽缓阔达而足智好议论",因"凭负山海,民殖鱼盐以自利"[8],故盐商为多。道光年间的王培荀在《乡园忆旧录》中,对掖县盐商生产海盐有详细记载。道光年间,盐商"拥滩者富与千户侯等"[9]。乾隆三年(1738),掖县人刘德山

[1] 民国《莱阳县志》卷二《商业》。
[2] 民国《莱阳县志》卷二《商业》。
[3] 康熙《莱阳县志》卷三《民业》。
[4] 民国《莱阳县志》卷二《杂税》。
[5] 民国《莱阳县志》卷二《实业》。
[6] 乾隆《海阳县志》卷四《海道》。
[7] 崇彝:《道咸以来朝野杂记》,北京古籍出版社1982年,第7页。
[8] 乾隆《掖县志》卷一《风俗》。
[9] 王培荀:《乡园忆旧录》,齐鲁书社1993年,第444页。

在北京西单十字路口创办天福号酱肘店，以酱肘而闻名京城。崇彝《道咸以来朝野杂记》中曾有记载："西单有酱肘铺名天福斋者，至精。其肉既烂而味醇，其他肉食类毕备，与其他诸肆不同，历年盖百余矣。"道光二十三年（1843），掖县商人孙振清创办正阳楼饭庄，北京"八大楼"之一。夏仁虎所记云："又有肉市之正阳楼，以善切羊肉名，片薄如纸，无一不完整。蟹亦有名，蟹自胜芳来，先经正阳楼之挑选始上市，故独佳，然价亦倍常。"[1]

文登商人。清初，文登由过去"近海早寒，商贾不通，传习圣人之书，男耕读，女纺织，人罕逐末，俗尚幽贞，质掩其文"的旧俗，而"北游燕冀，南走江淮，交易起家，懋迁成业，数十年外富等陶朱"。至乾隆年间，"初开石岛海口，南货云集，逐末者众"，海船贸易往来多云集于此，"又至咸丰六年烟台通商，耕植之氓，多挥锄而负贩，悬犁而持筹"[2]。光绪《登州府志》卷六《风俗》载："富者或为当商"。文登典肆业众多，据林培玠所记典肆始末："文荣尚属一县，其时典肆不下二百，凡乡里小有之家，有闲舍二区，识字一人，则于其家开设小当，资本二三四五百千不等，未有及仟钱者，至城市大当，始以千计，亦不过二三千而止。"至乾隆中后期"海运通利，商贾越海贸易，获息既多，乃于各市开设大当，本各四五六千钱不等，意在兼并小当"，由于各当无序竞争，以市易乡，"小当终年不得闭门，钱不足用，一概停止，所余不过七八十座而已。"至嘉庆初年，"大当无可搜罗，仅留其一，以其二移之乡间。大市凡渠所到之处，小当不能与抗。"又，"黄县富商货银十万两，在邑东关开设大当三座，本各三万有奇，专取绮罗之衣、雕镂之器。……邻邑又闻知间有至乡市开设典肆，本皆不下万千，黄县又于各市偏设大当"[3]。

平度商人。道光年间，平度"商多坐贾，懋迁不过数百里"，"贩易惟麦麻黍布棉牛驴羊豕之属"[4]。到光绪年间，"浮海至关外三省"经商贸易，"以求生活者，终岁络绎于道"。[5]有的平度商人甚至还去"东洋"日本做生意。[6]

即墨，"其俗重礼义，勤耕织。男通鱼盐之利，女有纺织之业。""民以樵苏为业，鱼盐为利。"[7]也有外出行商者，"刘鼎……康熙初，贸易京师。"[8]

---

[1] 夏仁虎：《旧京琐记》卷九《市肆》，北京古籍出版社 1986 年，第 99 页。

[2] 光绪《文登县志》卷二《风俗》。

[3] 光绪《文登县志》卷三《邑人林培玠记典肆始末》。

[4] 道光《平度州志》卷十《风俗》。

[5] 光绪《平度志要》卷二《田赋》。

[6] 光绪《平度志要》卷二《田赋》。

[7] 同治《即墨县志》卷一《风俗》。

[8] 同治《即墨县志》卷九《孝义》。

另外，莱州府的胶州也是商贾辐辏之所，商船往来终年络绎。"商大者曰装运（江南、关东及各海口皆有行商）、曰典当、曰银钱交易，皆一言为券，无悔改者。遇凶荒能急公周乏其余，菽粟布帛海错酒蔬之属，较近邑颇多，贫者易于谋生。"[1] 在道光《胶州志》中记载了很多胶州商贾，以贾起家者如逄世宽："其先世来迁，世宽以贾起家"，以贸易起家者如孙铨等[2]。至康熙末年，商贸范围已达闽广地区，"三江两浙八闽之商"涌来胶州，"居集乎东关之市廛"。而当地"牙佣贩负资货为利者"则将南来货物转贩他处，或汇集本地货物转售于这些南来商船，"往来络绎，熙熙然南门之外"[3]。此后，胶州商贾进一步发展，贸易范围不断拓展，凡江南、关东及沿海各口皆有行商，上海、苏州等地均有胶州商人开设的会馆。

清代中叶，胶东商人在上海亦有相当发展。在上海经商者有胶州帮、登州帮、文登帮等胶东商帮，实力也很雄厚。[4] 登州、胶州等商人在苏州经营者亦多达 200 余家。[5]

从胶东商贾的类型、经营方式看，多为行商和坐贾。"东莱人尤朴鲁，人皆朴鲁淳直，甚者失之滞固，然专经之士为多。民多朴野，性皆犷直，凡有施为，质多文少。士好经术，俗尚礼仪。"[6] 各地又各具特点，如"蓬莱介乎山海之间，土疏水阔，人性刚强"[7]，多出行商，俗谚称"蓬莱腿子"，谓即蓬莱人外出经商多在栈房做店员，终年在店外奔波，俗称"跑外城""外柜"；而黄县人，俗谚则称为"黄县嘴子"，意即黄县人出门学生意，多在商店里学徒，俗称"住地场"，站栏柜卖货，能说会道；俗谚称掖县人为"掖县鬼子"，谓掖县人外出，多自己创办商店与企业，精明而善用心计。[8]

虽然，"登莱负海之北……人皆朴鲁淳直，甚者失之滞固"[9]，但因地近齐国都城，不乏功利之习，商品意识较强，外出经商者较多，蓬莱多行商，掖县多坐贾，形成"行商"与"坐商"两种类型。"负而贩卖，属于行动者曰商，

[1] 道光《胶州志》卷十五《风俗》。

[2] 道光《胶州志》卷二十九《笃行》。

[3] 道光《胶州志》卷三十九《金石》。

[4] 上海博物馆编：《上海碑刻资料选辑》，上海人民出版社 1980 年，第 72~73 页。

[5] 江苏省博物馆编：《江苏省明清以来碑刻资料选集》，三联书店 1959 年，第 272 页。

[6] 光绪《文登县志》卷二《风俗》。

[7] 道光《重修蓬莱县志》卷三《文治》。

[8] 山曼、单雯编著：《山东海洋民俗》（济南出版社 2007 年），以"齐人好逐利的传统"为题介绍了胶东地区蓬黄掖三县的经商习俗，并对"蓬莱腿子、黄县嘴子、掖县鬼子"这一当地流传多年的民谚进行了诠释。

[9] 道光《重修蓬莱县志》卷三《文治》。

设肆坐以行售者曰贾"。商为行商，贾为坐商。行商，商人将本地物产贩运到他地，再将他地物产贩运回到本地，往返贩运，也称"运商"。商品的流通，城乡的交流，有赖于行商。坐商，指坐地经商的商人，在城市或乡村集镇有固定的商铺和货栈，也称"铺户"。这些商铺和货栈或为坐商自家财产，或是"租屋设肆"而"以逐什一"之利[1]。商品的批发、零售，与消费者直接进行交易，多赖坐商。"商贾兴贩，不能不经行家之手"，行商和坐商一般不能直接进行交易，中间必须经过牙行（或货栈）。牙行作为买卖双方进行交易的居间行，使贸易货物达到平准物价，方便客商的买卖。行商运大宗商品到目的地后，按规定须通过中介，即所谓"投行"。如在掖县，当行商由海上从关外三省运来大宗粮食，在一向为商舶棹聚之所的下营海口"停泊靠岸"后，须将粮货"投行"。[2]

胶东商人去东北者，也大多为行商，嘉庆以后坐贾才增多。"满人入关后，清廷对商人到关外贸易一直施行开放政策，鲁人入关经商者日众，乾隆十三年（1748年）仅在宁古塔（今黑龙江省宁安县）、船厂（今吉林市）两地，山东、直隶等省贸易佣工即有三四万人。此时商贾大多行商，不携家眷，获利即归。嘉庆后东北部分地方开禁，在移民大潮下，鲁商日渐增多，并定居于此。"[3]

3. 农村集市密集发展

农村集市是传统市场的重要组成部分，历史久远，累世相沿，到明清时期则大规模发展，并形成农村集市网。16—19世纪山东经济的发展，从整体上看是商品经济发展与市场体系形成的过程，商业和运输业成为十分重要的产业部门，商品流通是经济运转中不可或缺的重要环节，已经逐渐形成一个连接城乡、运作自如的流通网络体系，并将山东各县与全国各主要省区紧密地联系在一起，在经济整体中起着越来越重要的作用。[4]从明代中叶始兴的农村集市，经过不断的发展，至清代中叶已相当密集。据统计，乾隆至道光年间，登州府10个州县中，有134个集市，人口数14272（人/集）；莱州府7个州县中，有177个集市，人口数19062（人/集）。[5]

农村集市既是商品经济发展的产物，同时也已成为区域经济中不可缺少的组成部分。农村集市贸易成为人民生活中不可或缺的东西，农产品、手工业品的出售分销，生产资料、原料的购买，都离不开集市。日中为市，鱼贯蚁集，

---

[1] 光绪《增修登州府志》卷六《风俗》。

[2] 张海鹏、张海瀛：《中国十大商帮》，黄山书社1993年，第193页。

[3] 民国《山东通志（第四册）》，山东文献杂志社2002年，第2523页。

[4] 许檀：《明清时期山东商品经济的发展》，中国社会科学出版社1998年，第398、405页。

[5] 许檀：《明清时期山东经济的发展》，《中国经济史研究》1995年第3期。

交易而退，各得其所。明万历时期，"掖县：城集十、乡集九、神集二。平度州：城集十、乡集三十有一、神集一。昌邑：城集五、乡集二十八、神集一。潍县：城集十有七、乡集十有五。胶州：城集五、乡集十有二。高密县：城集六、乡集十有二。即墨：城集五、乡集十有三"[1]。清同治时期，黄县城内"市皆有期日，麇集而市，市罢而散，故谓之集"，集市有十，货物种类齐全，丰富多样。另外，"居肆而贾者"，"东街有衣肆，南关有粮肆，西关则列肆数百，银钱之肆多至数十，闽广苏杭西洋巧丽之物，靡不毕有，俨然一小都会"。[2]牟平，农历五、十为大集，"凡当地产品，如食粮、柴薪、果品、牲畜、鸡鸭、海鲜、杂器等，虽在数十里外，莫不麇集，而虾皮（小虾米）、黄烟及日常用品之小贩，且有来自外县者，聚会恒达数万人"[3]。

康熙末年，胶州商贸发展快速，三江两浙八闽之商舶泛而来，"居集乎东关之市廛，牙佣贩负资货者为利者，与附郭众庶日往返络绎，熙熙然南门以外"[4]。在胶州城关之外逐渐形成了繁华的商业街市，并形成山货市、牛驴市、估衣市、粮食市、铁器市、瓦罐市、劈柴市、簸箕市、面市、菜市、果木市等集市。[5]

农村集市的大规模发展，经常性的商品流通，推进胶东各州县开始联系成为一个整体，商品流通越来越成为胶东经济发展中的重要环节，商贸运输业成为胶东经济中的重要产业部门。正如傅衣凌先生所言："集市在封建经济里的作用，即通过集市这个场所，才能使生产者和购买者得到会面，互相交换；也只有通过集市才能使极其零散的农村和城市联系起来。这样，封建生产不会失去平衡，田家生活亦得以维持。……并且集市贸易又给予商人得有积累资本的一个机会，它可通过集市把分散的农家产品集中起来，于是原有邻近数十里、数百里内外的集市、大会，已不能满足经济发展的要求，必须有一个更加稳定的、经常的、规模更大的交易场所，从近距离的农村市场扩大为远距离的城镇贸易。"[6]

二、胶东商帮的禀性

胶东商帮的商业伦理，受齐鲁文化思想的长期浸润，在经商理念和经营特

---

[1] 万历《莱州府志》卷五《市集》。

[2] 同治《黄县志》卷三《食货》。

[3] 民国《牟平县志》卷五《实业》。

[4] 道光《胶州志》卷三九《金石》。

[5] 道光《胶州志》卷一《关厢建置图》。

[6] 傅衣凌：《明代经济史上的山东与河南》，《社会科学战线》1984年第3期。

征中体现着齐鲁文化思想的精髓。"齐文化"崇尚力量和智慧，善于权变，注重商业利益，具有尚武、侠义精神；"鲁文化"则崇尚礼仪秩序，仁爱诚信，急公好义，与人为善，恭而有礼。这两种不同的文化基因，影响和塑造了胶东商帮的品性。诸如以义取利、诚信经商、重土安命、乐善好施等，这种具有海洋文化特质、直道而行的商业品格，可谓是鲁商的典型代表。正如日本人所言："该商等习俗质朴，尚简约，虽掌控运营巨资，却从不介意于锦衣绣履。重信义，守然诺，实不让山西商。"[1]

1. 诚信已孚

"诚信"是儒家主要的伦理思想。"诚"是"物之终始"，"诚者，天之道也；思诚者，人之道也"（《孟子·离娄上》），"唯天下之至诚，为能经伦天下之大经，立天下之大本，知天地之化育"（《礼记·中庸》），"以诚为本"，"诚"为"五常之本，百行之源"（北宋周敦颐《通书诚下》），强调"诚"是一种笃敬正直品质。"信"是安身立命的根本——"人而无信，不知其可也"（《论语·为政》），是做人的准则——"言忠信，行笃敬"（《论语·卫灵公》），也是与人交往的原则——"与朋友交，言而有信"（《论语·学而》），"子以四教：文、行、忠、信"（《论语·述而》）。"信"是孔子教学的四项内容之一，同文、行、忠同等重要。"信"是"仁义礼智"的必然结果。"礼"是儒家伦理思想的基本范畴，泛指各类规制规范，是外在的伦理行为，"不学礼，无以立"（《论语·季氏》），"非礼勿视，非礼勿听，非礼勿言，非礼勿动"（《论语·颜渊》）。作为人们共同遵守的行为准则和规范，在商业经营中同样要恪守"商法"。"我国商贾，恒以缺乏商业道德为外人所诟病。然以信义通商四字自揭橥于木牌者，所在有之。"[2]无论行商还是坐贾，胶东商人可谓是"信义通商"者。不但在经营活动中，即在平日，为人处世，也是"言必行，行必果"（《礼记·中庸》）。方志多有记载，如康熙时期莱阳商人左文升，"为人质实不欺，有周继先者，以钞二百缗，托文升转货准常值估利二分。适钞偶缺，倍获。文升悉以付周，周曰：'价有定议，外不敢取。'文升曰：'尔钱获利，何敢于私。'"[3]诚信为本的商业道德是胶东商帮的一大特点，也是其经商的制胜之道。"商家极讲信用，凡至店肆购物，不需现钞，只留姓

---

[1] （日）外务省通商局：《清国商况视察复命书》，东京，元真社，1902年7月。转引自庄维民：《近代鲁商史料集》，山东人民出版社2010年，第4页。

[2] （清）徐珂：《清稗类钞》，《农商类·商业》。

[3] 民国《莱阳县志》卷三《人物》。

名地址，即可挈物以归，越日该商埠则派遣柜伙，前往取款，谓之照帐。此风相沿甚久，今犹未改。"[1] 如牟平商人张颜山常说："讲信用能把死买卖做活，不讲信用能把活买卖做死。信用是买卖人的第一生命。"[2] 福山商人萧瑶因家贫去为商贾，"未尝做一欺罔事，往来南北都会，谨饬自好"[3]。胶州商人"忠厚老实、保守信义"，交易时"皆一言为券，无悔改者"[4]，赢得南北客商的信赖，声名远播，近者悦，远者至。

2. 以义致利

义利关系是儒学思想中的重要内容。所谓"君子喻于义，小人喻于利"（《论语·里仁》），谋求物质利益必须建立在合乎道义的基础上；"君子义以为上"（《论语·阳货》），"义然后取"（《论语·宪问》），都强调见利思义、先义后利；"见利思义"（《论语·宪问》）、"见得思义"（《论语·季氏》），见到利益，会想到是否合道义，该取则取，不该取则不据为己有，即孔子说的"义然后取，人不厌其取"（《论语·宪问》）。"富与贵是人之所欲也，不以其道得之，不处也"（《论语·里仁》），"不义而富且贵，于我如浮云"（《论语·述而》），"富而可求也，虽执鞭之士，吾亦为之。如不可求，从吾所好"（《论语·述而》），表明孔子并非一味摒弃"利"的索取，而是认为义为利之本，对"利"的索取是"义然后取"。孟子则进一步发展了孔子的义利观，认为义胜过人的生命，"生，亦我所欲也；义，亦我所欲也。二者不可得兼，舍生而取义者也"（《孟子·告子上》）。如莱阳商人尉世杰，"性纯朴，弘治间贾于江西，为山贼所掠"，又有同乡两人亦被掠至山，三人矢为兄弟，尉告贼愿取金赎三命，"贼许之，寻悔，为给已果如期至，贼大义之，并还其金。"[5] 胶东商人不仅仗义，在面对"义"和"利"的选择时，也能"义利兼顾，以义为先"，摒弃不道德行为。如莱阳商人左文升"尝误市伪银，仆转给他贾市帕归，文升曰'人既误我，安可更误他人'，命追还之"[6]。

3. 重土安命

儒家所讲"父母在，不远游"（《论语·里仁》），对明清时期的胶东商帮而言，乡土观念强烈，重亲情，恋故土，"在家时时好，出门事事难"；多

[1] 刘精一：《烟台概览》，烟台概览编辑处1937年铅印本，第28页。

[2] 张绪增：《张颜山和"泰生东"染料》，载牟平县政协文史资料委员会编：《牟平文史资料》第2辑，1988年。

[3] 民国《福山县志稿》卷七《行谊》。

[4] 道光《胶州志》卷十五《风俗》。

[5] 民国《莱阳县志》卷三《人物》。

[6] 民国《莱阳县志》卷三《人物》。

为行商，且回流率很高[1]；看重同乡情谊，同乡之间出入相友，交深谊重，守望相助，在经营的店铺中也多用本乡本土人。如黄县丁氏家族在福山县开设的"通惠"当铺，店员 20 多人皆为黄县人。即如"闯关东"，也只是天灾人祸、民不聊生、"势弗容己故土"[2]的求生之举，谚说"死逼梁山上关东"，极言其不得已也，率眷往家者有之，而回流率却很高，每当闯关东高潮年份结束，都会出现移民回返高峰。如，掖县商人陈孟元，早年到黑龙江的"双合盛号"（由掖县人开办的著名商号）学徒，继而用积蓄在哈尔滨开设了"聚丰祥"杂货店，30 年代初期又在沈阳创办了聚丰福印刷厂和太阳烟厂，颇具实力，后回到青岛开设阳本印染厂，抗日战争爆发后，阳本印染厂停产，陈孟元携眷回到老家掖县。黄县商人葛义安，早年到大连经商，1923 年回到青岛开办永泰公司，经营食品杂货。莱阳的初云山，早年到大连贩卖蔬菜，开有多个店铺，资产达数十万元，1914 年回到青岛开办了经营杂货土产和面粉的"裕源兴"号，成为青岛莱阳派的代表人物。据 1916 年日本人编的《山东日支人信用秘录》所载，仅青岛有名的中国商人中，从辽东回乡开办商店者就有十余人。[3]迄开埠后，在新式商业思潮的推动下，其乡土情结开始淡化，外出经商者甚多，足迹所至，几遍沿海各埠。"东部滨海之地，民性冒险，故出外经商者甚多。福山、黄县、昌邑、掖县之人，足迹所至，几遍沿海各埠。又以地多岩石，稼墙维艰，故民多从事渔盐。"[4]

4. 博施济众

"仁"，是儒家思想的核心。"仁"即"爱人"（《论语·颜渊》），"克己复礼为仁。一日克己复礼，天下归仁焉"（《论语·颜渊》），能行"恭、宽、信、敏、惠"即为仁，"仁者，人也"（《孟子·尽心下》），"仁者爱人"（《孟子·离娄下》），强调的是人文关怀、社会担当，体现的是博爱济众、大处着眼。"达则兼济天下"（《孟子·尽心上》），是入世治世的基本法则。胶东商人具有乐善好施的仁爱思想和急公好义的担当意识。如莱阳商人王景辉，"以财雄于乡，乐善好施，弘治间岁饥，输粟千石"[5]。左福元，"岁

---

[1] 路遇：《清代和民国山东移民东北史略》（上海社会科学院出版社 1987 年），1912~1949 年山东移民东北的总人数达 1836.4 万，回返人数达 1044.5 万，回返率为 56.8%，留在东北的人数为 791.9 万，居留率为 43.2%。据此可知，其中商人当居多数。

[2] 民国《莱阳县志》卷二《实业》。

[3] 张利民：《近代环渤海地区间商人对流与影响》，《社会科学战线》1999 年第 3 期。

[4] 胶济铁路管理局车务处编：《胶济铁路经济调查报告·总编（上）》，文华印刷社 1934 年，第 4 页。

[5] 民国《莱阳县志》卷三《人物》。

饥施粟，以赈乡里，有贷者未尝索价"[1]。福山商人王连甲，听闻十几艘南方商船在烟台附近海面被海盗劫持，"只身乘桴直抵贼艘，慨出多金，拯救数十人以出，南人咸怀德焉"[2]。黄县商人王旭，"富而好施"，当时胶东水旱灾害连年发生，王旭出粟赈饥，设灶放饭，救济灾民。有谣云："天公活一半，王公活一半。"单占鳌，"有难民数百欲桴海就食，无资雇舟。占鳌以己运货之舟，载以济。"家有典肆、宅心忠厚的王立中，"性乐施予，县有兴作，必首输金"。马江，贾奉天十余年，归家至海边码头，风逆不能渡，投旅舍途遇一妇人携幼子泣，有一男子相劝，"江问故，男子曰：'此儿鬻于我矣，今母子别耳。'江劝舍之，男子曰：'契价八千须偿。'江如数偿之，令焚契。妇人携儿泣谢去。"[3]青岛商人陈作章，"周急济贫"，为乡人称道，"清光绪元年，岁大饥，作章兄弟散财发粟，全活甚众"[4]。胶东商人还热心公益，惠及乡人，如烟台富商鹿玉轩、蓬莱商人丛良弼、牟平商人张颜山等出资兴学。蓬莱商人姜兴基，"弱冠就商，多财善贾，生性俭朴"，对社会公益则"慷慨捐输"。掖县商人张寿世，"富而好善"，"入民国，倡学堂"。[5]

5. 忠恕之道

"夫子之道，忠恕而已矣"（《论语·里仁》），朱熹注："尽己之谓忠，推己之谓恕"，"恕"者，"如心"之谓，推己及人，宽恕包容。《论语·卫灵公》："子贡问曰：'有一言而可以终身行之者乎？'子曰：'其恕乎！己所不欲，勿施于人'。""恕"，《大学》中表达为"絜矩之道"，也即"所恶于上，毋以使下；所恶于下，毋以事上；所恶于前，勿以先后；所恶于后，毋以从前；所恶于右，毋以交于左；所恶于左，毋以交于右"，"是故君子有诸己而后求诸人，无诸己而后非诸人。所藏乎身不恕，而能喻诸人者，未之有也。""恕"，是将心比心、严于律己、宽以待人、以己度人、推己及人的道德规范。"忠"者，即"尽己"，尽心竭力、公而无私。"为人谋而不忠乎？"（《论语·学而》）"君子敬而无失，与人恭而有礼，四海之内，皆兄弟也"（《论语·颜渊》），"君子成人之美"（《论语·颜渊》），"取诸人以为善，是与人为善者也。故君子莫大乎与人为善"（《孟子·公孙丑上》）。胶东商人具有与人为善、恭而有礼的气质，对本地商贸持开放心态，允许、容纳

[1] 民国《莱阳县志》卷三《人物》。

[2] 民国《福山县志稿》卷七《行谊》。

[3] 同治《黄县志》卷八《义行》。

[4] 民国《胶澳志》卷十《人物》。

[5] 民国《四续掖县志》卷四《善行》。

各地客商，互利共赢。如在烟台，既有黄县帮、掖县帮及潍县帮开设行栈，经营土洋货的进出口业务，亦有广帮、闽帮、宁波帮、关里帮、锦帮等外地商人经营。[1]在青岛，既有黄县帮、即墨帮、沙河帮及潍县帮，亦有来自直隶、广东、江苏、安徽、江西、浙江、湖南、湖北等各地商人，并建有广东会馆、三江会馆等。在胶东城乡乃至集镇，也有外地商号在此经营。如福山县，风俗人情淳朴，外乡人在此居住或做生意，皆与当地人相处融洽。在商会成员中也不乏外地商人，如1918年青岛总商会会董30人，既有胶东商人也有潍县等本省商人，还有来自天津、浙江、江苏等省的商人。"己欲立而立人，己欲达而达人"（《论语·雍也》），不仅是一种道德规范，也是追求和谐共赢、共同发展的经营理念。

6. 勤俭耐苦

儒家思想强调人要吃苦，才能有所为，"故天将降大任于是人也，必先苦其心志，劳其筋骨，饿其体肤，空乏其身，行拂乱其所为，所以动心忍性，曾益其所不能"（《孟子·告子下》）。胶东商人秉承先儒吃苦耐劳的精神，励精克己，勤俭耐劳。夏仁虎有形象的描述："北京工商业之实力，昔为山左右人操之，盖汇兑银号、皮货、干果诸铺皆山西人，而绸缎、粮食、饭庄皆山东人。其人数尤众者为老米碓房、水井、淘厕之流，均为鲁籍。盖北京土著多所凭藉，又懒惰不肯执贱业，鲁人勤苦耐劳，取而代之，久遂益树势力矣。"[2]从老米碓房、水井、淘厕之苦活干起，历经多年辛劳，积累了资本，进而扩大生意，控制了北京绸缎、粮食、饭庄等生意，在北京商界占有了一席之地。

7. 以商入仕

胶东商人不只是治生获利，商而仕，其价值取向是求官衔，以获得社会身份地位的认同。如黄县丁氏家族，以勤俭起家，继以经营商业，遂致富饶，时人称其为"丁百万"。丁氏家族长盛不衰的原因，在于以学入仕，以仕保商，以商养学，即读书是为官和经商的根本和基础，为官是经商和读书的保证，经商则是发家致富的关键，正是由于儒官商三位一体的完美结合，才使丁氏家族的兴盛跨越了整个清代[3]。忠厚传家，诗书继世。丁家在经商致富后，仍以读书为第一要务，正如丁宅楹联所言，"古今来多少世家无非积德，天地间第一人品还是读书"，"勤俭持家能遵祖父诒训便为世业，诗书宜兴莫使子孙废读即是福基"，书香一脉绵延不断。自乾隆年间起，丁氏家族出了7名进士、20

---

[1]　民国《福山县志稿》卷五《商业》。

[2]　夏仁虎：《旧京琐记》卷九，北京古籍出版社1986年，第97页。

[3]　蒋惠民：《黄城丁氏家族》，山东大学出版社2004年，第23页。

名举人，贡生、庠生不胜枚举。据丁氏族谱记载，丁家在清代通过科考、捐纳等途径，有 378 人为官。更多的是在经商有成后，纳资捐官。如在烟台总商会中，其六帮轮值董事全部拥有官衔，既有运同衔、同知衔、布理问衔，也有监生、候选县丞、举人候选知县、花翎运同衔等。[1]

三、胶东商业的演变

随着经济的发展，船只规模的增大对港口条件提出了更高要求，昔日兴盛之港口如胶州等地，沿海贸易开始衰退，而烟台、青岛等地因其良好的港口条件，一跃而成为近代繁华商埠。作为近代山东重要的商业中心，青岛"为山东土产出口之枢纽，以对上海及日本商务为盛"，烟台"为山东茧绸发网之集散市场，以对东三省商务为盛"。[2] 在近代山东开埠城市中，胶东的烟台、青岛、威海及龙口设有海关。

1861 年烟台开埠后，成为山东第一个对外开放的通商口岸，在青岛开埠前，几十年来一直是北方地区洋货进口和土货出口的重要集散地，"地为登州府属，漕船渔艇，辐辏且众……今直与通都名郡等侔！"[3] 现以烟台为例考察胶东商业、商帮的近代转型。

1. 对外贸易扩大

开埠后，胶东对外贸易得到快速发展。胶东商人也开始介入，创办贸易行栈，经营土特产品的进出口贸易。从海关进出口对外贸易记录看，贸易额呈逐年增长的发展态势。"烟台的兴起，因开埠通商

从明信片上可见开埠后芝罘湾商船麋集

所致，垄断山东对外贸易 40 年之久。"[4] 从 1905 年前烟台海关进出口贸易总

---

[1] 中国第一历史档案馆：《晚清山东地方商会史料》，《历史档案》1996 年第 4 期。

[2] 民国实业部国际贸易局编：《中国实业志·山东省》（乙），台北宗青图书公司 1934 年，第 124 页。

[3] 《刘光弟集》，中华书局 1986 年，第 82 页。

[4] 张玉法：《中国现代化的区域研究——山东省（1860—1916）》，台湾"中央研究院"近代史研究所 1987 年，第 29 页。

净值来看，由 1863 年的 3823085 两，增长到 1905 年 39131384 两，增幅很大，增长了十几倍。从 1864 年到 1894 年间，烟台进出口贸易总额由 6270299 芝罘两（一芝罘两约等于 1.044 海关两）增长至 15347853 海关两，其中洋货进口净数由 1580065 芝罘两增至 5796467 海关两，土货进口总数由 2758547 芝罘两增至 6569738 海关两。[1] 从 1861 年开埠到 20 世纪初，烟台作为当时山东唯一的开放港口，腹地范围广阔，山东各地的土特产品出口和洋货进口全由此集散，成为山东直接与国际贸易相联的最大贸易中心。而且，烟台"实占东洋贸易港之中心"，成为欧洲杂货输入东北各地的必经之处，"向安东、大连、牛庄等处运送"[2]。

进口货物品种，主要有棉布、鸦片、棉纱、五金、煤、煤油、火柴、粮食、糖等。烟台最初的进口商品中鸦片占了较大比重，1864 年 1402 担，1874 年增至 4476 担，其价值占洋货进口的第一、二位。"吸烟之人，在在皆是"，烟台一地有烟馆 135 家[3]。此后，鸦片输入有所减少，1892 年进口 311 担，仅占进口总值的 5% 以下。棉纱、棉布等纺织品一直是进口洋货的大宗商品，在进口贸易中占有重要地位。棉布最初规模较小，1863 年仅 12.8 万匹，在广大农村仍以土布为主，1872 年进口棉布增至 108 万匹。棉纱最初每年不过进口千余担，多者不过 3000 余担。80 年代后开始成倍增长，1890 年达 10.6 担，占进口总值的 20% 以上，成为仅次于棉布的大宗进口洋货。1898 年棉纱进口达到 24.5 万担，价值甚至超过了棉制品，居进口洋货价值的首位。1903 年进口英国、日本等棉纱 14.9 万担，此后以进口国内棉纱为主，1920 年占 88.74%。进口旧铁为主的五金，1864 年约 2 万担，到 1898 年增到 22 万担，是步棉制品后的大宗洋货。1906 年进口金属达 23.5 万担，其中旧钢铁占 80%。煤油进口主要来自美国，1874 年 10 万加仑，1888 年增至 44.4 万加仑，1901 年进口数量达到 879.8 万加仑。[4]

在商人的直接参与和推动下，传统农副产品、初级加工品及手工制品开始转变成为商品，商品化程度不断加深，成为主要的出口货物。1895 年以前，烟台商品输出种类一百多种，其中最重要的产品包括豆类及豆饼、茧绸、粉丝、草帽辫、花生、花边等。

---

[1] 交通部烟台港务管理局编：《近代山东沿海通商口岸贸易统计资料（1859—1949）》，对外贸易教育出版社 1986 年，第 5~7 页。

[2] 郑千里：《烟台要览》第七篇《贸易》，烟台要览编纂局 1923 年铅印本，第 1 页。

[3] 孙祚民主编：《山东通史（下卷）》，山东人民出版社 1992 年，第 503 页。

[4] 《近代山东沿海通商口岸贸易统计资料（1859—1949）》，对外贸易教育出版社 1986 年，第 136~137 页。

豆类和豆饼在 1867~1876 年间占出口比重的 50% 以上，1869 年达到 52.34%。1872 年出口豆饼 73 万担，1875 年达到 106.7 万担；同期豆类出口的数量分别为 48.7 万担和 28.7 万担。1876 年后东北的豆货直接从营口出口，不再经过烟台，烟台出口数量减少，1900 年豆饼出口为 115.9 万担，豆类为 6.5 万担，豆油为 4500 担。豆货出口一直维持在占出口总值的 20% 左右。[1]1903 年烟台出口豆饼 119.3 万担，价值 194.5 万海关两，分别占全国的 17% 和 18.4%。

蚕丝、丝绸等也是大宗出口商品之一。1875 年出口各类生丝和蚕绸分别为 381 担和 1083 担，1884 年分别为 11765 担和 1981 担，到 1900 年达到 23115 担和 2588 担。[2]19 世纪末丝和茧绸占出口比重的 50% 以上。1903 年出口蚕丝 1.7 万担，价值 315 万海关两，从 1910 年后每年保持在 2.5 万担以上，1915 年达 39 万担，价值 6015 万海关两。20 年代后出口数量减少，一般在 2 万担左右。1934 年后出口又有所增加。用柞蚕丝织成的茧是烟台具有代表性的出口商品，并在全国占绝大多数。1915 年烟台和青岛出口的茧蚕占全国总量的 83.5%。[3]

花生也是出口土产之大宗。1891 年，烟台花生的出口量为 2250 担，1903 年增至 174093 担，花生仁的出口量为 53295 担。此后，花生的出口量减少，花生仁的出口量则大幅增加。1910 年花生仁出口量增加至 177273 担，比 1903 年增加了 2 倍多。1911 年，还出口了 329 担花生油。[4]花生出口贸易的扩大，使得烟台、青岛等地以经营花生出口贸易为主的土产商号大量出现，商人们奔走于城市与乡村之间，收购花生、花生油以供出口，如 1922 年收获带壳花生 56837 担，1931 年更达到 186433 担[5]。

草帽辫的出口数量很大。掖县的沙河镇素有编织草辫的传统，光绪年间开办了第一家辫庄"中和"号，在河南的商丘、安徽的亳州、山东的平度等地设立分庄。1890 年分立为"乾和兴""乾和盛""乾和顺""乾和昌"四个字号。在"中和"辫庄的带动下，沙河、珍珠一带的商人纷纷开办辫庄，较有名的辫庄如湾头的"东昌荣"、大张家的"恒盛泰"等十几家。各大辫庄还在烟台、青岛、上海、天津等地建立辫行，进行草辫交易。烟台、青岛的辫行几乎全部

[1] 《近代山东沿海通商口岸贸易统计资料（1859—1949）》，对外贸易教育出版社 1986 年，第 137~138 页。

[2] 《近代山东沿海通商口岸贸易统计资料（1859—1949）》，对外贸易教育出版社 1986 年，第 137~138 页。

[3] 《近代山东沿海通商口岸贸易统计资料（1859—1949）》，对外贸易教育出版社 1986 年，第 187~189 页。

[4] 《近代山东沿海通商口岸贸易统计资料（1859—1949）》，对外贸易教育出版社 1986 年，第 138~139 页。

[5] 李文治主编：《中国近代农业史资料·第 2 辑》，三联书店 1957 年，第 207 页。

为掖县沙河镇商人所开。"草辫庄立于外商各行之间，于生产地除经行收买外，又多设分号。分号之营业，大抵如草辫行，其或专派人直接农民，以收买其货。其与外商交易，平日藉往来之周旋，以揽买卖，如遇外商定大批之货，则承办之。由外国来定货之函电，即去信问生产地之分号，或有来往之各行，待回信后，斟酌情形，即与洋行立定单。"[1] 在草辫业的鼎盛时期，辫行每年草辫营业额可达五六百万海关两。出口量非常大，1872 年 15184 担，1880 年 33368 担，占全国该产品出口数量的 68%，其价值占烟台出口总值的 32.8%。1877~1893 年间草帽辫占出口比重的 24% 以上，1887 年出口 65696 担，价值 214.5 万海关两，占烟台土货出口总值的 38.8%，成为全国最大的草帽辫输出港。[2]

花边、发网和粉丝的出口也很大。烟台、栖霞、招远、荣成、海阳等地是花边业的主要产区。到 1922 年代，烟台、招远一带花边业最盛，所产花边多销于英、美、法等国。1933 年，山东省共有花边经营业户 139 家，其中仅烟台一地就有花边庄 110 家[3]。1911 年花边出口价值 6 万海关两，1915 年达 29.3 万海关两，占全国出口花边总额的 97.7%，1918 年出口增加到 94.4 万海关两，占全国总额的 96%。以后随着天津出口量的增加，烟台出口量在全国的比重下降，1922 年出口 143.9 万海关两，占全国 24.1%，20~30 年代每年出口花边价值在 60 万~80 万海关两。发网业出口也很大，"山东发网工业，始于宣统元年，时欧西妇女，习尚以发网为饰，欧美客商，遂有携带发网式样，来山东青岛、济南、烟台等地，劝民仿造编结，贩运国外"[4]。胶东发网全部供出口，出口国家"以美国为最大，德国次之，法国、日本、英国又次之"[5]。发网出口，1914 年价值近 2 万海关两，1920 年达到 285.9 万海关两，1923 年 290 万海关两，占全国出口总值的 60.15%，1925 年后出口量下降，每年不足百万两，占全国的 50% 左右，30 年代后略有回升。粉丝也是重要的出口商品。粉丝的主要产地是龙口附近的招远、黄县、掖县、蓬莱、栖霞等县，因多在龙口集散，故称为龙口粉丝。烟台和龙口的粉丝出口占全国的 70% 以上，20 世纪前后以烟台出口为主，1915 年达 27.5 万担，价值 279.7 万海关两，占全国的 80.03%。龙口开埠后成为主要的粉丝出口口岸。[6]

[1] 姚贤镐编：《中国近代对外贸易史资料（1840—1895）》（第 3 册），中华书局 1962 年，第 1547 页。

[2] 《近代山东沿海通商口岸贸易统计资料（1859—1949）》，对外贸易教育出版社 1986 年，第 170~171 页。

[3] 民国实业部国际贸易局编：《中国实业志·山东省》（辛），台北宗青图书公司 1934 年，第 135 页。

[4] 民国实业部国际贸易局编：《中国实业志·山东省》（辛），台北宗青图书公司 1934 年，第 117 页。

[5] 民国实业部国际贸易局编：《中国实业志·山东省》（辛），台北宗青图书公司 1934 年，第 122 页。

[6] 《近代山东沿海通商口岸贸易统计资料（1859—1949）》，对外贸易教育出版社 1986 年，第 139、196~197 页。

在对外贸易中，胶东商人起着重要的作用。开埠早期，大部分进口洋货从国外运到上海或香港后再经过当地的批发商或行商收购，通过轮船或沙船等运往天津和烟台。出口也是这样，集中在天津和烟台的商品海运到上海或香港再出口国外。这是开埠早期商品经济和市场还不发达，销售市场和原料提供等还没有对外商形成

烟台髪網花邊商號一覽

《国际贸易情报》1936年第24期

长期稳定的吸引力、港口设施、汇兑、结算等条件影响所致。烟台港缩毂南北，山西、河南、天津、上海、南方数省、东北各地和英、日等国出入之货，咸取道于此，可谓"舟车辐辏，商贾云集，媲列通商五口之一"，但与外国的直接贸易所占比重不大，一般只占贸易总额的 20%~30% 左右，其余多是国内各港口之间的埠际贸易。在进口贸易中，直接从国外进口的洋货，最初占洋货进口的 15% 左右，1878 年为 7.54%，以后有所增加，1891 年占洋货进口净值的 21.62%，土货直接出口占出口总值的 10%~20% 左右。据统计，烟台与上海港的货物流通很发达，"上海港先进的码头设施、畅旺的货源以及发达的金融汇兑业务，对烟台商人产生了极大的吸引力，使上海成为烟台主要的洋货输入港"，同时也是最大的土货输出港。1882 年，经由上海港销往北方沿海口岸的进口货值为 11416175 海关两，其中烟台 2320901 两，排名第二。1892 年，有六千匹本国机织布经上海运往烟台。1893 年烟台港进口货总值，直接从国外进口的"仅居十之三成，其七成则系由上海进口"，同样，出口土货"运往各口者，上海一埠已占过半"。[1]

2.近代金融组织兴起

洋行涌进。随着贸易的发展，外商或在烟台设立办事机构、代理分行，或开办各种专业性较强的洋行，经营土洋货贸易。至 1864 年时，烟台已有滋大、清美、宝顺、怡记、鲜妍五家洋行。嗣后，洋行大势涌进，金融机构突破旧时

---

[1] 山东省地方史志编纂委员会编：《山东史志资料》1984 年第 2 辑，山东人民出版社 1984 年，第 31~32 页。《领事许士 1882 年度上海贸易报告》，载李必樟译编：《上海近代贸易经济发展概况：英国驻上海领事贸易报告汇编（1854—1898）》，上海社会科学院出版社 1994 年，第 633 页。

汇兑庄、银号、钱庄，烟台成为山东洋行最集中的城市。1889 年日本开辟直通烟台的航线后，日商涌入烟台开设行号，如三井、岩城、滕田、大森等洋行，经营进出口、船舶、煤炭、桐木、杂货等业务。在烟台设立的外国洋行，1891年有 11 家，1901 年发展到 26 家，1902 年发展到 43 家，其中日商洋行增加了16 家，总数达 26 家。[1] 欧美开设的有益斯、太古、和记、政记、士美、美孚、滋大等洋行，涉及银行、保险、船运、贸易等方面。到 1911 年，洋行总数 29家，其中日本 13 家、英国 4 家、美国 4 家、德国 4 家、法国 2 家、俄国 2 家。[2]洋行进入后，传统的商业行业限制开始被打破，传统的金融组织开始转变。洋行等外国商业组织在烟台发展迅速，经营业务范围也在不断扩大，包括航运、保险、贸易、金融代理等。洋行凭借雄厚的资本和享有条约所赋予的通商税则特权，在土货直接出口和洋货输入方面形成垄断。如，和记洋行发展到 20 世纪初成为华北最著名的英国企业，被视为烟台经营航运和保险业最主要的公司，而且是烟台唯一一家经营出租车业务的洋行，拥有一支现代化的车队和宽敞的库房。和记、仁德、三井等八家洋行垄断了绢绸贸易；益斯洋行也是在烟台的最大洋行之一，与和记、三井等洋行一起控制了草辫出口；美孚洋行控制了煤油输入；仁德、永和、敦和等控制了花边业；仁德、克隆、敦和、汇昌、百多、泰和、立兴洋行控制了发网业 [3]；尤以仁德洋行为盛，在山东进出口业及委托代理业包括一般商业，皆居首位，而且拥有印刷厂及外文报纸《芝罘日报》，20 世纪初资金积累已达五六万两银，在济南、青岛均有分支，职员 200 余人，工人 300 余人，在烟台商业中占有十分重要的地位 [4]。

洋行之外，华资银行也有所发展。1910 年、1911 年，大清银行和交通银行分别设立了自己的分行。之后，中国银行、山东银行、上海商业储蓄银行等在烟台设立分行，形成中外银行并存的局面。

传统银钱业的重构与蜕变。传统的金融组织有钱庄、银号、汇兑庄、放账庄、钱铺、兑换店、商社及兼营等，主要以经营汇兑业务的汇兑庄、钱庄为主，"其势力所及，远达东三省"[5]。如黄县，银钱汇兑业极为发达，1909 年城内钱庄多达 136 家，主营与东北地区的汇兑业务。而烟台，在开埠初期，主要开设信贷庄，作为当地的货币贷放商；进出口贸易的快速发展促使银钱业开始发

---

[1] Decennial Reports, 1892–1901, 1902–1911, Chefoo. P57、P226.

[2] Decennial Reports, 1902–1911, P226.

[3] 庄维民：《论近代山东沿海城市与内地商业的关系——以烟台、青岛与内地商业的关系为例》，《中国经济史研究》1987 年第 2 期。

[4] 宋玉娥：《英商仁德洋行》，《烟台市文史资料》1982 年第 1 辑，第 31~41 页。

[5] 民国实业部国际贸易局编：《中国实业志·山东省》（癸），台北宗青图书公司 1934 年，第 32 页。

达，至 1901 年，银钱业达 28 家之多，其中大的钱庄资本上百万。如"谦益丰"钱庄有资本 100 万银两，"顺泰号"资本 150 万元。为稳定金融市场，政府于 1906 年将银钱业置于商会控制之下，只有商会担保才准发行银钱票，许多小钱铺只得歇业。在"结账"上，除银钱业进出口商外，一般仍按旧历三节（端午、中秋、年节）结算；"交易媒介"，银钱业之支票本埠中交两行之钞票现洋；"市集"，银钱业之钱业公会中有早午二市，杂粮业等其余各业概于每晨在大庙中成市，每逢三八成集，为附近乡民之市场。[1]

烟台作为胶东金融的重心，境内钱业以汇兑庄发展最早，汇兑庄大都系骡马店演变而来，兼营银洋汇兑，势力达东三省。据日本学者上田贵子的研究，近代东北的商会成员中以山东籍和河北籍商人占多数，在研究的 207 个商会中，属山东籍贯的会员共有 744 名，其中黄县籍 255 人、蓬莱籍 142 人、掖县籍 118 人。在东北经商的山东籍商人中，又以蓬莱、黄县、掖县三地为数最多。[2] 侨居东三省的山东商人，每年汇入的款项，均经汇兑庄以"老头票"或卢布合成大洋，汇回山东，数额达四千万元之巨。汇入钱款既多，烟台银钱庄吸收存款，而银钱业益发达。[3] 每年新开设的银钱号很多，1901 年共有 28 家，而从 1912 年到 1928 年新开设 33 家，1929 年到 1938 年新开设 52 家。[4]1931 年后，"烟台金融向之流通于大连者，今多流通于本省"[5]，合资的钱庄有义泰、新盛祥、永成福、永裕、同聚昌、福昌、协丰裕、瑞康、致和祥、泰康、天顺祥、义和成、福丰昌、福聚盛、德顺、增泰德、裕顺、永聚恒、福兴仁、永义祥、成聚和、毓增昌、德生增记、公和盛、裕生祥、仁昶德、福庆东、公和利、和成、人和、福顺恒、协蚨祥、东顺、同泰利、协裕、协泰、和祥、义顺、庆记、同祥公、德盛仁、德盛永、隆顺、义兴盛、久大、义成祥、公和隆、天和兴、恒聚栈、福顺德，独资的有同来盛、钜丰、福大成、裕华、同成兴、志信等 56 家，一般规模较小，以汇兑维持。[6] 胶东各地以经营汇兑业务为主的汇兑庄、钱庄数目不断增长。到 1932 年代，掖县由本地人经营的大小钱庄先后有 61 家。莱阳的水集，钱庄业最盛时达到 30 多家。在银钱业发展的兴盛时期，以票号和钱庄为中坚的旧式银钱业商人资本，其势力在商界占有举足轻重的地位。

---

[1] 民国实业部国际贸易局编：《中国实业志·山东省》（乙），台北宗青图书公司 1934 年，第 136 页。

[2] （日）上田贵子：《山东帮于东北的情况》，载蒋惠民主编《丁氏故宅研究文集》，华文出版社 2005 年，第 73~74 页。

[3] 民国实业部国际贸易局编：《中国实业志·山东省》（癸），台北宗青图书公司 1934 年，第 1 页。

[4] 山东省地方志编委会：《山东省志·金融志》，山东人民出版社 1996 年，第 216 页。

[5] 民国《潍县志稿》卷二四《实业志》。

[6] 民国实业部国际贸易局编：《中国实业志·山东省》（癸），台北宗青图书公司 1934 年，第 84~88 页。

顺泰号钱币

新式银行业的崛起给胶东传统银钱业带来很大冲击，有资金和经营实力的钱业商人迫于经营环境的变化，因时应变，改变旧的经营模式，引入新式银行业的某些经营手法，开始向新式银行业的经营模式转变。同时，商业资本和民间资金也大量从旧式钱庄中抽离出来，转而投于新式银行。到1935年，烟台仅存26家钱庄，资本总额约为42.7万元。"盖此时银行业在山东已有相当发展，钱业为维持其金融势力计，不得不成立较钱庄为大之银号，以与之抗衡。"[1] "银号"的产生，是传统银钱业蜕变的最突出的表征。烟台的"福顺德""恒聚栈"等规模较大的汇兑庄都发展成为银号，兼营汇兑和存放款业务。据调查，1932年山东省共有钱庄（含银号）686家，资本总额为547万余元，其中烟台（包括福山县）银钱业数量最多，共有67家，黄县（含龙口）次之，共有61家。以资本额而论，黄县为69万余元，仅次于济南，居全省第二位；烟台（包括福山县）59万元，青岛52万元，威海卫30余万元。[2]随着银号资金力量的增长和经营规模的扩大，有的银号则发展成为初具规模的银行，主营存放款业务，汇兑成为附属，从而开始了从传统金融向近代金融组织的蜕变。

3. 航运业发展

据1890年6月刊行的日本《官报》所载的"芝罘之商业习惯及例规"中记载："山东省是东、南、北三方到处有海运之利。特别本港（芝罘）是本省东北嘴最突出之所在，因方便大小船舶的停泊，所以往来船舶靠港者，经常有百艘以上。……一年中从江南来航、名为沙船者有三百余艘，宁波船三四十艘，广东船十余艘，福州船五六艘，从盛京运来物品者有三千余艘，和直隶船百余艘，合计不下三千四五百艘。"[3]可见，到1890年时烟台航运已有很大发展。但直到1900年，航运业大都为洋行所执。时郑观应作为轮船招商局帮办在沿海考察，就曾亲见太古、怡和洋行的轮船北上后多停靠烟台、天津、营口装卸

---

[1] 民国实业部国际贸易局编：《中国实业志·山东省》（癸），台北宗青图书公司1934年，第25页。

[2] 民国实业部国际贸易局编：《中国实业志·山东省》（癸），台北宗青图书公司1934年，第25页。

[3] 转引自松浦章：《清代帆船东亚航运与中国海商海盗研究》，上海辞书出版社2009年，第11页。

货物，营口新昌油行经理郭渔笙向其解释："怡和、太古每礼拜有船一来一往，来船多绕烟台，去船多绕大连，盖烟台有进口货，大连有出口货，如营口货不多，必绕大连配载。"[1]

1900年后，在清政府推广新政、振兴实业的号召下，轮船公司的组织开始出现。1901年6月，合资成立顺义公司，航线为安东、天津、大连；1903年3月，商办振飞公司成立，航线为大连、龙口；1904年成立小清河轮船公司，航线为济南、杨家沟、天津；1905年成立仁汉轮船公司，航线为营口、仁川；1906年8月成立毛合兴，航线为秦皇岛、威海、龙口；1910年相继成立了泰记轮船公司、靖安轮船公司、宁福轮船公司、北海公司等。在这些轮船公司中，1905年创办的烟台政记轮船公司，是山东省规模最大的民营轮船公司，资本4万元，位于顺泰街。初以"胜利轮"一艘航行华北各线，后业务渐盛，更开中国南北洋、日本、朝鲜及南洋航线。"凡吾国至日本，分南北二大道。南省各地，以上海为出发之地。北省各地，以芝罘为出发之地。自芝罘动身可买船票至神户，由神户换坐火车到东京"，"计路程十日"。[2]至1910年已有轮船15艘，共13571吨，改组为股份有限公司，资本1000万元，天津、大连、上海、汕头、厦门、香港、广州等地设分公司，北洋、南洋、长江三线都有船只航行，但均系不定期。[3]

此后，烟台民营轮船公司继续发展，相继成立了很多公司：1913年，合资创立新益轮船公司，1916年创立的鹿玉轩和交通轮船股份有限公司（1918年改为交通轮船股份无限公司），1921年创立海天轮、海宁轮、胶东轮船公司、陶子英等公司，1922年创立利通轮船股份有限公司，1923年创立太乙轮船公司，1926年创立惠海轮船公司。到30年代，创立的如惠通行，航线为大连、营口、天津、上海、泉州、广东等；怡隆船行，航线为安东、上海、青岛、西口、龙口；还有一些主营本地航线的如利城行、北方行、川记轮船行等民营轮船公司。[4]

据调查，1927年山东共有7家民营轮船公司，其中烟台占6家、威海1家。1929年山东4家民营轮船公司，烟台占3家，有轮船25艘，共25471吨。

[1] 夏东元编：《郑观应集（上册）》，上海人民出版社1988年，第1037页。

[2] 章宗祥：《游学日本指南》，1901年岭海报馆铅印本，第27页。

[3] 汪敬虞编：《中国近代工业史资料·第2辑下册》，科学出版社1957年，第912页；陈真等编：《中国近代工业史资料》第1辑，三联书店1961年，第38~53页；民国实业部国际贸易局编：《中国实业志·山东省》（辛），台北宗青图书公司1934年，第597页。

[4] 严中平等编：《中国近代经济史统计资料选辑》，科学出版社1955年，第118页；张玉法：《中国现代化的区域研究——山东省（1860—1916）》，台湾"中央研究院"近代史研究所1987年，第482页；杜恂诚：《民族资本主义与旧中国政府（1840—1937）》，上海社会科学院出版社1991年，第477~500页；民国实业部国际贸易局编：《中国实业志·山东省》（子），台北宗青图书公司1934年，第108~110页。

1934年，山东9家轮船公司，烟台占8家。1935年山东8家轮船公司全部为烟台所占[1]，有轮船24艘，共46000吨。另外，还有永源船行、怡隆船行、川记轮船行三家，设立时间难以确定，大致在30年代。

4.商品市场扩展

烟台开埠后，成为山东最早的进出口市场，港口贸易成为市场变迁的诱因。商人资本的汇聚，城市贸易的活跃，从城市到乡村，土洋货流通、农产品与工业品的双向流通，商业资本向近代形态转变，逐步形成多层次市场结构体系。

进出口市场与内地市场有着极为密切的联系，在其影响下，商品流通、商路网络、商人投资方向发生变化，也使烟台与腹地联系更为密切。烟台对腹地福山、蓬莱、黄县、掖县、平度、招远、莱阳、海阳、牟平、文登、荣城等城镇商品流通的影响力与日俱增，烟台城市的商品集散功能得以增强。一方面，周边腹地向烟台提供出口产品。如黄丝和野蚕丝来自宁海、文登、栖霞、青州、荣城等地，豆饼产自栖霞、掖县、福山、莱阳、平度等地。腹地出现了家庭手工业的商品化和中心市场，草辫、丝织、发网、花边等行业兴起，产地出现了集中化和专业化的现象，如丝绸产地市场集中于栖霞等地，沙河沿岸镇则形成了山东最大的草帽辫市场。另一方面，烟台进口的货物也通过稠密的市场网络运到周边城镇。由内地各县镇的批发商、杂货商自烟台用民船或大小车驮骡将货物运至各市集，再分销到各地的市集，胶东各县"所有商品，泰半在烟台采购"。据海关统计，97%的进口货物在烟台腹地经济圈内销售。数量最多、交易额最大的是杂货、客栈、进出口、绸缎布匹业，另外经营粉丝出口的25家商店，年交易额达350万元，粮食、煤炭和行栈业的年交易额均超过了200万元，总共年交易额达7000余万元。[2]

从城市到乡村，从港口到内地，既有产地集市，也有中间市场，更主要的是形成了中心市场。福山、黄县、莱阳、掖县、文登、海阳等城镇为产地集市，农产品和手工业品以这里为起点向上流动；潍县、周村、羊角沟、沙河等，成为一定范围内土洋货的集散中心；而烟台则是进出口贸易的中心和最大的土洋货集散市场，并与国际市场接轨。这是一个多层次的市场结构。以腹地市场而论，胶东半岛各地均有固定的日期开市，称为赶集或大市，多为旬日市，以每旬二日集为主，如福山11个市集中有9个每旬二日集，蓬莱9个市集中有8个每

[1] 《民国山东通志（第2册）》，台湾山东文献出版社2002年，第1565页。
[2] 胶济铁路管理局车务处：《胶济铁路经济调查报告·分编第2册》，福山县，第14~15页。

旬二日集,黄县 11 个市集中有 9 个每旬二日集,招远 13 个市集全为每旬二日集,掖县 13 个市集中有 12 个每旬二日集,平度 17 个市集全为每旬二日集,牟平 12 个市集中有 10 个每旬二日集,文登 11 个市集中有 9 个每旬二日集,荣成 7 个市集中有 5 个每旬二日集,海阳 10 个市集中有 8 个每旬二日集,栖霞 14 个市集全为每旬二日集,莱阳 12 个市集全为每旬二日集,即墨 10 个市集全为每旬二日集。[1]

"商业港埠发达之主要条件,为便利之交通及丰饶之腹地。交通便利,可以缩短生产地与消费地之距离与时间,减低运费,便利商品之集合及分散。腹地为商埠,背后之经济地域商埠之经济价值,全恃与腹地关系之密切,两者缺一,即不能发达为一有价值之商埠。"[2]以近代交通工具为特征的新的商路网络,在很大程度上改变了市场分布的传统格局。烟台与内地之间形成了不少新的商路,如烟潍贸易线等。新商路进一步加深了沿海与内地的联系,又使沿路许多城镇成为新的集散市场。如烟潍贸易线的货运,使沿路特产区出现沙河镇等专业市场。

陆路,西经过福山、栖霞、莱州、昌邑等州县至潍县,再沿鲁中山地北麓的东西交通大道,直至济南。东可达荣成、文登,南则到莱阳、海阳,经高密可达胶州,北可至掖县、登州。1866 年整修烟台至黄县的道路,即所谓的"烟黄大道"。1919 年山东省政府制定了《修治山东水陆道路计划概要》开始修建公路,修筑了烟台至潍县的公路干线。由烟台至潍县间可以用大车运输,潍县到济南间则有官路相连,从而使烟台—潍县—周村—济南一线成为山东最繁忙的陆运商路。潍县成为烟台与腹地交通最大的中转枢纽,烟台华商大都在潍县设有代理处。[3]1924 年成立烟潍汽车公司,一次购置汽车 40 辆,公司总部初在潍县后迁至烟台。到 1926 年该公司有营运汽车 115 辆,年收入达 60—70 万元。1927 年被山东督办路政总局接收,改为官督商办。从烟台到潍县的这条官道,逐渐修筑为近代化规模的省路,成为胶东连接内地的主要贸易通道。

水路,近可达山东沿海各县,远可至上海、福州、宁波、厦门等地,向北连接天津、营口。铁路修通前,小清河是烟台与济南、周村等城镇之间的主要水运渠道,常年活跃在小清河上的船舶达 3000 只。进口到本地的大部分商品由平底中国帆船运往大清河,在离该河口不远的地方换载,即换到吃水浅的当

[1] 刘素芬:《烟台贸易研究(1867—1919)》,台湾商务印书馆 1990 年,第 132~133 页。

[2] 刘精一:《烟台概览》,《烟台概览》编辑处 1937 年铅印本,第 219 页。

[3] 民国实业部国际贸易局编:《中国实业志·山东省》(壬),台北宗青图书公司 1934 年,第 62 页。

地船上，运往内地的许多市场。1887 年，清政府组织疏浚小清河，自济南的黄台桥至寿光县的羊角沟，凡五百余里。其后内河商轮、民船运载客货，每由烟台出海经过蓬莱之天桥口、黄县之龙口、掖县之虎头崖，抵羊角沟，换乘小船，取道小清河，直抵济南城东关外之黄台桥。羊角沟由原先寥落数十家谋微利营生的小市镇，发展成百货交集、舟楫林立的货物中转地。海船转运之杂货、木料等物咸集于此，道旁堆积如山，河下船只停泊长约三里。因其"东走烟台，西达济洛"的地缘优势，内地货物多先汇于济南，再由小清河运抵羊角沟，后改装海船运南北各口，而沿海口岸的货物则可循此运达济南等内地。依靠羊角沟中转贸易，烟台市场流通范围扩大到小清河流域。"由海路到羊角沟的货物卸船后，再装一种平底船，溯小清河而上约二百华里到达索镇后，再用牲口运到周村。"[1] 另外，潍河、胶莱河、大沽河等水道亦可资利用。

几十年间，烟台通过小清河、烟黄大道、黄县与济南间的官路、烟潍大道等水陆通道，与山东省的主要中心城市潍县、周村及济南等建立了经贸联系，烟台成为渤海北岸、山东半岛贸易圈的核心城市。从环渤海地区的范围内看，山东、华北和辽宁三个经济区域的商品市场和网络基本形成了依靠近代与传统相结合的交通运输，由沿海城市、集散中心、农村城镇等组成的多层次多等级多类型的商品流通网络和以国内外市场为对象的土货和洋货并存、生活资料与生产资料并重的多元的商品流通结构。[2]

海外市场也有所拓展。胶东距离朝鲜较近，长期以来与朝鲜仁川等地贸易往来频繁。《中朝海陆贸易协定》（1882 年）签订后，胶东商人更是接踵而至，在汉城、麻浦和仁川等地从事商业活动。以烟台商人为主体的胶东商人旅日行商，集中在大阪、神户，以行栈商人居多，与旅日侨商声气互通，以设立"外庄"（站庄）的方式，从事日货进口和山东的土产出口。1910 年代，在大阪有北帮商号 27 家，其中山东帮商号 17 家，经营棉布、棉纱、火柴、杂货的采购输出、丝织品的出口等。"烟台有实力的华商或在日本大阪川口派驻外庄，自行接洽贸易业务；或委托旅日华商行栈代理购销，由行栈行使代理商的职责。1902 年前后，在日本长崎、神户、横滨、函馆以及朝鲜仁川设立分号或代理店的烟台商栈有大成栈、西公顺、同和成、同豫源、丰裕盛、震盛兴、成和昌、洪顺源、盛建隆、展太滋等。……在大阪派驻外庄的商号有益生东、中盛栈、

---

[1] 青岛档案馆：《帝国主义与胶海关》，档案出版社 1986 年，第 56 页。

[2] 张利民：《近代环渤海地区经济与社会研究》，天津社会科学院出版社 2002 年，绪论。

长盛东、同大和、双盛泰、阜丰兴、万盛栈、万顺恒等，其中双盛泰、万顺恒都是当时烟台最著名的大商栈。……输往烟台的日本商品，十有八九是由这些侨居日本大阪、神户的山东商人经办。"[1]

5.城市商业格局重构

随着济南（1906）、青岛、威海（1898 年被德英分别辟为"自由港"）、龙口（1914 年自开）的相继开埠，烟台城市发展开始受阻。"（烟台）商情，生意虽未大衰，未见进步，众商尤虑胶澳、大连湾商业渐兴，烟台市面为其所夺。"[2] "迨青岛崛起于南，大连接踵于北，迄于今日，该埠商务一落千丈矣。"[3] "及胶州开埠，胶济路通车，其势又为胶州所夺，此等变迁，主系受交通地位变迁的影响。"[4]

1898 年《胶澳租界条约》签订以后，德国专心经营青岛，把胶州湾地区变成德国向远东输出商品的基地。对青岛的发展定位及走向，德国有明确的蓝图，目标是把青岛变成一个自由港。"只有将胶州作为一个自由港，然后才能达到那种商业发展，而那样的商业发展乃我们居留该处的主要目的……"[5]实行自由港和自由地区制的优惠税收政策，吸引商人资本，"青岛港自开市以来，殆享有自由商港之特权，中国虽设税关，而德国官吏可从旁商议，进出口货有不税者，故是港设备完整，则得凭借是等特权以夺烟台之商权，而握黄海之枢要，其机盖伏于此矣"[6]。交通方面，从 1899 年到 1908 年，多次投入巨额资金加快青岛港口建设，建设了大港、船渠港、小港及其相应的配套设施，"海港的设备在当时是东亚最好的"[7]。1904 年胶济铁路、1911 年津浦铁路相继通车，扩大了青岛贸易腹地空间，"胶济、津浦两路实为青岛港之两大动脉。盖自铁路开通，运道便利，费省而行速，土产畅销，荒地日辟，职业道广，工资日高，而人民购买力日以旺盛，需要之进口货亦日以繁"[8]。出现了"及德人经营既成，则胶州复其昔时之繁荣，与烟台相埒矣"[9]的局面。

"伴随着满洲地区大连、旅顺等港口的发展，对日满来说，芝罘逐渐丧失

---

[1] 庄维民、张静：《谁掌握着贸易主导权：清末山东对日贸易中的日商与旅日华商》，《东岳论丛》2005 年第 6 期。

[2] 《周馥奏稿》，载山东省历史学会编：《山东近代史资料（第三分册）》，山东人民出版社 1961 年，第 140 页。

[3] 匡裕祥：《烟台笔记》，《新游记汇刊续编（卷七）》。

[4] 张玉法：《中国现代化的区域研究——山东省（1860—1916）》，台湾"中央研究院"近代史研究所 1987 年，第 29~30 页。

[5] 孙瑞芹译：《德国外交文件有关中国交涉史料选译（第 1 卷）》，商务印书馆 1960 年，第 218 页。

[6] 山东省历史学会编：《山东近代史资料（第三分册）》，山东人民出版社 1961 年，第 139 页。

[7] （德）单维廉著，周龙章译：《德领胶州湾之地政资料》，台湾"中国地政"研究所 1980 年，第 128 页。

[8] 民国《胶澳志》卷五《食货志》。

[9] 《论德人经营山东之政策》，《山东近代史资料（第三分册）》，山东人民出版社 1961 年，第 135 页。

其重要性。到 1904 年山东铁路（即胶济铁路）开通后，芝罘昔日的盛况同青岛的繁荣相比而暗淡下去了。从此，商业范围逐渐缩小，芝罘仅作为山东北方的一个港口而存在了。"[1]胶济铁路通车后，烟台港口竞争越来越没有优势，"青岛日盛，烟台日衰"[2]。1900 年，青岛港的贸易总值为 3957150 海关两，1909 年增长为 39705804 海关两，数年间增长 10 倍。同期烟台港的贸易自 1905 年达到最多值 39131184 海关两后，日趋下降，基本能够维持在 3000 万两左右[3]。内贸方面，1912 年青岛的内贸额已达 3246 万海关两，而烟台只有 2640 万海关两，山东第一大贸易口岸的地位由青岛取代。到 1915 年，烟台商业腹地缩至胶东北端数县和沿海地区。这一变化引起当时不少人的注意，一位久居天津的英国人肯德（Kent Percy Horace）认为青岛的成长"是以牺牲烟台而得来的"[4]。因此，烟台作为山东第一大贸易口岸的地位被青岛取代。青岛在开埠以后的三四十年中得到了前所未有的发展。到 1933 年，青岛各类商号涉及 35 个行业，5514 家，资本 1909 万余元。[5]1902 年城市人口 1.6 万，1910 年为 3.5 万人，1932 年则增至 42.6 万人。青岛取代烟台成为山东沿海港口的贸易中心、全国重要的港口城市之一。

威海向为海防要冲之地。1898 年英国根据《中英议租威海卫专约》强租威海卫，实施殖民管理。1901 年，威海港被辟为自由贸易港，免收关税的政策吸引了各地经营进出口贸易的商人，在商业贸易上的地位陡然增高。"图无税之便利，竞于此输入，再谋转口。……不数年间，商贾云集，人口激增。"[6]各类商行相继开设，进行中外贸易。但由于威海一直被英国帝国主义用作军港，在商业贸易方面受到极大限制，发展速度与规模逊于烟台、青岛，但是在邮电、交通、金融方面，威海也有所发展。

龙口，是黄县、招远、掖县的对外通商口岸，与天津、旅顺、大连隔海相望，是与辽东和冀东粮食交易的主要港口，一些商人集中在此常年从事粮食贸易。天津、营口和烟台开埠后，龙口吸引了大批中外商人来此从事航运和商业。如 1889 年轮船招商局的广济号轮船开辟了烟台与山东沿海小港间以至羊角沟的航运业务，龙口港成为主要的停靠港口。1901 年后中外洋行和轮船公司的

[1] 《芝罘领事馆辖内事情》，大正八年。转引自王守中、郭大松：《近代山东城市变迁史》，山东教育出版社 2001 年，第 244 页。

[2] 民国《胶澳志》卷五《食货志》。

[3] 刘素芬：《烟台贸易研究（1867–1919）》，台湾商务印书馆 1990 年，第 6~7 页。

[4] 《中国铁路发展史》，三联书店 1958 年，第 144 页。

[5] 民国实业部国际贸易局编：《中国实业志·山东省》（丙），台北宗青图书公司 1934 年，第 41 页。

[6] 民国实业部国际贸易局编：《中国实业志·山东省》（丙），台北宗青图书公司 1934 年，第 72 页。

船只相继停靠此地，并设立机构，经营航运和贸易。1911 年前后，龙口港每年进出船只约 2000 只，进出口货物有 6 万吨以上。1912 年有商号百余家。同时，龙口是胶东各地人们往返东北谋生的主要港口，山东黄县、蓬莱一带的劳工，每年前往东三省者五万至十万人，春去冬还，并有外人轮船往来于营口、龙口之间。1915 年正式开埠，设海关、市区设警局、邮局等。1917 年，已有洋广杂货商 70 余家，客栈 60 余家，粮食行 50 余家，行店 10 余家，钱庄银号 40 余家。来往于龙口与大连、营口、旅顺、安东及烟台的中国船有 6 只，日本船 4 只，还有大小帆船 2000 余只往来于寿光之羊角沟、利津之埕子口、掖县之虎头崖等口岸。1919 年，较大的商铺达 300 余家，与营口、天津、大连等地有商船往来。

四、胶东商帮的转型

作为近代山东开埠最早的口岸城市，烟台享有"山东工商之先进"的盛誉。洋货大量涌入，对外贸易骤增，刺激吸引着沿海地区商人资本向烟台汇聚，蓬、黄、掖、潍、胶县等地的商人资本，离开栖息地，

龙口自开商埠街市图

向烟台聚集，"各路巨商云集，顿添行铺数百家"[1]，出现了经销洋货的新式商业。与此同时，一些旧式商业也在向新式商业转化。"是时轮船之所至，山东一省唯烟台。而迄西两千余里无闻焉。故是时烟台商务，西可由陆以过济之西，北可由帆船而达于金复安东诸处，号称极盛。迨至民国，出口外洋土产日增，商业日趋发达"。[2] 商人资本的聚集，新型资本和劳动关系的出现，新的经营模式的运用，胶东商帮开始向现代化转型。

1. 从事新式商业行业

据《海关十年报告》统计，1882 年经营杂货行、油房、客栈等商人及小

---

[1]　郭嵩焘：《郭嵩焘日记（第一卷）》，湖南人民出版社 1981 年，第 254 页。

[2]　民国《福山县志稿》卷五《商埠志》。

商贩共 15380 人，占总人口的 47%。此外还有买办在内的洋行雇员 230 人。[1] "道光之末，本埠犹未通商，其进口货物不过粮石与粗杂货而已，间有营油饼业者，然亦寥寥。"而"设立海关后，于是油饼业日增，粉干之业亦日盛，而其他草帽辫由沙河至埠出洋极盛，时达三百余万两，其本埠商家则以行栈为最巨，代管船卖买货物，而扣其用业者盖不下数十家焉。"[2] 1901 年，商店、油坊增加到 1780 家，从业人数达 13000 人，客栈发展到 310 家，从业人数 1100 人。[3] 到 1933 年，烟台大小商号已达 3500 家，其中洋商约百余家。[4] 一般商业如经营刺绣品及织造品的庄号、渔行、水果行、干粉行、绸布庄、杂货行、杂粉行、花生行、茶叶行等 417 家，资本 1749943 元，年营业额 33285465 元。[5] 其中花边、发网行多达 117 家，水产行 81 家，杂货行 65 家，水果行 56 家，土产行 39 家，布行 30 家，杂粮行 29 家，粉丝行 18 家，花生行 16 家，最少的是茶叶行，只有 4 家。[6] 特种商业如新兴行业报关业、经纪业、保险业等很发达。开埠之初，6 家报关业，后增至 30 余家。1928 年组织报关行业同业公会，1933 年有 16 家。[7] 保险业，肇始于宣统年间，有洋行代理火险，到 1921 年兴盛，1929 年代理火险的有 15 家，并订同业规章，统一收费标准。据 1933 年调查，以代理保险言，华商 8 家，洋商 20 家，共计 28 家；以其代理之原公司或总公司而论，华商 12 家，洋商 51 家，共计 63 家，洋商势力由此可见。[8] 水险事业全部在洋商之手，火险多为华商，其他人寿保险、汽车保险等也开始兴办。烟台为山东经纪业最发达的商埠，到 1933 年时共有 473 家 [9]。行业总数达到 50 多个。

行栈资本日益发达。行栈商是大宗商品交易的媒介，在商品流通中起着重要的作用。胶东势力最大的行栈业最早由黄县、掖县、潍县、即墨等地商人建立起来。行栈商在烟台通称为外庄家，又称行店或大店，其最大特点是设有供客商洽谈贸易的宽敞铺面和存放货物的仓栈，并能为前来交易的外地客商提供食宿。外庄家虽以中介为业，但各有其自营本业，并赖此业以确保其在中介业的地位。"商家则以行栈为最巨，代客船卖买货物而扣其佣，业此者盖不下数

[1] Decennial Reports, 1882–1891, Chefoo.

[2] 民国《福山县志稿》卷五《商埠志》。

[3] Decennial Reports, 1892–1901, Chefoo.

[4] 胶济铁路管理局车务处：《胶济铁路经济调查报告》分编第 2 编，福山县，文华印刷社 1934 年，第 14 页。

[5] 民国实业部国际贸易局编：《中国实业志·山东省》（丁），台北宗青图书公司 1934 年，第 62~64 页。

[6] 民国实业部国际贸易局编：《中国实业志·山东省》（壬），台北宗青图书公司 1934 年，第 61~62 页。

[7] 民国实业部国际贸易局编：《中国实业志·山东省》（壬），台北宗青图书公司 1934 年，第 13~14 页。

[8] 民国实业部国际贸易局编：《中国实业志·山东省》（壬），台北宗青图书公司 1934 年，第 28~29 页。

[9] 民国实业部国际贸易局编：《中国实业志·山东省》（丁），台北宗青图书公司 1934 年，第 64~65 页。

十家"[1]，因洋行不得进入内地买卖，"故其时外人势力限于通商口岸而止，洋货由通商口岸以入内地，土货由内地以运至通商口岸，必经华商之手"[2]，行栈职能扩大到代办保险、提供中介、代为购销、向客商信用放贷，并参与商品的运输等。烟台的货物交易，除小摊商贩外，凡大宗买卖都需经行栈之手进行，货主双方直接进行买卖的情况较少。他们在各级市场广设行号和收买庄，采购土货和批发洋货。据1919年前后的调查，当时烟台行栈商约在300家以上，占同期商号总数的1/10左右，分布于杂货、丝绸、棉纱布、粉丝、花生、谷物、花边、发网、铁器、水果、水产、豆货、洋杂货诸多行业。[3]其中以黄县、掖县、潍县等为主商帮实力最大，仅资本额高达100万两的商号就有水产商"大成栈"、油商"双盛泰"和"万顺恒"等3家，100万两以下10万两以上的有8家，10万以下5万以上的有15家，共计有26家，资本总额达600余万两。[4]

传统行业结构发生变动，新式外向型的花边、发网业渐次兴起。1900年后，从腹地运转来的丝和丝织品的大量出口，促使缫丝业迅速发展起来。投资商在烟台开设作坊，使烟台成为山东缫丝业的重要生产基地。所谓"烟台之商务，以缫丝为大宗，即沿海百余里内之市镇，亦莫不以缫丝为恒业，缫丝房之大者，往往安车一二百架或数十架不等"，"人烟辐辏之区，车声聒耳，比比皆然"。[5]这个时期兴办的缫丝企业主要有：1901年成立的华泰，丝车200台，建筑费5万两，机器价2万元，缫丝机538台；1902年成立的益丰，规模也很大。[6]1903年，机器纩丝局3家，手工纩丝局16家，工人5500名。到1908年，手工纩丝局增至38所，纩工达17000名。"烟台一埠，近两年来，纩丝工厂，已由数家增至四十余家；而缫丝工人，已由数千聚至两三万。"[7]1911年，缫丝厂达40家，工人14000名，年产丝14000担；纩丝坊43家，规模较大者有录昌泰等。[8]手工缫丝工场数量多、规模大，大多数有缫车300架以上，工人350名以上，其中最大的"永记"号有缫车679架，工人879名，年出丝679担。[9]

2. 兴办实业，创建新式企业

[1] 民国《福山县志稿》卷五《商埠志》。

[2] 民国《胶澳志》卷五《食货志》。

[3] 庄维民：《近代山东行栈资本的发展及其影响》，《近代史研究》2000年第5期。

[4] 庄维民：《近代山东市场经济的变迁》，中华书局2000年，第246~247页。

[5] 安作璋主编：《山东通史（近代卷）》，山东人民出版社1994年，第602页。

[6] 杜恂诚：《民族资本主义与旧中国政府（1840—1937）》，上海社会科学院出版社1991年，附录。

[7] 彭泽益：《中国近代手工业史资料（第2辑）》，中华书局1962年，第359~361页。

[8] 民国实业部国际贸易局编：《中国实业志·山东省》（辛），台北宗青图书公司1934年，第98页。

[9] 彭泽益：《中国近代手工业史资料（第2辑）》，中华书局1962年，第362页。

20 世纪初，清政府行新政，山东地方政府也制定了鼓励创办实业的办法，提倡国货振兴实业成为时尚，吸引绅商投资企业。甲午以还，"为外人兴业时期，亦为华商觉悟时期"，"卧榻之侧他人酣睡之声既起，中国商人亦渐悟利权之不可放弃，有起而集股开厂者矣"。[1]胶东商帮在资金积累的基础上，投资设厂，兴办实业。棉织业、面粉业、火柴业、罐头食品业、钟表业、酿酒业、烛皂业、精盐业、电业等一批近代工业开始兴起，其中有的还颇具特色，开中国风气之先。

"中国商智未开，商力较微，而各国莫不藉商战以争利于中原。商务一端，在我已有不能自支之势。居今日而思补救，固非招致外埠华商维持商务不可。"[2]基于这种认识，从 1892 年开始，爱国华侨张振勋，秉着"致强之道以富国为先，理财之原以经商种植为要"[3]，在烟台筹备试办、奉旨奏准开办张裕酿酒

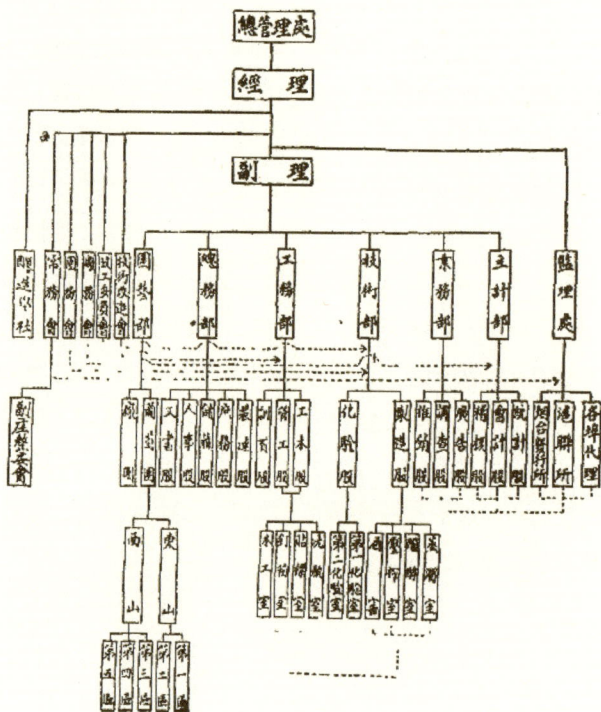

张裕酿酒公司业务管理程序表（《烟台之酿造业》）

---

[1] 杨铨：《五十年来中国之工业》，《最近之五十年——申报馆五十周年纪念》，申报馆编辑，上海书店 1922 年，第 3 页。

[2] 汪敬虞编：《中国近代工业史资料（第 2 辑下册）》，科学出版社 1957 年，第 996 页。

[3] 张振勋：《奉旨创办酿酒公司记》，载中国史学会编：《洋务运动（七）》，上海人民出版社 1961 年，第 581 页。

张裕公司注册商标

1918 年刊登在《小说月报》上的广告

● 煙臺之葡萄酒業 （霆公）

煙臺之葡萄酒公司苦心經營殆十餘年今始以前十二年所儲藏之大批葡萄酒先行發售清洌可口殆醉品也該公司之創辦人為廣東某氏其進取狀況有足責吾人之楷式著在一千八百九十五年氏經政府認可得在煙臺附近仿釀葡萄酒以挽回利權然煙台雖爲產葡萄之區而所產出之品含有之糖質並不十分充足且價値亦絕貴以之爲釀酒之用不其合宜氏逾採取美國葡萄種植之於其果園內乃又以天氣之不同致產出之果全爲害蟲所蝕於是遭第二度之失敗然氏百折不回並不因此灰心更往奧國採取葡萄種試種於其農場之內此爲一千九百零二年之舉也氏恐再遭失敗故另喚一奧國農業專家專司其事亦成效頗著以之釀酒頗爲合宜至今種種葡萄之田已達一百二十英畝且附近又設一玻璃廠爲製造酒餅之用將來釀業之發達有非可以豫料者

《协和报》1914 年第 34 期

资料来源：李晓飞：《烟台开埠记忆》，黄海数字出版社 2009 年，第 186 页。

早期张裕厂区

公司。张振勋自备资本，购齐器物，设立公司，祈望"将来大著成效，渐推渐广，所以与中国自有之利益者在此，所以挽历年外溢之利权者亦在此，其于国计民生，裨益岂有穷哉！"[1]张裕酿酒公司，是我国近代唯一的体系完整的葡萄酒企业和当时远东最大的一家葡萄酒公司，蜚声海内外，在国际上影响深远，致使"舶来品所受影响殊巨"。1912 年 8 月孙中山途经烟台时，曾前往张裕酿酒公司参观，盛赞张裕公司"不亚于法国之大厂"，在品尝了张裕的葡萄佳酿后，欣然题写"品重醴泉"，以此褒奖。1915 年，张裕酿酒公司在美国召开的"庆祝巴拿马运河开航太平洋万国博览会"上有四种葡萄酒同时获得金奖，被外人誉为"中国科学文化进步的标志"。

孙中山题赠"品重醴泉"

民国初年，"我国制造时钟厂极少，所有者大半集中于山东之烟台，烟台朝阳街朝阳胡同之宝时厂，为我国造钟业空前之第一家"[2]。1915 年 7 月，威海人李东山投资在烟台设立中国第一家钟表工业宝时造钟厂，掖县人唐志成担任厂长和技师，1918 年制成第一批座钟。中国人自己能造钟表，使当时中国

---

[1] 张振勋：《奉旨创办酿酒公司记》，载中国史学会编《洋务运动（七）》，上海人民出版社 1961 年，第 582 页。

[2] 民国实业部国际贸易局编：《中国实业志·山东省》（辛），台北宗青图书公司 1934 年，第 680 页。

人很自豪。冯玉祥有诗赞到："无论钟，无论表，大家都说外国物件好，到烟台，看钟厂……装置既辉煌，机件又灵巧，谁说国货没有洋货好！"20年代，"宝"字钟远销海内外。到30年代，宝时钟厂所雇用的技术工人和学徒已超过200人，年产量也已达到3万台，产品行销广东、福建、上海、河南、东北等各地。之后，在宝时造钟厂技术的支撑下，钟表制造公司（1915）、烟台永康造钟工厂（1927）、盛利造钟厂（1929）、永业造钟厂（1931）等相继创办。烟台钟表业的发展达到鼎盛，"烟台时钟，销路极广，南达上海、福州、广州、厦门、香港，北销天津、胶东，西南销郑州、济南、南京、汉口、杭州，而永康厂出品，更销南洋群岛"[1]。宝时钟表厂的一个开创之功，就是钟表制造技术的传授。宝时钟表厂培养出的大批技工，不仅在烟台参与或开办钟表厂，还到全国其他地方开办钟表厂，促进了烟台乃至整个中国钟表业的发展。烟台成为现代制钟业的发祥地。

20 世纪 30 年代德顺兴造钟厂的海报

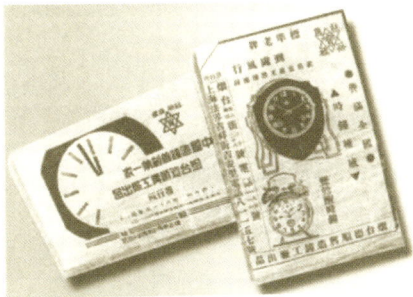

20 世纪 30 年代德顺兴造钟厂的广告

　　胶东商人还创办了其他近代工业企业。棉织业，1915年合资信义工厂设立，为烟台棉织业之始，30年代达16家，如1932年成立的德泰布厂，拥有资本6000元，工人47人。面粉业有1916年成立茂兰福面粉公司，1922年成立瑞丰面粉厂，股份有限公司形式，注册资本为297000元，工人68人，年产面粉185000包，总产值481000元，并注册了麒麟牌商标。烛皂业，创设于1921年的源盛泰等制皂厂，产品有香皂、肥皂，香皂有"美颜""丁香"等品牌，肥皂有"红丽""双连"等品牌；也有洋烛工厂，如宏源洋、么盛洋烛厂、福利肥皂公司等。火柴业，主要有胶东中蚨火柴公司（1915）、昌兴火柴无限公司（1926）。电力业，1913年成立了生明电灯股份有限公司和烟台电灯公司。

　　石粉业有福新石笔工厂（1915），制革业有瑞祥公皮铺（1927），制伞公

---

[1] 民国实业部国际贸易局编：《中国实业志·山东省》（辛），台北宗青图书公司1934年，第684页。

司（1915）等；食品工业，罐头食品业如东亚罐头厂（1916），德丰、福兴（1921），振东（1926）；精盐业，1919年成立的烟台通益精盐公司，是山东第一家精盐制造公司，到1924年，全年制盐20万担，远销于上海、南京、汉口等处，公司管理悉采新法，实行八小时工作制度；[1] 烟草业发展也较快，1905年成立的就有仁增盛烟草厂、北洋烟草厂分厂、隆盛烟草厂、中安烟草公司等四家卷烟厂，次年又成立了恒利纸烟厂，1906年各烟厂出口卷烟价值银6万两，1907年增至8.7万两；1905年创设华商电灯公司、协成铁工厂；1909年成立张裕酿酒公司玻璃瓶厂，工人千余人，规模宏大[2]；1920年，"福顺德"银号与"丰泰永"商号联手创建了烟台醴泉啤酒厂，除生产啤酒外，醴泉啤酒厂还生产冰块和汽水，到30年代，醴泉啤酒厂已拥有年产8万箱啤酒、2万箱汽水和1.8万吨冰块的生产能力。[3]

烟台通益精盐公司厂房　　　　　　　　上海申报刊登的烟台啤酒广告

资料来源：李晓飞《烟台开埠记忆》，黄海数字出版社2009年，193-195页。

烟台醴泉啤酒厂

---

[1] 杨立惠：《烟台调查》，《东方杂志》1924年第二十一卷，第十二号。

[2] 郑千里：《烟台要览》，烟台要览编纂局1923年铅印本，第11页。汪敬虞编：《中国近代工业史资料第2辑下册》，科学出版社1957年，第912页。陈真等编：《中国近代工业史资料（第1辑）》，三联书店1961年，第38~53页。民国实业部国际贸易局编：《中国实业志·山东省》（辛），台北宗青图书公司1934年，第500、551~552、597、633~634页。杜恂诚：《民族资本主义与旧中国政府（1840—1937）》，上海社会科学院出版社1991年，附录。杨立惠：《烟台调查》，《东方杂志》1924年第二十一卷，第十二号。

[3] （英）阿美德（A.G.Ahmed）著，陈海涛、刘惠琴译注：《图说烟台（1935-1936）》，齐鲁书社2007年，第97~98页。

也有从事与进出口贸易相关行业者。1908年胶东商人创建了"信丰"公司，成为从事直接对外贸易的开拓者。其目的在于促进地方产品进入国际贸易，特别是手工产品和其他产品向国外直接出口。公司成立初期，未找到合适的海外渠道，经营状况艰难。到1914年公司业务扩展到发网，产品供应纽约和伦敦的一流百货公司。后来不断发展壮大，在北京、上海、天津甚至阿根廷的布宜诺斯艾利斯等地设立了分公司，在世界其他地方也有代表处，成为中国较早的跨国公司之一，在烟台的华商企业中拥有极高的威望，在银行界及商业界都有极高的口碑。[1]

胶东商人兴办实业，从外部环境看，也与政府采取某些"通商惠工"政策有关，如先后颁布和制定了《公司注册规则》《商标注册试办章程》《商业注册规则》等各类法规章程，指导工商业的发展。山东政府也先后成立了各种实业机构，鼓励发展工商业。"深维实业建国之明训，确知工商业之利钝，间接影响国计，直接关系民生，将欲整理国计，扶掖民生，自以发展工商为当务之急。"[2]1901年，山东巡抚奏设商务局，并拟定《试办商务局暂时章程》，规定"凡创设公司、扩充商业、振兴工艺，借以开通风气，利益民生"确有成效者，将"分别给奖，以为通商惠工者劝"。[3]1908年山东巡抚请设立劝业道，内设商务、工艺等科，加强对工商业的管理。而且，成立商品陈列所，编考工书，行惠工法，招商兴办工业等。在这些政策和措施的推动下，胶东商业向着制度化、现代化方向转型发展，在规模和质量上都有新的提升。

3.商人组织衍变

不论是按地区籍隶组织的商帮，还是在行业内形成的商帮，往往较为松散，帮内商人有很大独立性。使一帮或数帮商人集合在一起，并有固定议事联系之处的商人组织是会馆。会馆之设，在于"以敦亲睦之谊，以叙桑梓之乐，虽异地宛若同乡"。如，"顺治间胶、青、登商"，在苏州全秦馆西建有"东齐会馆"。[4]在不断发展中，会馆逐渐形成"祀神、合乐、义举、公约"等功能。[5]

随着商业发展，会馆兴起。"会馆是同乡人士在京师和其他异乡城市所建立、专为同乡停留聚会或推进业务的场所，狭义的会馆指同乡所公立的建筑，广义

---

[1] （英）阿美德（A.G.Ahmed）著，陈海涛、刘惠琴译注：《图说烟台（1935-1936）》，齐鲁书社2007年，第64~66页。

[2] 山东省政府实业厅编：《山东工商报告》，1931年刊，序1页。

[3] 天津图书馆、天津社会科学院历史所编：《袁世凯奏议（上）》，天津古籍出版社1987年，第342~347页。

[4] 顾禄：《桐桥倚棹录》卷六《会馆》，中华书局2008年，第324页。

[5] 上海博物馆图书资料室编：《上海碑刻资料选辑》，上海人民出版社1980年，第359页。

的会馆指同乡组织。"[1] "会馆一般由大商行的代表组成商董会，商董为六到八人，商董们按月轮流担任会长。因为董商会很少举行，会长便成为实际上的管理者，但事实上最重要的商行却掌握着领导权。"[2] 如潮州、福建、宁波等地的商人先后在烟台创设潮州会馆、福建会馆和宁波会馆。以潮州会馆及福建会馆历史最久，建筑亦宏壮。潮州会馆，成立于1867年，系广东省潮州船帮兴建，为海船来烟台时凭依之所，现已毁。福建会馆建于1884年，至1906年始竣工，其工程之大，时称鲁东第一工程，由福建船商集资建造。现存具有闽南风格的建筑，内均供有天后圣母像，婉约精致。会馆所在，亦为烟台传统商业中心，不仅为诸帮船商、贸易商提供祀奠聚会场所，而且便于同籍同业商人联合、洽谈生意，在商业上起着联络乡谊、聚会议事、洽谈商务、贮放商货的纽带作用，正所谓"榕嵩荷神庥喜海不扬波奠兹远贾，芝罘崇庙祀愿慈云永驻济我同舟"。以后建立的会馆，多为同乡会居多，如以河北同乡会（直隶会馆）为最壮观，其他如广东同乡会（在广仁路）、宁波同乡会（在小太平街）、东北同乡会（在广东街）、沂州同乡会（在罗锅桥）、益都同乡会（在西马路）、牟平同乡会（在北大街）、海阳同乡会（在西南河西崖）、蓬莱同乡会（在小南街）、栖霞同乡会（在悦来里南首）、莱阳同乡会（小海阳西街）、文登同乡会（云龙街）、掖县同乡会（三区掖平同乡会街）、潍县同乡会（在西南河南街）、寿光同乡会（在西盛街）、荣成同乡会（在云龙街）。[3]

胶东商人外出行商，同样也有会馆之设。如在天津有山东登莱旅津同乡会，"山东旅津同乡会（即山东会馆）分为两个组织，即山东旅津同乡会和山东登莱旅津同乡会。山东登莱旅津同乡会：清光绪甲午战后，天津烟台辟为通商口岸，海上交通顿时发达，山东登莱二州商民纷纷北来经商，以经营饭馆及客货栈业为主。"[4] "山东登莱旅津同乡会，该会是由山东登州府、莱州府同乡组织成立的，……以经营饭馆业、粮业的为多。为加强互助团结，互相支持，就在光绪年间成立登莱同乡会，馆址在南市。"[5] 据1936年天津商会同业公会会员登记表[6]和山东同乡会的记录资料，在所登记的1675名在津商人的籍贯分布中，

---

[1] 何炳棣：《中国会馆史论》，台湾学生书局1966年，第11页。

[2] 彭泽益主编：《中国工商行会史料集（下册）》，中华书局1995年，第627页。

[3] 刘精一：《烟台概览》，《烟台概览》编辑处1937年铅印本，第12~13页。

[4] 中国人民政治协商会议天津市委员会、文史资料研究委员会编：《天津文史资料选辑（第五十六辑）》，天津出版社1992年，第168页。

[5] 中国人民政治协商会议天津市委员会、文史资料研究委员会编：《天津文史资料选辑（第五十六辑）》，天津出版社1992年，第187页。

[6] 天津市档案馆等编：《天津商会档案汇编（1928—1937）》，天津人民出版社1996年，第375~438页。

来自福山147人、掖县121人。从会员等级看，胶东商人不仅商人会员人数多，而且在商店会员中也占有较高的比例。甲级76名商店会员中福山籍商人最多，占总人数的31%，掖县、蓬莱和威海等地会员人数也达到了总人数的14%。乙级22名商店会员中，福山籍会员占据44%。丙级83名商店会员中以掖县籍、福山籍会员人数所占比例最高，分别为20%、19%。[1] 这些同乡会或会馆，既是维系血缘地缘的所在，也是敦睦谊、联感情、互相谋福利的场所。

随着商品经济的发展，会馆自身的特点和局限性不能适应商业交往和竞争的需要，由此产生了一种跨乡籍、行业的新兴的商人组织——商会。"商会者，所以通商情，保商利，有联络而无倾轧，有信义而无诈虞，各国之能孜孜讲求者，其商务之兴，如操左券。中国历来商务素未讲求，不特官与商隔阂，即商与商亦不相闻问。"[2] 1904年初颁布的《商会简明章程》，规定各省凡是商务繁富之区，不论都市、商埠，都要设立商会。胶东各地开始改组或设立商务总会及分会。1914年，北洋政府农商部改订《商会法》六十条，公布《商会法实施细则》，确立了商会组织的基本原则。商会细则规定：行政长官所在地及工商业总汇之大商埠得设立商总会，地方行政长官所在地和工商繁盛之区得设立商会。已有商会须按新商会法改组，以吸收更多商人入会。商会法与施行细则颁行后，胶东原有商会相继进行了改组，未设会的县也成立了商会。"各地商业，俱有商会组织，各业间各商家间之排难解纷，及与地方政府之接洽事项，为其主要职务。至调查各地商情，领导商人贸易，以促进本地商业之发展者，尚未尽其功能。各地商会，大都每县一所，设在县城，各村镇亦有以商业发达而另设商会或分会者。各业间尚有同业公会，属于商会，受其指导。各业之有公会组织，而交易额较大者，大致可分棉纱绸布、杂货、食粮土产、油、酒、药材、银钱、转运、旅馆饭庄、煤炭等项，实为境内主要贸易。"[3]

胶东较早的商会性质组织是1901年成立的烟台大会，在天后宫有固定的办公地点，其职责在于统一商品价格，供商人议事、洽谈买卖，并形成了金融、土洋货等业的交易场所，每日将成交状况和价格印成行情表，分发全市商店，作为当天的标准。1904年改组为商务总会，1920年注册成为烟台总商会，后改称商会，负责全埠的工商事务。烟台商会从一成立起就不仅仅作为工商界的领导者和保护者，而且作为地方势力的代表组织，参与城市治安、行政、

[1] 王静：《略论民国旅津山东商人行业分布》，《历史档案》2010年第4期。

[2] 《商部劝办商会酌拟简明章程摺》，《东方杂志》1904年第一卷第1期。

[3] 胶济铁路管理局车务处编：《胶济铁路经济调查报告·总编（下）》，文华印刷社1934年，第2页。

烟台商务总会章程

一 烟台向分六帮每帮举董事一员惟本帮商既居末举之多数目应共举十四员概名曰本帮董事每月逢五逢十各帮商董均到公所会议若遇紧要事件随时知照集议

一 凡公议事件以众人意见相同者为准逢三人从二之例偷各持一见者则由坐办委员乘公决议若事关繁要如由坐办委员商请商务总局东海关道禀详商部拣恩等排理

一 本商会延自计一凡凡有书记目是其专职延文牍一员凡有缮写者即专雇另派委办理

一 凡入会件事凡遇随时抄录验账失名以供随时查遣但由本商会委员出名务须洁净已卷公不得沾有书记向官银分发各各钱庄没法移债货物行销後如欺蹄遵佢须商董赏号保证书须按月加息至息银

一 入会商知遇钱粮料过不得远赴有司衙门以免讼累须先逑之商董到会所籍由坐办委员乘公调处如词梗不服者再由坐办委员移请地方官追办

一 烟台商税性钱行设有公所其他尚未一赋为准营案致中途歪执讼料确即地方官亦无遏核摊现在设立商自应破胶积习凡在商家必须移请地方官追

一 烟台各商栽或保一人资本或合数人资本性质凑买每遇至二三年之久偷未订立合同迨以议定订立合同彼此签字各执一纸为凭案

烟台商会洵属创设有公所其他尚未蒂及如遇事件不论某某行智均在会议商如土棍游凌辱商家即逐官知会坐办委员举同巡捕前往贪办以示保护各商董平时由会必须集集商号以便贸易查办如何者最盛开口出口之货如何者暢销何者贴黑何者应改何者应撤办

一 商人如能仿照西法制造物足以抵制洋货者以及割造公司确有利益而限於资本者则由各商董评定章程禀请商务总局转详商部拣恩给予奖励以为振兴商务之兆

一 此项章程係就烟台情形遵照部定商会章程定议如有未蒂事宜随时增入

1905 年烟台商务总会章程（《南洋官报》）

教育等管理，成为城市自治的载体。1915 年烟台总商会注册入会商号为 650 家。20 年代末，入会商号增至 2186 家，其中缴纳会费 1—2 元的店铺商 1437 家，缴纳会费 4 元的中等店铺 514 家，缴纳会费 8 元有一定资本实力的商号 120 家，缴纳 12—24 元的大商号 105 家。[1]青岛也较早成立了商会组织，1904 年青岛成立商务公所，1910 年成立华商商务总会，1916 年改组为山东青岛总商会，后改称青岛商会。1906 年，威海卫商人组建了码头众商公会，1916 年改组为商埠商会，1930 年与城里商会合并为威海卫商会。

商会职责，即集合商界，切磋商情，联络行帮，协调关系，仲裁争讼，处理纠纷。如烟台商会章程规定，凡铺户商号，有事关商业、银钱、货物账目，出现商务纠纷，可呈请商会，酌议办理，以免涉讼。青岛商务公所制定了六条办事规条，对外地及本地商人间发生银钱纠葛而处理有关事宜。[2]威海卫商埠商会章程提出以"调息纷难、代诉冤抑，以和协商情"为宗旨。30 年代一位旅居烟台的外国人经过近两年的实地考察后认为，"中国商会最有用的功能，或者最主要的作用和能力，就是它所具有的仲裁能力。注重自己名誉的中国人，一般都不愿轻易将他们之间的争执诉诸公堂，寻求法律判决。中国人的商业活

---

[1] （日）青岛守备军民政部：《东北山东踏查报告》，1920 年，第 375 页。烟台总商会：《山东烟台总商会民国十六年并十七年份报告书》，1929 年。转引自庄维民《近代山东商人资本地域分布结构的变动及影响》，《齐鲁学刊》2000 年第 4 期。

[2] 中国第一历史档案馆：《晚清山东地方商会史料》，《历史档案》1996 年第 4 期。

动和商业交往，可以看到，更多的是依靠风俗习惯，而不是现代意义上的法律规定。因此，行业协会或商会所组织成立的一些仲裁机构，在中国商人之间的商业交往关系中，在引起冲突争议时，就起到了非常重要的作用"[1]。

同时，商会参与市政管理，"在调整政府和百姓之间关系上有着非常重要的作用。在一些城市中，以烟台为例，商会就参与了当地社会治安等一些政府的职责工作"[2]。如烟台商会，1916 年在北马路筹建烟台公立市场，1930 年又建成新世界商场。而且街道的管理，也以商会负责为主。烟台商务总会奏定章程，兼理巡警局、工程局、涤净局事务，以卫市面，而清街道。其目的是为了保护商情，振兴商业。为了能使晚上商务畅通，巡警局章程规定："烟台大小街巷，所有已经设立之门面、铺户，均须安设路灯，以期洁净。倘有黑暗不洁净者，罚该号小洋二角。每夜路灯以点至通宵为止，有不遵者，加倍议罚。"此前，烟台街道还未有路灯之安设，路灯的装备，不仅使商务在晚上得以进行，而且使城市生活更为丰富。对临街店铺的装修拆盖，也有明确规定："凡各铺户重修门市房屋及拆盖沿街木棚等项，皆须来局报明，派人查察有无侵占街道，于来往行人果否有碍，查明方许修盖，不报者查出科罚。"另外，为确保街道清洁，巡警局章程规定："各铺户之臭水桶，须早晚抬至海边，如有倾倒在街面，经巡兵查出议罚。"这些管理以"议罚"为主，但烟台为通商码头，五方杂处，只"议罚"还不够。烟台商务总会设涤净局负责处理街道垃圾："无使粪土垃圾堆积道旁，致秽气四达。按月由各铺户抽捐，大户六百，中户三四百，小户一二百不等，所捐之款仍归大庙公会疏存。"工程局则负责街道路地沟，"按月由各铺户酌拟抽捐，所捐之款归涤净公司管理，每日将地沟用洋灰修理，使臭水易于流通"[3]。可见，烟台商会，"这一组织实际承担着大量的对当地工商业发展具有重大影响的社会职责"[4]。

[1] （英）阿美德（A.G.Ahmed）著，陈海涛、刘惠琴译注：《图说烟台（1935—1936）》，齐鲁书社 2007 年，第 34 页。

[2] （英）阿美德（A.G.Ahmed）著，陈海涛、刘惠琴译注：《图说烟台（1935—1936）》，齐鲁书社 2007 年，第 34~35 页。

[3] 《烟台商务总会》，《历史档案》1996 年第 4 期。

[4] （英）阿美德（A.G.Ahmed）著，陈海涛、刘惠琴译注：《图说烟台（1935—1936）》，齐鲁书社 2007 年，第 34~35 页。

城市·空间·景观：开埠文化

一、早期城市变迁：城市记忆

从夏商周时的古代方国到莱国都城归城，再到战国时期的"夜邑之封"[1]，胶东城镇（聚落）开始出现并不断发展。黄之莱城、掖之夜邑为胶东地域城镇（聚落）的发端。秦时设胶东郡，治所在即墨（清平度城东南六十里），胶东郡下设腄县（今烟台福山）、黄县（今龙口城东）等县，芝罘是当时四大海港之一。汉置胶东国和东莱郡，东莱郡治所掖县（今莱州），领县十七。除了保持腄县的设置，又新设牟平县（今烟台福山城西）和东牟县（今牟平）。北魏设光州，仍以掖城为郡治，领郡三、县十四。隋代，开皇五年（585）光州改曰莱州，后莱州又改为东莱郡，治所均在掖城，掖城可谓是胶东的区域中心城市。[2]"从隋朝到唐初，这里曾是北方的第一大海港，也是山东对外交流的首选口岸。为了满足当时航海和运输的需要，莱州建立了许多造船基地和仓储中心，尤其是出现对外战争的时候，这里的造船和物资转运就显得格外重要。"[3]

迄唐代，登州则成为胶东最重要的新兴沿海重镇。嘉靖《山东通志》："唐贞观八年（634）于此置蓬莱镇，神龙三年（707）升为蓬莱县，为东牟郡。"[4]《元和郡县图志》："蓬莱县，本汉黄县之地，属东莱郡。昔汉武帝于此望蓬莱山，因筑城，以蓬莱为名，在黄县东北五十里。贞观八年，于此置蓬莱镇。神龙三年，析黄县置蓬莱县，在镇南一里。即今登州所理是也。"[5]唐武则天如意元年（692）由莱州划出文登、牟平，并在黄县置登州，初治牟平，神龙三年徒治黄县之蓬莱镇，遂置蓬莱县。[6]登州领蓬莱、文登、牟平、黄县四县。蓬莱港因与治所同城，故蓬莱港又称为登州港。登州"枕乎北海，临海立州"，崛起为东方海上门户。自唐代而始，蓬莱与掖城为登州、莱州两府治所，其基本格局为历代

---

[1] 乾隆《掖县志》卷首，张思勉序。

[2] 乾隆《掖县志》卷一《沿革》。

[3] 王赛时：《山东沿海开发史》，齐鲁书社 2005 年，第 129 页。

[4] 嘉靖《山东通志》卷三《建置沿革》。

[5] （唐）李吉甫：《元和郡县图志（卷一一）》，中华书局 1983 年，第 312 页。

[6] 嘉靖《山东通志》卷三《建置沿革》。

所沿用。关于登州城，圆仁《入唐求法巡礼行记》记载其规模为：西一里、南北一里；城西南有开元寺，城东北有法照寺，东南有龙兴寺，更无别寺；城北是大海，去城一里半；海岸有明王庙，临海孤标；城正东是市；城南街东有新罗馆、渤海馆之设。《蓬莱县续志》记载："唐于蓬莱镇南一里立登州治，并改镇为县，此建城之始。宋、元皆因其旧，东门即望仙门，今为鼓楼。"[1]据此，可知唐代登州城在今蓬莱西南角，长宽一里见方，画河沿东、北城墙流过，东门名望仙门即今鼓楼，西门即老城西门，城北紧临大海。设置新罗馆、渤海馆，是为办理通关边牒，可见登州港在对外交通中的重要地位日益凸显，其时从东北亚进入中原的道路有两条：一条是陆路经营州入安东道，一条是水路经登州海行入高丽渤海道。[2]

宋金时期，登州成为前沿要地，军事战略地位开始凸显。庆历三年（1043），郡守郭志高奏置岛屿巡检，水兵三百戍沙门岛。虽然登州城池皆因其旧，但在城北的原蓬莱镇处，"置刀鱼巡检，屯战舰于此"[3]，即称为"刀鱼寨"。登州港边防功能强化，成为处于前沿要地的军港，致使其经贸交通地位减弱。熙宁七年（1074），北宋封禁登州港，设置军事防御工事，港市遂南移到密州的板桥镇，南方货运北至密州后再由陆路运往京城。同时，海上交通航线也变为由板桥镇至朝鲜、日本列岛。"当登、宁海之冲，百货辐辏"的板桥镇凭借其良好的港口条件，一跃成为北方第一贸易大港。"顾湾阔而水深，方向位置举得其宜。外当黄海之门户，内通中原之奥区，固天然之商业地也。且黄海舟楫之利，秦汉已然。秦始皇入海求仙，汉武度海征韩，下逮孙吴取道黄海以通辽东，六朝之际，山东商舶遂得往来南洋。东晋高僧法显求经印度，由师子国（即今锡兰岛）浮海至南洋耶婆提，易舟以达长广郡牢山（即崂山），其后日僧来华求学，亦恒取此道。盖彼时商舶已由胶澳与东洋、南洋相交通矣。"[4]元祐三年（1088），在密州港设板桥镇市舶司，这是有宋一代在北方唯一设立市舶司的贸易港口，其往来交易，买卖极为繁盛，"通淮浙、福建、广东、南洋之货，以供京东、河南北之所需"，"南北之海上贸易，以胶澳为惟一捷径"。[5]

明代，胶东仍设登、莱二府，归山东布政使司管辖，登州府辖蓬莱、黄县、福山、栖霞、招远、莱阳、宁海州、文登8州县，治所蓬莱；莱州府辖掖县、

---

[1] 光绪《蓬莱县续志》卷二《城池》。

[2] 《新唐书》卷四十三下《地理七》。

[3] 光绪《增修登州府志》卷四《古迹》。

[4] 民国《胶澳志》卷五《食货》。

[5] 民国《胶澳志》卷五《食货》。

平度州、潍县、昌邑、胶州、高密、即墨共计 7 州县，治所掖县。登州城在明初有所拓建。洪武十年（1377），"登州卫奏充拓新城，请令民筑之。上谕工部臣曰，凡兴作不违农时，……其令俟农隙为之"[1]。六月"拓筑登州城，命兵民合力完之"[2]。经过拓城，蓬莱城扩大为"周九里，高三丈五尺，皆砖石。门四，东曰春生，南曰朝天，西曰迎恩，北曰镇海。门楼连角，楼共七座"[3]。扩大后的登州府城把原来绕城的黑水河（今画河）及其密水分支纳入城内，修建水门。水门各三，池阔二丈，深一丈。[4]"南门三，南曰上水门，黑水所入；东曰小水门，密水所入；西曰下水门，黑密二水门合流，由此而出以赴海。"[5]又在"刀鱼寨"基础上，修筑"水城"，增设登州备倭都指挥使司。后备倭立帅府于此，名备倭城。

明代登州府城图（泰昌《登州府志》）

胶州所作为一个卫辖所，既有城守军，也有京操军、人屯军和备倭军，其军事防御性也很突出。正如王士性所分析："登州至安东，惟胶州为中，南北救援，咸相去五六百里。今遇汛时，当调登州总戎驻胶州，以南援安东、日照、安邱、诸城一带，而北仍不失救援，随遗随发。而调临清参戎于登州坐镇之，如总督出花马池、巡抚出固原例。汛毕，仍归本镇，是于备京师、山东，经权

---

[1] 《明实录》明太祖实录，卷一一二，台湾"中央研究院"历史语言研究所校勘本。

[2] 《明实录》明太祖实录，卷一一三，台湾"中央研究院"历史语言研究所校勘本。

[3] 道光《重修蓬莱县志》卷二《地理志》。

[4] 道光《重修蓬莱县志》卷二《地理志》。

[5] 光绪《山东通志》卷十九《疆域志》。

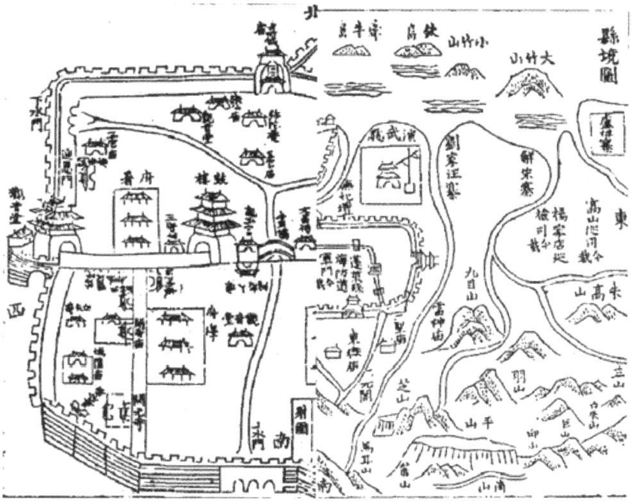

蓬莱县境图（道光《重修蓬莱县志》）

两不失也。"[1]

在港口自然状况方面，登州港及胶州湾的自然条件恶化严重，"登海浅，水行二十里皆淖途，前所云多礁，船不得泊"[2]。胶州湾受地势所限，岸狭水浅，湾口岛礁林立、横伏海中，发展商港的自然条件已不具备，这无疑限制了城市的进一步发展。

迄清代，胶州作为沿海港口也受到清政府重视，光绪年间胶州海口形势紧要，拟建船坞，屯扎兵轮，以资扼守而杜觊觎。1897 年，德国借口"巨野教案"，在胶州湾登陆。次年，由于胶州港水浅道狭，无险可据，遂于胶州湾东口的青岛开辟为自由港。此后，青岛成为胶东第二个开放口岸，在德国的营建下成为新兴港口城市。

作为京师门户的登州海防有所加强。顺治元年（1644），登州设水师营，驻扎蓬莱水城，分防东西海口。康熙四十五年（1706），"前营移驻胶州，巡哨南海。后营驻水城，巡哨北海"[3]。《天津条约》签订后增开登州等处为通商口岸。但登州港泥沙淤积且无遮蔽，已不宜作为通商口岸，而烟台港的地理位置、自然条件和贸易规模都已超过登州港，烟台遂取代蓬莱而成为近代新兴港口城市。

作为近代山东开埠最早的口岸城市，烟台的崛起，成为近代胶东地区城

[1] （明）王士性：《广志绎》卷三《江北四省》，中华书局 2012 年，第 245 页。

[2] （明）王士性：《广志绎》卷三《江北四省》，中华书局 2012 年，第 246 页。

[3] 光绪《山东通志》一百十四《兵防志》。

资料来源：李晓飞：《烟台开埠记忆》，黄海数字出版社 2009 年，第 60 页。

加盖前的西南河

市体系的最大变动和重构。追溯烟台城址的起源，具有典型意义的是在今芝罘区的中南部，也即"所城里"之位置[1]。明洪武三十一年（1398 年），为海防设立的"奇山守御千户所"，后建所城，处于东河、西河之间，两河从东西两侧流过，北为伸入海中的烟台山，"烟台山自东北行斜折入海，而芝罘岛由大河口折而东，与烟台山环抱如城"[2]。再北为东西横亘的芝罘岛。墩台狼烟设于北山，即今烟台山，烟台之得名由此而始。所建城池，后俗称所城。这时的烟台，"其始不过一渔寮耳。渐而帆船有停泊者，其入口不过粮石，出口不过盐鱼而已，时商号仅三二十家"[3]。所城周围，只有零星的居民点，附近有小型集市。

"奇山守御千户所"的设置，为烟台建城之始。修筑所城，是烟台城市中最早的居民区，来自全国各地的军户成为新居民。初始城内守军百余人，后屯成官兵及家属不断迁入，所城周围逐渐形成一些居民聚落点，并随人口的发展，不断向四周延伸、扩展。至明嘉靖年间，居民点遍布南大街、南门外等，城区逐渐扩大。清康熙三年（1664），奇山所废除，改称"奇山社"，军变民地，官兵解甲，多从事渔农工商，奇山所变为普通居民区。所城内千户后裔大兴土木，建造民宅，人口逐渐增多，并向外扩张，在奇山社及周围形成 13 个固定村庄，时称奇山社十三村。十三村人口近来自牟平、海阳、文登等县，远来自高唐、聊城及河北、河南、东北等地。奇山所"海通以前，仅一乡村，以张、刘二姓

---

[1] 后世称烟台为"芝罘"，其实为两个地方。"古无烟台之名，以其附近之罘，故外洋通商，皆直名之以之罘。其实，之罘尚与隔海相望，非一地也。元明海运之道，皆泊之罘岛，而烟台无闻焉。"（民国《福山县志稿》卷五《商埠志》）芝罘是登州府福山县的一个渔村，春秋时期曰"转附"，秦时谓"之罘"（后世称芝罘），其位置在烟台北面的芝罘岛，"芝罘山在县东北三十五里，三面距海，一径南通。高九里，周五十里，长三十余里，一名芝罘岛"（民国《福山县志稿》卷一《疆域志》）。港口活动中心南移西南河口后，芝罘没有得到进一步发展。

[2] 《郭嵩焘日记（第一卷）》，湖南人民出版社 1981 年，第 254 页。

[3] 民国《福山县志稿》卷五《商埠志》。

为最著，今则鳞次栉比，与市廛连属矣"[1]。

而商业性的"市"，则由芝罘湾向南逐渐形成。自明代，港口从芝罘湾移向西南河口一带。渔民和商户为求吉祥，在西南河口东侧建海神庙。雍正年间，将之扩建为天后宫。围绕天后宫，形成了一条以"烟台"命名的街道，有商号二三十家，这是烟台境内的第一条商业街道。嘉庆十五年（1810年），重修扩建"天后宫"，民众称之为"大庙"，逢出海和收泊，在此虔祀天后，祈佑平安，报答神庥。天后宫也成为消闲集会游玩之所，场中货摊杂陈无所不备，三教九流无奇不有，小饭馆、小戏园、落子园、评书场及其

烟台大庙戏台旧址

资料来源：李晓飞：《烟台开埠记忆》，黄海数字出版社2009年，第156页。

大庙前街

他杂耍，如变戏法、拉大片、相声双簧、医卜星相等，均聚集该处，每日游人如梭，非但下层社会商民众多，即中上阶级人士，亦有涉足其间者。[2] 庙前大街成为商贸活动场所，并逐渐形成东西一里有余、为商民开设行栈之所的商业街市，这条商业街是北大街原始基型，时称"大街"，是烟台最早的商业街。[3]

此后，工商业者等不断进入，商业和加工业有了发展，逐渐形成以大庙为中心的粮、鱼、盐等贸易集市。商贾为方便经营，开始从摊商过渡到筑店铺、建住宅。当地居民为船帮和集市贸易服务，也开始开办匠工、纺织等手工作坊及饭店、客栈等。店铺房舍大幅增建，正规的大店铺已不鲜见。当时的城区"西不出圩子门（今西马路），东不越广东街，南至奇山所北门，北至北海，尚有

[1] 张相文：《齐鲁旅行记》，《东方杂志》1910年第2、3期。

[2] 刘精一：《烟台概览》，烟台概览编辑处1937年铅印本，第209页。

[3] 谭鸿鑫：《老烟台春秋》（内部资料）2002年，第24~29页。

数百步，面积尚不足一里"。[1] 来往的商人，纷纷在烟台设立行栈，拓展生意，除经销自己货物外，还代办一些其他商人的客事，有的甚至还居住下来。在海港至所城的范围内，形成鱼市、面市、菜市、果木市等 10 余条街道，组成街巷网络，烟台城市雏形开始形成。

鸦片战争期间，法国认为烟台是一个良好港口，占领它"也就会占有附近地区的资源，而那里的资源是很丰富的，因为它是一个重要的商业点，在战争一旦延续的情况下，它就会成为一个很好的军事基地"[2]，即把烟台看作进犯天津、北京的中继站。法军司令孟托班（Montauban）经过反复比较和选择后认为，"我早就选择芝罘作为上海和白河之间的中转站，以便我们的计划一旦遇到意想不到的困难时，即行在那里安置我的军队。"[3]

五口通商后，外国资本主义国家为攫取更多利益，占据更大市场，掀起了第二次鸦片战争。1858 年，清政府在英法等国的武力胁迫下被迫求和，同年 6 月同俄、美、英、法等国相继签订了《天津条约》。据《清实录·文宗实录》卷三一七记载，1860 年 6 月，利用公使进京换约之机，法国兵船至烟台山下，约有三四千人各执器械上岸，占住民房，即于山上扎营，并张贴告示，有挟制通商之意。《清实录·文宗实录》卷三一九记载，洋人到烟台后，续载来牛三四十只，上岸牧放，并搬到乱石，砌海岸码头。烟台街上，洋人往来约八九千。本来按照中英《天津条约》的规定，山东开放的通商口岸原是作为"登州府城口"的蓬莱港，但英国领事马礼逊对山东考察后，认为登州府城作为一个港口是不利的，港口浅，并且无遮蔽，因而选中烟台来取代登州，认为烟台港无论地理位置、自然条件和当时的商业规模，都远远超过登州港，其地实占北部沿海的要害，因而提议开放烟台。英国遂决定将开埠口岸登州改为烟台，并得到了清政府许可。但对洋商贸易仍行禁止，《清实录·文宗实录》卷二八七记载，严饬沿海地方各官，认真稽查，妥为防范，不应有洋船前往贸易，更不得任他国洋船私自与民间交易货物，如有洋船停泊，当令迅速开行，毋许逗留。

1861 年 5 月，清政府批准烟台为通商口岸。三口通商大臣崇厚派直隶候补知府王启曾等人到烟台商办开埠事宜，"开埠通商，事属创始"，"俟王启

[1] 民国《福山县志稿》卷五《商埠志》。
[2] 《布而布隆致函华勒夫斯基伯爵》，上海，1860 年 2 月 17 日，转引自齐思和等：《第二次鸦片战争（第六册）》，上海人民出版社 1979 年，第 261 页。
[3] 齐思和等：《第二次鸦片战争（第六册）》，上海人民出版社 1979 年，第 318 页。

奏为请将山东省沿海各口州县稽稽责成登莱

青道行节移驻三口通商大臣崇厚等折请

调拨监督关防以专责守恭折请

奏三口自本年开烟以来天津一口州有规模惟

丸接间有海船载货出入前经臣崇等奏

等廪间有属辨理尚屠安揭报货到经臣崇大

臣崇行责辨仍恐各口微收稽保不无款况大

默见拟由设大臣通委各口微前往各海口督理

该营州清查迄真酌稽该各口本届真接收界事

筹请技辨理亦易同惟其牛庄烟州海关监督移拟

以来粤税课来能畅旺理山海关监督移到

兹责有奉属辨理尚属安揭报烟惟接州一口前辨

奏调拟根臣崇派陕补知府重等妥速辨该山东

月间抵口前候补烟知府工启曾等前住会辨於六

各岛海船商税昔内地方官抽收盘金辨理洽形

以混差登莱青三府沿海各口除芝罘岛烟

台外尚有石岛厨岛并武定府属之大山利津

各口除计大小海口不下数十虑之多中外商

船货月题将即曾经前片即该大臣层所委

委员等辨理数月未能得力呼应不灵复经专

之员保因隔省人员一切呼应不灵复理专

奕訢等奏折

曾到后，即会同该员，将一切通商事宜，悉心筹划，妥为办理。令地方税务，两有裨益，勿得稍存畛域，致滋流弊"。[1] 经过筹备，1861 年 8 月 22 日（咸丰十一年七月十七日），宣布开关征税，烟台自此开埠通商。之后，奕訢等奏请登莱青道移驻烟台，仿江苏上海、浙江宁绍台等道之例，专司中外税务。

清廷准奏后，登莱青道于 1862 年 3 月（同治元年二月）由莱州移到烟台。

烟台，作为山东第一个对外开放的通商口岸，几十年间成为胶东最重要的区域中心城市。

二、外力楔入下的新建城市

瑞典城市研究学者伊德翁·舍贝里（G.Sjoberg）提出历史上的城市变迁存在着线性发展与"突变"两类模式，既可能是自身文明积累的结果，也可能是其他外来因素，特别是近代殖民化的作用。[2] 胶东区域城市的变动中，外力楔入，"突变"模式更为显著。开埠通商，外

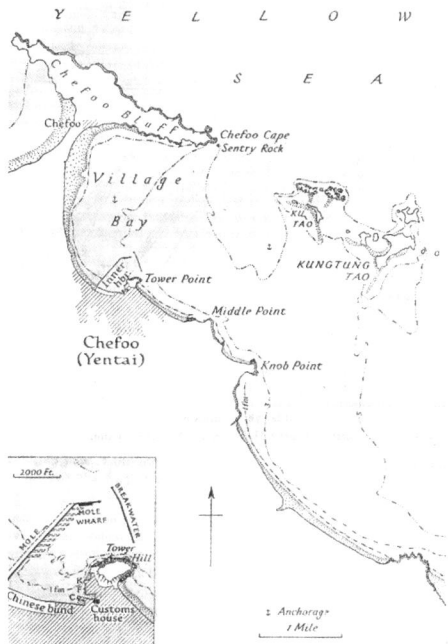

芝罘湾形势图

---

[1] 《筹办夷务始末（咸丰卷七九）》，《续修四库全书（史部·纪事本末类）》，上海古籍出版社 2002 年，第 440 页。

[2] G.Sjoberg，An Introduction to Urban Historical Geography, Edward Arnold,1983,P171.

力楔入，烟台成为胶东区域中心城市。由于"外国人可以拥有土地和房屋并在那里居住，外国商船可以在那里装卸货物，外国和中国商品可以交纳一定的关税后进出口，外国货也可以由这些口岸送往内地，土产也可以根据某些规定装运到外国"[1]，贸易的发展，地域范围的扩大，产生的巨大商业力量和城市发展动力是前所未有的。由此而始，西方近代城市的新技术、新观念开始被移植进来。

1.城市空间扩展、分化

开埠后外轮麇集，外国商人、传教士涌进，往来于津沪的轮船、外国商轮大批泊此。建立使馆，设关征税，开办商行，筑路建房，兴办学校，创设医院，开拓了以烟台山为中心、沿海岸一带向东的新城区。1866年，已新盖房屋万余间，烟台山麓建洋行及领事公所，人烟稠密，隙地几无，高楼广厦比户相连。其特征是行政商业混杂，其中新道署等中国公共管理事务机构位于奇山所城以北、北大街西段南侧的位置，外国领事馆则大都建于烟台山上下，洋行、货栈则多集中于海关港口以东。原来烟台街一带市街和新建的道署、商埠区逐渐连成一片。同时，大批内地劳动力也来烟台谋生、定居，多以运输和工商业作为谋生手段，城市人口遂不断增长，1879年时已达35000人，市区面积因之不断扩大，形成以北大街为商业中心的"商贾云集，人烟辐辏"的港埠城市。

早期烟台城市建设呈现出无秩序、无规划、自发建设特点。登莱青道署迁驻烟台之后，仍没有明确的城市发展规划。整个市区建设，只能是按"先来后到"并倚仗权势进行，从而造成了市区发展的混乱。这种混乱主要表现在：缺乏整体发展上的平面布局，商、工与居民混杂相处，严重影响了城市的发展；缺乏统一管理，道路不规则，街巷狭窄曲折；居住区没有排水系统，道路没有整修，或尘土飞扬，或泥泞满地，环境卫生差。唯有

早期烟台街道

---

[1] Byron Brenan，Report the state of Tradent the Treaty of China,1898，P 2–3。转引自姚贤镐：《中国近代对外贸易史资料（第2册）》，中华书局1962年，第735页。

烟台山及朝阳街一带至海岸路的领事馆区、商埠区，尚算规整。

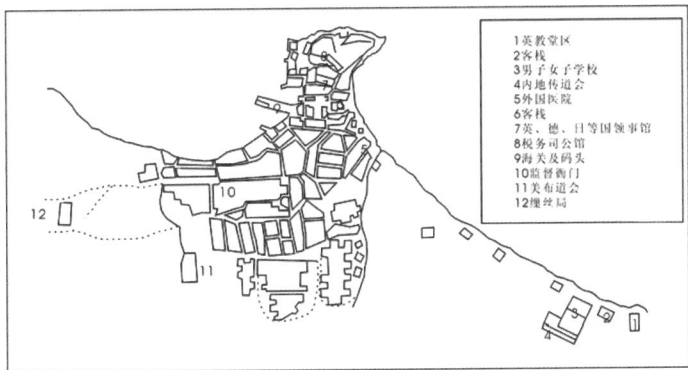

图例：
1 英教堂区
2 客栈
3 男子女子学校
4 内地传道会
5 外国医院
6 客栈
7 英、德、日等国领事馆
8 税务司公馆
9 海关及码头
10 监督衙门
11 美布道会
12 缫丝局

1893 年烟台城市空间形态

19 世纪末，民族资本主义工商业开始由朝阳街一带向西和南部发展，一些大型工业和公共建筑已开始选址在大马路一带建设，建立起各种商店、作坊和住宅，城区扩大到二马路、三马路、四马路一带。同时，为城市服务的酒楼、饭店、客栈、城市交通等产业也应运而生。中国内地会也在东山一带相继建设了内地会芝罘中学、小学、男校、女校，基督教浸信会也在东山和大马路海滨一带建立了卫灵女子中学、焕文男子中学和各类教堂，基督教长老会则在毓璜顶一带兴建了多所中小学和礼拜堂、医院等，学校和教堂的修建，直接促进了东山别墅居住区、大马路商居区、毓璜顶教会区的开发建设。

1901 年"烟台大会"成立后，组织东西公共码头岸路工程建设。太平湾形成后，商业竞相向湾内发展，东西太平湾最后填平，海岸线由原北大街一带向北推进。1904 年后，"西与通伸相连，渐而南连奇山所，渐而太平湾已填就，北抵海矣。近年以来，乡间不靖，绅商来烟避难者，络绎不绝，于是东马路之房，栉比鳞次，直抵东山。西则逾西沙旺矣，计东西长十六里，南北宽八里，而成今日之商埠矣"[1]。道署政府也开始重视道路和环境卫生的建设，1907 年开始了一次大规模的道路与环境卫生整治建设，并修桥、开沟、栽树、浚井等。1909 年，张相文旅经烟台，据其所记："各国领事署，则建于北山，市肆环列，马路亦颇宽平，烟埠菁华所聚也。"[2]烟台已见都市色彩。《福山县志稿》记载 50 余条主要街道，东起东山，西至西炮台通伸村，北起烟台山，南至奇山

[1] 民国《福山县志稿》卷五《商埠志》。
[2] 张相文：《齐鲁旅行记》，《东方杂志》1910 年第 2、3 期。

所城，形成板块型街巷路状，各类重要公共建筑和各类型的商业建筑包括学校、领事馆、教堂、图书馆、洋行、同乡会等都有相当的建设。

作为海防战略要地，军事建设一向是烟台登莱青兵备道署的重要任务，也是 20 世纪初烟台城市拓展的一个方面。除了建烟台水师学堂、东西炮台外，在东海关主持下修建了商埠区的一系列码头港口工程，包括 1866 年落成的海关码头与崆峒岛"卢逊灯塔"、1897 年完工的南北公共码头岸路工程、1905 年落成的烟台山灯塔等。并且，开始筹备兴建现代化港口。到 1920 年代，东、西防波堤相继竣工，烟台港正式成型。这是烟台港第一个人工港池。两道防波堤的修筑，即以人工港池的建成标志着烟台结束了天然港湾的历史，开始跨入了近代港口的行列。

烟台山灯塔

20 年代烟台东山一带

随着商业化的发展，新城建设步伐不断加快。烟台不同于其他传统城市的是，从一开始商业活动中心即在大庙附近，奇山所城一直只作为居民区，虽也有市集，但并不是商业中心。因此，奇山所城墙一直保留任其自然毁坏，倾圮殆尽。虽然 1918 年曾重修奇山所城墙及四门，但到 20 世纪 30 年代，"所有东西南北四门，相距各不到一里，城门大如普通住家的大门，城门楼虽蓋存，城墙已不可见了。查卫所之名，俱肇自明代，此必为明代建筑置兵防倭寇之用经后世修补者无疑"[1]。城墙虽不见了，而奇山所城格局保留得仍然很完整。城门一直保留到建国后大约 50 年代初期，才被拆除掉。

以非农业人口为主体的聚集和商品经济的发展，改变了烟台的地位，一些

---

[1] 郭岚生：《烟台威海游记》，百城书局民国二十三年（1934），第 11 页。

驻扎在外地的地方军政机关相继迁入，并先后设立起各种相应的管理机构，建造大批衙署、仓廪、兵营及娱乐场所，烟台很快成为胶东政治、军事、经济、文化活动中心，城区面积不断扩大。奇山所、北大街、朝阳街、大马路、西马路等各个分割板块区片，迅速得以吻合连接，形成较为完整的城区道路网络。从1921年至1926年，华洋工程局和烟台总商会在道路硬化和街巷名称的规范、卫生环境的整治方面做了一定的工作，城市面貌有了较为明显的改观。

从《烟台要览》中的"烟台街市全图"知，其范围东起福山路，西至通伸村，南起上夼村北，北至烟台山，共标注街巷近四百条，可见这个时期烟台形成西到西炮台、东至卡子口、北到海岸、南到奇山所城南的带状城区。1926年西防波堤上轻便铁路的建成，将码头与堆场、市区连接起来，市区不断向外扩展，逐步与奇山所城及大庙（天后宫）集镇连成一片。

"非展拓市区范围，不足以资容纳而久远"，1928年至1930年间，又拟开辟西沙旺为新城区。1928年由中华道路建设协会印行的《市政全书》提出，"打倒旧城廓，建设新都市""道路尚未完成，建设尚需努力"的口号。烟台的城市道路建设和环境卫生建设取得了很大发展，主要道路街巷百余条都改造为水泥马路，公共交通、行道树、路灯、公园、公共厕所等公共事业也得到了较好的发展，一时间烟台被外人称为"卫生口岸"。1935年特别行政区内成立5个自治区，区辖坊，坊辖间，间辖邻，构成行政区、坊、间管理制，共有街巷四百余条。五区的划分管理，表明烟台城市建成区面积进一步扩大。东河以东的城市建设快速发展起来，不仅濒海的大马路一带已成为外国人及富人的聚居区，东山一带从海滨到南山山麓也布满了西式别墅。历经几十年的城市建

20世纪30年代的烟台

设，烟台由开埠之先，仅一渔村，居民寥落，不过茅屋数十椽，而到30年代，已成为工商业中心城市、滨海避暑旅游胜地了。[1]

烟台城市空间形态的扩展，除了受地理环境、经济条件、区域城镇发展水平影响外，还受到城市管治等政治因素的影响，其结构、功能特征既具有近代城市整体变迁的一般特征，又具有个别地域环境的独特发展特点。早期海港装卸在大庙附近，漕船、商船停泊贸易，商人买地造屋，以北大街、大庙为中心的商业区已形成，出现工商业建筑和住宅建筑混合区；开埠后海港装卸移向海关码头，以烟台山、朝阳街为中心，城区扩展，东至解放路，西至阜民街，南与奇山所城相接形成外人居留区，至东山一带西式建筑突起，同时本地经营工商业的资本家、地主和官僚阶级也仿效洋人起建自居洋房于此，逐步形成了以烟台山为中心、沿海岸东扩位移的新城区。从筑城设卫到滨海街区的形成，城市空间呈现出东扩位移的趋势，城市布局形态表现为滨海带状特征。由于缺乏有效的管理和规划，烟台城市的整体平面布置很不统一，工、商、民杂居，形成局部有序、全局无序、多元并存的空间形态特征。

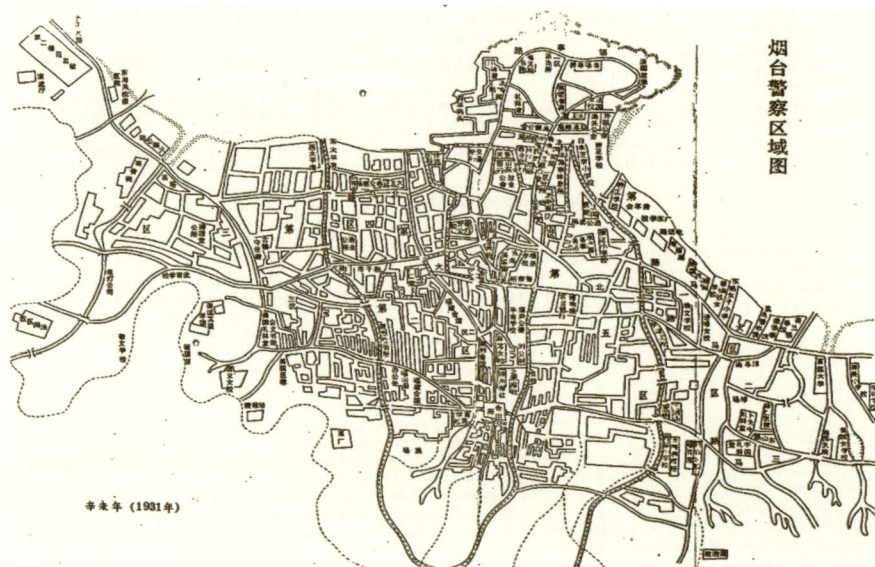

1931年烟台警察区域图

城市内部的异质性和空间分化是城市形态演变的一个重要表征。英国城市经济学家K.J.巴顿说："城市是一个坐落在有限空间地区内的各种经济市

---

[1]　[英]阿美德（A.G.Ahmed）：《图说烟台（1935—1936）》，陈海涛、刘惠琴译注，齐鲁书社2007年。

188

场——住房、劳动力、土地、运输等等——相互交织在一起的网状系统。"[1]
烟台城市在沿海岸向西向东的扩展中，形成不同功能的地块，这些地块包括
银行、工厂、住宅等各类城市实体空间，由此形成一种集聚效应，从而导致
城市节点的产生，这些节点构成了城市空间分化特征。如 20 世纪 30 年代，
烟台划分为五大区，时称"一区洋商居多，二区娱乐场最火，三区为工业区，
四区为商业区，五区住户商号各半"[2]。

如居住区，差异尤为显著。首先是外人居留地的创设，形成了一种"异质
社区"，使城市居住结构呈现出分化现象。以烟台山为中心，从烟台山西麓起，
往上经领事路到东海岸有法国邮局、日本领事馆、海关税务司邸、英国领事馆、
美国领事馆、天主教堂、日本邮局等，"有税务司住宅，及各国领事署，经外
人一番布置之后，花木则如锦如绣，道路则如砥如矢。岸上有石凳石椅，以备
中外士女休息，海边有游船浴艇，以供东西绅商洗濯纳凉。著者于三月之时，
必日往寻芳，六月之时，必日往避暑。即西人之久居上海者，亦不远千里，以
是处为消夏湾"[3]云。教会学校、洋行也多集中在这一带。从西太平湾到毓璜
顶一带，也有很多教会学校如实益学馆、会文书院等，以及一些外国医院如美
国医院、法国医院等。这样，烟台山下、东海岸、大马路、二马路、三马路一
带，形成了一个
"具有世界风味"
的外人居留区。
而以奇山所城为
中心的旧城居住
区，十字街的古
城格局，传统民
居，青石路面，
房屋排列有序，
街基尺度小，相
对狭窄，居住拥
挤，没有排水系
统，道路缺乏整

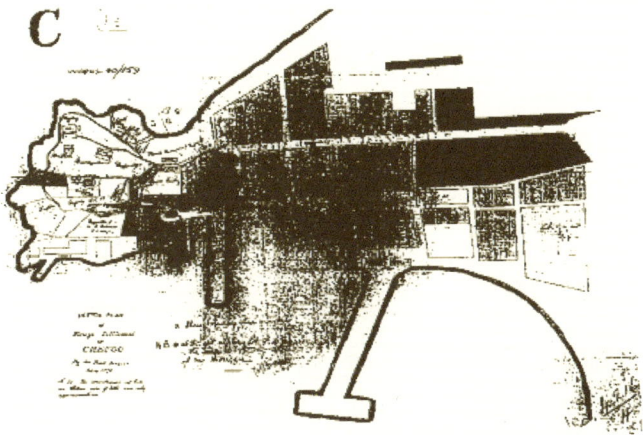

资料来源：村松伸：《烟台近代建筑在东亚近代建筑史中的地位——烟台近代建筑实测评
议》，《中国近代建筑总览·烟台篇》，中国建筑工业出版社 1992 年，第 17 页。

1872 年烟台山草图标注的外国人居住区

[1]　[英]K.J.巴顿：《城市经济学：理论和政策》，商务印书馆 1981 年，第 14 页。

[2]　刘精一：《烟台概览》，烟台概览编辑处 1937 年铅印本，第 2 页。

[3]　匡裕祥：《烟台笔记》，《新游记汇刊续编·卷七》，中华书局 1922 年印行，第 25 页。

修，"街道两边尽是粪便和垃圾，而在其他的地方人的粪便堆在一块准备卖给农民"[1]。奇山所城周围分布很多会馆（福建会馆、潮州会馆等）、商会、行帮、报社等。另外，大马路庆安里也是较著名的里弄住宅区，庆安里前后四条长约七十米之胡同，共十九套居民住房，十八套为四合院式，一套为两进合院式，是当时较早、质量较好的商品住宅，建筑布局基本沿用传统的四合院式。[2]与烟台山下东海岸一带的外人居留区迥然不同，构成显明的空间分异格局。

形成两个新旧双中心商业结构。城市空间的一个根本变化，就是由庙宇构成的城市中心的衰落和由海运港口以及海关、洋行聚集的新商业区构成城市中心的出现。城市商业由原来大庙一带为中心的传统商业街区向处于外国领事馆聚集的烟台山一带转移，朝阳街、广仁路等新型街区成为多业聚集的高密度的综合性商业中心，打破了同业聚集的传统结构。北大街、大庙一带的传统商业街仍很繁华，大庙不仅是渔民和从事海上航运的船民祈祷海神的庙堂，而且商民组织"大会"、商界一切活动如货物交易、金银交易、行情交流等均在此进行。有定期的集市，街市上有粮食、柴草、中药、理发、油坊、轻铁、制鞋等店铺商户，每逢集市货摊栉比，各种农副产品俱全。时称"鱼市场"的公利市场，北部紧临海边码头，鱼业商户120多家，"菜市、鱼市、果子市、鸡鸭市、西瓜市等，俱在菜市街之南，为该埠之最热闹处"[3]。但主要以经营土特产品等为主，显然已降为次一级的商业中心。以朝阳街商埠区的近代商业重心和北大街传统商业街区的新旧双中心商业结构，已大略形成。与商业相配套的各种消费行业、娱乐场所也集中在烟台山海滨一带，洋行饭店林立，酒吧烟馆麇集，一派都市繁华景象。

烟台山南麓外人居留区

毓璜顶一带的居民区

[1] Decennial Reports，1892–1901，Chefoo.

[2] 胡树志：《烟台近代建筑概说》，《中国近代建筑总览 · 烟台篇》，中国建筑工业出版社1992年，第10页。

[3] 匡裕祥：《烟台笔记》，《新游记汇刊续编·卷七》，中华书局1922年，第26页。

工业布局没有明显功能分区，大部分工厂和手工业作坊混杂于居民区和商业区中。从工业分布的总的情况看，以西南河为界，西太平湾以西，围绕港口，沿河东崖、新安街一线，多集中着近代工业。酿酒、造钟等轻工业多在大马路、海滨路一带。矿丝坊大都集中在西盛街一带，电灯公司等工业、德丰等食品业多在南鸿街一带。因此，在近代烟台城市规划的各类设想中，常把西郊划为工业区，西沙旺至夹河口为工业区用地。

而承载近代化城市服务功能的教育、医疗卫生、电灯电话电报等项公共设施从无到有，走进市民生活之中。这些公共服务设施建筑从结构到形式也在变化发展，并形成新型城市功能分区。这些新式学校、外国医院、电报等多分布在东部滨海一带。

2. 城市规划

开埠初期：无统一规划，城市无序发展。

城市规划是引导城市形态演变的重要因素。开埠之前，远至明代，所建奇山所城，按传统城市规制营建，十字街道，有城无廓，街巷排列有序。开埠后，外国官员、商人、传教士蜂拥而至，纷纷在烟台山、朝阳街、大马路、海岸路、毓璜顶等地带大量建设领事馆，开办商行，筑路建房，兴办学校，创设医院，烟台城市空间形态开始发生嬗变。由于没有明确的计划可执行，各自从自己的利益和设想出发，按照先来后到的原则，形成各自的居留地，缺乏统一的城市规划。同时，内地劳动力和商人也大量涌入，形成一些新的居民点。这些居民点不断向外扩展，逐步与奇山所城及天后宫集市连成一片，构成烟台最初的城区。这些居民区的建设也缺乏有效的管理与规范。

民国时期：局部的规划设想。

《建国方略》提出的设想。1917 年孙中山先生《建国方略》中对烟台港口建设和铁路规划有过设想。孙中山先生着意将港口建设列入全国实业的发展规划，并将烟台港与宁波、厦门、汕头、海口等港同列为三等港，"芝罘为老条约港，位于山东半岛之北侧，尝为全中国北部之唯一不冻港矣。自其北方有大连开发，南方又有青岛兴起，其贸易遂与之俱减。以海港论，如使山东半岛之铁路得其开发，而筑港之工程又已完毕，则此港元自有其所长"[1]。进而有将芝罘建成三等港口及修建芝罘至汉口铁路之议。"此线起于山东半岛北边之芝罘，即横断此半岛，经过莱阳、金家口以至于其南边之即墨。由即墨起，向

[1] 孙中山：《建国方略》，中华书局 2011 年，第 171~172 页。

西南过胶州湾顶之洼泥地，作一直线，至于诸城。既过诸城，越分水界以入沭河谷地，至莒州及沂州，进至徐州，与津浦—海兰线相会。自徐州起，即用津浦路轨直至安徽之宿州。乃分路至蒙城、颍州，过省界入河南光州，即于此处与北方大港汉口线相会，由之以至汉口。此线自芝罘至光州，长约五百五十英里。"[1]

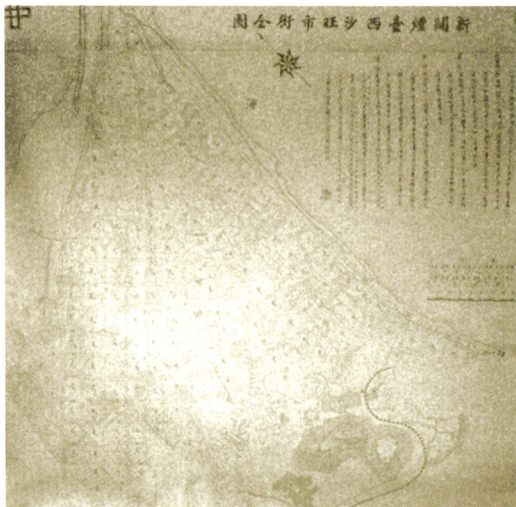

1923年新辟烟台西沙旺市街全图

有图文的城市规划。1923年，烟台镇守使张怀斌以西炮台以北地段为目标，拟制出可谓是烟台第一个城市规划，绘制出《新辟烟台西沙旺市街全图》，并附有较详细的图说，这是烟台有图文的城市规划之始。街道按正方形和长方形施设，便于修筑华洋房屋，于光线、空气均无妨碍，每方按六十左右亩划定（方内标有天、地、玄、黄、宇、宙、洪、荒、日、月、盈、昃等字样分片，并在一字片内编号）。每街道网之方角各植界石一块，在经纬方向，各刻有经纬度，以便日后易于施工。其中，道路面积约占总面积的四分之一，注意了道路的宽度和等级分类。每个小区约4公顷，位于西炮台东北的诸类小区每个区块面积较大约7公顷，分布于中间位置是公共建筑集中的场所。道路南至北十余条，东至西二十余条。道路均为直线形，小区为方形。南北向的经向交通为主干道，并在多条道路相交处设置圆形广场。这个规划，以居住区安排为主，注重道路的建设，注意了公共建筑的集中布置，对道路用地设想颇有可取之处。显然，在当时条件下，无法实现如此大规模的开发建设。

1928年至1930年间，制定的烟台市城市规划图，规划以西沙旺为城区所在地，以公园为城市中心，街道呈放射状，形式上依照霍华德花园城市模式，中间为公园，外圈为居住区。这个规划"凭主观臆想，缺乏科学的根据及资料，

---

[1] 孙中山：《建国方略》，中华书局2011年，第184页。

图纸很不完全，没有任何实际意义"[1]。

1934 年烟台特别行政区成立后，制定了《大烟台计划》，提出了改造旧城区和建设新城区的全面设想，修建码头、汽车公路，在东山建设宾馆，建造公园，开辟街路，有近五千米长的大街开辟为商业区等。但这个计划，一时难以实现。[2]

日伪时期：出台最大的城市规划。

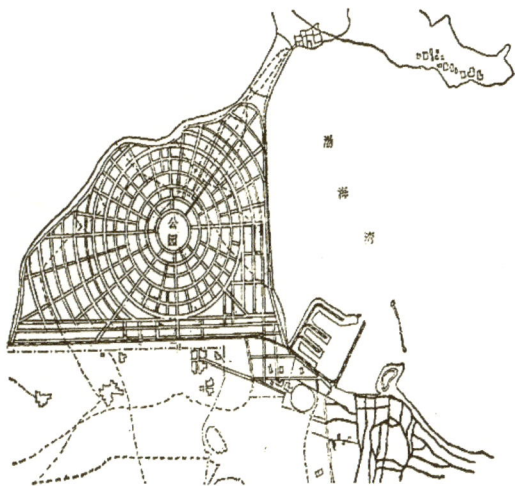

1928~1930 年间烟台城市规划图

1939 年制定《烟台市都市计划图》。这一规划，是近代烟台城市建设规模最大的总体规划，也是具有可实施性的城市规划。把整个境区规划分为住居地域、商业地域、混合地域、娱乐地域、保养地域、工业地域等六大片区。规划年限为 30 年，规划精度为 1 ∶ 20000。用地面积约 60 平方公里，计划人口 60 万。规划范围东起金沟寨—雨岱山，西到夹河—宫家岛，北至幸福中路，南到奇山山麓一带，第一次将夹河以东的土地和金沟寨一带的土地划入市区范围内。从规划图例中可以看出，规划图中将市区道路分为甲、乙两级，并有铁路的布置走线。从总的布局看，这个规划开辟现西郊区为新市区，东起新桥村，西至大沽夹河，北至幸福中路，南至上坊村，新市区以珠玑一

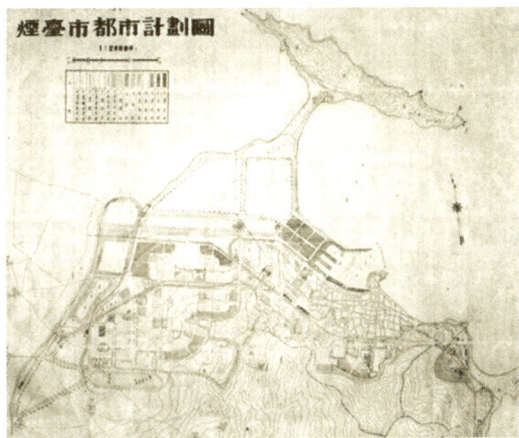

1939 年烟台都市计划图

[1] 董鉴泓：《中国城市建设史（第三版）》，中国建筑工业出版社 2011 年，第 379 页。

[2] 刘精一：《烟台概览》，烟台概览编辑处 1937 年铅印本，第 221 页。

193

带为中心。同时，扩大老市区，西片以现白石村、青年路一带为中心，东南片以上夼一带为中心。还新辟东郊特殊用地区域，即以金沟寨为主的疗养区域。规划道路以方格式为主，结合自由式、放射式布局，对老区道路计划大规模改造。在现西港池还拟建一巨大新港，有铁路专用线引入。在西郊新区划为工业区，西沙旺至夹河口为工业区保留用地。之外，还规划了发电厂、公路、铁路、自来水厂、飞行场、公园、运动场等。但由于时局动荡，更换频迭，加上财力贫乏诸多原因，这一方案未实施。

1942年，烟台第一次现代意义的测绘图《烟台市街全图》出版，标明烟台的范围北起烟台山，南至上夼，东起东山，西至通伸，形成了南北宽7里、东西16里的一座现代化城市。

近代烟台城市规划更多的是一种规划设想，而没有付诸实施。从开埠之初，到特别行政区建立，再到日伪时期，虽制定了各类城市规划图，其中有的也不乏可取之处，但都没能起到实际作用。烟台城市的建设，处于一种自然无序态势，城市空间布置不统一。

3. 城市景观

美国城市规划学家凯文·林奇（Kevin Lynch）认为，城市结构中的通道、边缘、街区（区域）、节点和地标五种要素，对城市的可意象性起关键性的作用，这五种要素是城市意象的组成要素。[1] 开埠后，西方事物包括洋行、领事馆、教堂、学校、饭店住宅、企业等大势融进，出现了不同于传统城市结构中的通道、街区、建筑等要素，引起了城市景观和城市面貌的变化，也改变了城市的空间布局，形成以烟台山一带近代建筑的聚集和朝阳街等新型街区为主要特征的城市景观。

新型街道：历史场景的记录

烟台街道，最早是以奇山所城里大街为中心街。之后，向周围不断拓展，形成东关南街、东关中街、东门里南巷、西关中街、西门里北巷、西南关街、西南关中街、西南关南街、南门里街、南门外东街、南门外西街、南门里东巷、南门里西巷、北门里街、北门里东巷、北门里西巷、北河街（原址为奇山所城的护城河）等。这些街道大都很窄，传统的青石路面早期街道的修筑，呈现出层次性、序列化发展的轨迹。

开埠初期，街道的修筑也没有统一的规制。在烟台山及其以东以南地区的

---

[1] ［美］凯文·林奇：《城市的印象》，项秉仁译，中国建筑工业出版社1990年。

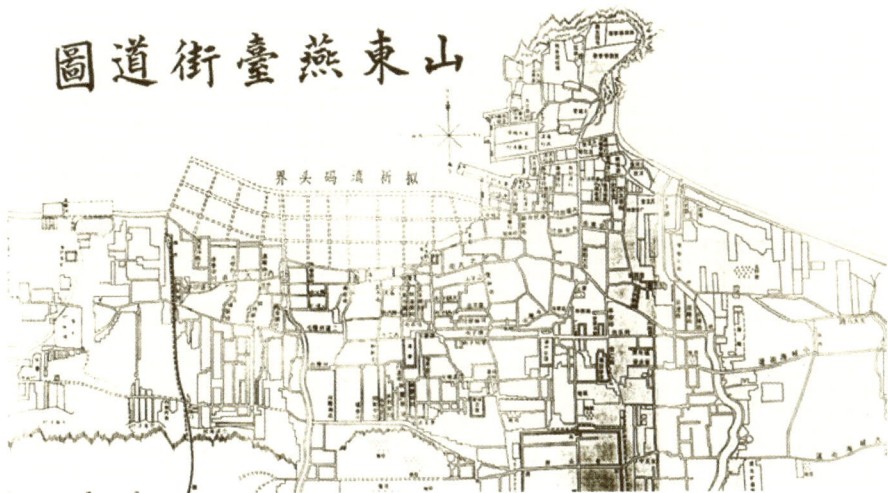

1903 年烟台街道图

外人居留区和新兴商业区，街道建设没有明确的规划，而是先来后到，随意布建。虽有修路委员会、邮政委员会及公共事务委员会负责修桥铺路、清理卫生等，但街区建设仍很混乱，没有修建排水系统。1907 年后，登莱青道为阻止外国领事辟设租界，奏准清政府自办外国人提出的改造市街、整顿卫生等工程，得到驻烟华商的支持，开始开工修建，烟台街道面貌大为改观。到 1919 年，市区面积 200 万坪，街道大小百余条，主要街道有横贯市中心东西走向的北大街、西大街、南鸿街等 24 条，纵贯市区南北的有儒林街、桃花街、菜市街、面市街等 26 条[1]。

现在能见到最早的街巷地图是 1903 年《山东燕台街道图》。该图所注方位东起东炮台，西至通伸村，南起奇山所城，北至烟台山。图中标注街巷 50 余条及部分商行、洋行、会馆、教堂等。

由于城市街道"大都规制窄狭，最狭的地方，车马几不能并行"，[2]民国时期，又开始进行整治修建，1923 年建成烟台第一条柏油路朝阳街，1925 年建成第一条混凝土路面北马路。除海岸路、大马路一带为外商荟萃的地方街道整洁，并用士敏土筑路外，其余各街道都是用大小不等的石块筑成，又多年失修，坎坷不平，行人不利。此后，以区为单位，成立各区路政委员会，负责领导兴修马路事宜，展宽街道，翻新马路，或修洋灰，或柏油，市区街道呈现出新的面貌。

---

[1] 民国《福山县志稿》卷五《街道》。

[2] 郭岚生：《烟台威海游记》，百城书局民国二十三年（1934），第 16 页。

海岸街

北大街

东太平街

马礼逊路界石

到30年代初，"沿东山下之海岸，筑成修广之道路，康庄平坦，连贯东山与烟台山，各国客馆酒楼麇集于此，各机关局所亦大半在焉。每当朝曦出海，或皓魂升山，则东山路上，中西士女渔夫贩卒，均安步当车，披襟临风，踯躅往来，踵相接，举目远望，则绿水青山，风帆沙鸟，不啻身入图画。时或烟雾迷离，渔舟星火，灯塔耀光，互相辉映；时或波涛不惊，云霞异彩，海市蜃楼之幻景，与陆上之高台峻宇，若争奇斗胜也"[1]。"全埠以朝阳街为最繁盛，其次为东西太平，电报局各街，北大街也很整齐。"朝阳街，西方侨民称卡皮莱街、花市街、兹莫曼街，近代烟台城市最发达的中西商业街，洋行、钱庄、药房、饭店等林立。所谓"烟埠建筑，多用石为基，与济南情形相似。马路最整洁的，有朝阳街、海岸街、东马路、张裕路、二马路、三马路等路。最可令人称赞的，全埠大小街巷（极僻静地方除外），皆用洋灰铺道，平滑整洁，令人可爱，路政之美，远胜平津"。"平滑如砥，汽车往来，无有尘埃之飞扬，在北方都市中堪称第一。"[2]"几乎所有的 路、街道，还有很多小胡同都是由水泥铺设，这些新铺设的道路，要比以前为数很少的由水泥所铺设的道路质量

---

[1] 吴子修：《烟台采集纪略》，《博物学杂志》第二卷第二期。

[2] 郭岚生：《烟台威海游记》，百城书局民国二十三年（1934），第16~17页、36页。

好许多，使得城市更加干净。也许现在在中国，没有任何一个城市在道路的水泥硬化方面，能够超过烟台。"[1] 可见，烟台路政之完美，在当时是比较先进的。

近代建筑：城市景观的表征

近代建筑的涌现，体现了外来文明与本土文明的碰撞，形成了不同于传统城市空间肌理特征。其主要表现为烟台山一带的西洋建筑群体，构成城市化的物象特征。烟台山上各国领事署及避暑别墅，参差错杂，雕梁画栋，高薨巨桷，花木葱葱郁郁，

朝阳街

道路高高下下，令人心旷神怡。"烟埠建筑，颇带洋风，尤以烟台山下左右及东山一带为最似。"[2] 除俄国、奥地利建于东马路外，"其余英美法德日五国，俱建筑于烟台山上"[3]。洋行多设在海岸路、滋大路、朝阳街、大马路等处。商店多集中在烟台山下，所谓"烟台山下各国商店林立"[4]。学校、医院设在毓璜顶及海岸路附近。外国侨民住宅别墅多建在大马路、二马路东端及东山一带。教堂分布较广，烟台山、东山、西山、大马路、毓璜顶等处都有。外国邮电建筑多在海岸路，芝罘俱乐部建在烟台山下。

烟台近代建筑主要形式：一种是外国形式，以西方古典式、殖民地式为主；一种是西式为主、部分地采用当地的建造形式、技术和材料。烟台的近代建筑，在早期沿海开埠城市中，既有共性又有自己的特色，保留下来的也比较完整。在烟台城市空间意象中，最具特征的有七类：

[1] [英] 阿美德（A.G.Ahmed）：《图说烟台（1935–1936）》，陈海涛、刘惠琴译注，齐鲁书社 2007 年，第 141 页。

[2] 郭岚生：《烟台威海游记》，百城书局民国二十三年（1934），第 16~17 页。

[3] 匡裕祥：《烟台笔记》，《新游记汇刊续编·卷七》，中华书局 1922 年，第 32 页。

[4] 匡裕祥：《烟台笔记》，《新游记汇刊续编·卷七》，中华书局 1922 年，第 32 页。

资料来源: 李晓飞:《烟台开埠记忆》, 黄海数字出版社2009年, 第76~77页。

烟台山下的西式建筑群

领事馆类建筑:从1862年起, 先后有法、美、挪威、瑞典、德、荷兰、丹麦、意、奥地利、俄、日、比利时等16个国家在烟台设领事馆, 主要集中在烟台山及周围地带, 所谓"烟台山上各国领事署林立"[1]。同时, 在烟台山一带逐步形成外人居留区, 外人居室、商号、行栈均设于此, 而且本地富商等也于东海滨一带建筑西式别墅。以英国领事馆为代表, 1867年建馆, 建筑形式为外廊式、石木混合结构的二层楼房, 室内木装修, 设壁炉, 天花和墙角采用弧线形的线角装饰, 双面陡坡的组合式屋顶带有阁楼窗, 出墙为暴露木构架。但外墙边角及门窗边缘又采用当地的灰砖清水砌筑, 这就带有当地建筑的特色。"到目前为止, 烟台的旧英国领事官邸, 还有被认为是第一代英国领事馆的建筑物, 无疑是中国国内现存最早的外廊式殖民地样式建筑。"[2]

英国领事馆

洋行类建筑:主要分布在烟台山周围及东部沿海湾一带, 有益斯洋行(德国, 1886年)、仁德洋行(英国, 1893年)、士美洋行(英国, 1894年)、三井洋行(日本, 1898年)、美孚洋行(美国,

---

[1] 匡裕祥:《烟台笔记》,《新游记汇刊续编·卷七》, 中华书局1922年, 第32页。

[2] (日)村松伸:《烟台近代建筑在东亚近代建筑史中的地位》, 王炳麟译, 载胡树志、张复合、村松伸、井上直美编:《中国近代建筑总览·烟台篇》, 中国建筑工业出版社1992年, 第20页。

1899 年）等洋行四十多家。如 1886 年德国创办的益斯洋行，砖木结构二层楼房，青瓦屋顶，灰砖外墙，小窗，饰有线角，带外廊的早期"殖民地式"风格与当地建筑样式相结合。

士美洋行界石

德国益斯洋行

娱乐类建筑：来烟避暑的外人聚增，"美国、菲律宾军舰，每年五月来烟避暑，盛时来二三十只，少时也十余只，到九月始去"[1]。在海岸路、滋大路、朝阳街等沿海一带，饭店、旅馆、俱乐部林立，建筑形式也多样化，"这些商业性很强的建筑轻快活泼、标新立异，并不严格符合西洋建筑某一时期、某一地区的特定型制"[2]。最为有名的是"芝罘俱乐部"（Chefoo Club），位于海岸路西端，初建于 1865 年，原为平房数间，是外国侨民在烟台的娱乐场所，后成为外国总会所在地。从 1906 年起三次扩建、改建，1931 年由基督教葡萄山教会牧师卜尔耐特设计，德成营造厂建造。带有英国建筑特色，木石结构的四层楼房，红瓦屋顶，以舞厅为主体，有康乐球室、游艺室等多种娱乐活动间，舞厅呈长方形，另附外廊及服务室。二、三层为客房，二层侧设南北阳台，供在室外眺望海景，悦目适意，三层南端附小型阁楼。地下为保龄球场，这是外国人在中国设立较早的球场。该建筑竣工后，为记述其建筑历史，在一楼南外墙镶嵌"芝罘俱乐部志石"，上有四行刻字，"芝罘俱乐部""1865 年建造""1906 年和 1913 年扩建""1931 年重建"，如此详尽的石志，亦不多见。

[1] 郭岚生：《烟台威海游记》，百城书局民国二十三年（1934），第 12 页。

[2] 胡树志：《近代烟台建筑概说》，载胡树志、张复合、村松伸、井上直美编：《中国近代建筑总览·烟台篇》，中国建筑工业出版社 1992 年，第 6 页。

芝罘俱乐部旧址 明信片上的芝罘俱乐部

居住类建筑：类型丰富，奇山所城区的传统建筑形式和布局，大马路、二马路、南山路一带的四合院式建筑，滋大路、北大街一带密集型的里弄式，毓璜顶北路、四马路一带的中西合璧式，烟台山下、海岸路一带的西式建筑。人称："南面群山缭绕，形如半环，坡陀下垂，随处皆成涧谷，因各构为果园蔬圃，而富商之亭台别墅，又错出于苍烟暮霭中，真天然一幅图画也。"[1]

烟台山下外国人居住区

教堂、学校、医院类建筑：西方传教士登陆烟台后，组织教会，发展教徒，兴建教堂。如天主教堂，坐落于烟台山东路南端，由意大利籍神甫昂智鲁斯奉

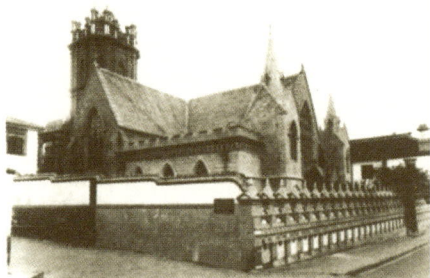

天主教堂

---

[1] 张相文：《齐鲁旅行记》，《东方杂志》1910 年第 2、3 期。

罗马教庭之命来烟创建，1868年始建，几经扩建，至1884年建成。初为"玛利亚进教之佑圣母教堂"，哥特式尖顶建筑，平面布局为拉丁十字式，主体尖顶高耸，外墙体为青方石砌筑，窗户为连续双层拱窗，具有典型的欧式风格。

学校建筑以蚕丝专科学校旧址为代表。坐落于烟台市芝罘区南山路，建于1904年。主体建筑是砖混结构的二层楼房，两层坡顶楼房，建筑平面近似方形，对角线两端各矗立三层方尖顶角楼。房基是花岗石砌筑的毛鼓墙面，四周是白粉抹灰墙面，墙角及门窗边框为清水砖墙装饰。二层的双面挑廊均是木构架，陡坡屋顶，红铁皮屋面。优美别致的建筑造型，疏密有序的比例，明快质朴的色彩搭配与环境巧妙地结合，在烟台众多的西式建筑风格的学校建筑中独具特色[1]。

蚕丝专科学校

资料来源：宋玉娥：《烟台近代建筑续集》，烟台时报报捷彩色印务有限公司2000年，第58页。

法国医院

医院建筑，如1860年法国天主教会开办的天主教堂施医院（后称法国医院），此为西医传入烟台之始。二层楼房，砖木结构，白灰墙面，圆拱形长窗并雕饰花纹图案，具有浓郁的欧式建筑风格。

再如由美国长老会开办

资料来源：李晓飞：《烟台开埠记忆》，黄海数字出版社2009年，第142页。

美国教会毓璜顶医院

[1] 胡树志：《近代烟台建筑概说》，载胡树志、张复合、村松伸、井上直美编：《中国近代建筑总览·烟台篇》，中国建筑工业出版社1992年，第8页。

的毓璜顶医院，1914年落成，时为烟台规模最大的医院。砖石结构的两层楼房，花岗石砌墙面，端庄肃穆。

张裕酿酒公司大门

广东旅烟同乡会

克利顿饭店

工商业类建筑：主要有工厂、店铺、商场、钱庄、饭店、旅馆和会馆等。典型建筑如"张裕葡萄酿酒公司""广东旅烟同乡会"克利顿饭店等。

邮电类建筑：1893年后，德国、法国、日本、英国、俄国等曾在烟台设立邮局。如1900年德国邮局，带有德式特征，采用圆弧形的墙角，圆拱形门窗，设计简洁大方。再如1925年建成的烟台邮政局办公大楼，对称式立面，方形平面，居中主入口采用圆柱式，上下两层叠柱，建筑构图庄重典雅。

资料来源：李晓飞：《烟台开埠记忆》，黄海数字出版社2009年，第44页。

大清邮政总局

与其他城市一样，烟台的近代建筑有的沿用至今，甚至未经修葺还在使用。正如日本学者所言："的确，这些西方建造的房子当时可能是帝国主义列强用强硬手段侵略中国的先期产物。尽管如此，作为历史遗产对之妥善加以保存，也是应该做的事。"毕竟，"探究历史，探查过去，不

仅不会觉得离现在遥远，而会
给人们带来某种从容、开阔之
感"[1]。

5.城市人口的增长、嬗变：
城市文明

人口是城市构成的基本因
子，是城市形成的重要基础，
人口的聚集与工商业发展以及
城市功能的完备是同一过程的
不同方面。人口不断向城市集
中，城市化就不断发展；城市
的近代化与人口的城市化是同
步的、互为因果的。人口城市
化对城市提出要求，如对城市
规模的扩大、市政建设的加快
等，都是强有力的刺激。同时，
城市化进程的加快，可吸纳农

德国邮局

法国邮局

村人口不断向城市聚集，使城市人口规模呈现扩大趋势。烟台城市人口的演变
主要包括规模、迁移和结构三方面。人口规模和迁移是人口空间演变的表态和
动态，而人口结构包括自然和职业结构虽不是直接的人口空间运动，但可以导
致人口属性的空间格局发生变化，如农业人口转化为非农业人口，则从地域上
造成新的人口分布格局。

烟台城市的管辖范围及其归属的特殊性，很难厘清城市人口与农村人口之
别，开埠后周边农村自然经济受到冲击促使社会流动频繁，加剧了城市人口与
农村人口之间的交叉、渗透、过渡和迁移，加以当时城市户籍制度的阙如，给
人口的精确统计带来困难。为了考察分析开埠后烟台的城市人口，暂按现代人
口统计的划分口径，将当时烟台包括奇山所旧城区、港口区、外人居留区在内
的城区人口列为城市人口。

烟台城市人口除烟台警察厅的各区人口调查统计外，还有《海关十年报告》
中的统计数据。海关报告的统计数据，侧重于经济状况的考察，多从与人民生

---

[1] （日）村松伸：《烟台近代建筑在东亚近代建筑史中的地位》，王炳麟译，《中国近代建筑总览·烟台篇》，中国建筑工业
出版社 1992 年，第 21 页。

活密切相关的农产品各类因素分析，以平均每人每年的消费量，再联系物品的产销总量等作为重要参数加以估算。

（1）城市人口集聚增长。

从1872年的27000人增长到1937年的156000人，烟台城市人口的发展过程呈现出明显起伏的态势，时而骤增，时而平缓，时而又处于低谷。1872—1908年，城市人口呈增长态势：1879年达35000人，1890年下降为21000人，此后人口逐年增长，1900年40000人，1901年57120人，1904年75000人，1908年100000人。1909—1911年，人口明显下降：1909年95000人，两年后下降为54459人。1912—1937年，人口继续增长：1914年54500人，到1921年人口增长到89326人，1929年119305人，到1937年达到156000人。[1]从增幅上看，1890年下降到21000，此后人口增长很快，1901年已增加到57120人，10年间增幅达75.8%。1906—1908年，烟台人口数达到10万人的高峰状态，其中可能包括出外做苦力的流动人口。1911年烟台人口陡降，主要是因为龙口开埠后于1907年与东北各港建立内港行轮航线，黄县、招远等地苦力大量由此移出，取代烟台成为最大的苦力出口港；而且，是年国内局势动荡不安，东北疫病流行，俄国也禁止苦力进口，因此烟台人口随之下降。1911—1921年人口的增长，主要是来自附近的发网女工人数的大量增加。这20年间，人口增长甚快。

比较20世纪初胶东四口岸人口，也可看出人口规模迅速扩张的态势。1909年烟台城市人口95000人，青岛只有35000人，此后几年间烟台人口虽有下降，但总的趋势在缓慢增长。青岛人口在1917年首次超过烟台，但次年就下降了。龙口、威海早期没有人口统计，但到1931年，这两个口岸城市人口也不多。[2]1925年以前，在山东半岛的城镇体系中，烟台一度处于核心地位，早期城市化水平发展到了一定的程度。

另外，在烟台城市各阶段的人口中，包含部分外国人。1897年前，烟台是山东境内居住外国人最多的城市。据海关记载，1882~1901年，在各国领事馆注册的外国人也不少。这些外国人中，有商人、领事馆官员等，尤以传教士最多。到1916年，在烟台的外国人大为增加，已达1306人，其中，英

---

[1] Decennial Reports, 1882–1891, 1892–1901, 1912–1921, Chefoo；《最近十年各埠海关报告（1922—1931）》，烟台，第564页；郑千里：《烟台要览》，烟台要览编纂局1923年铅印本；刘精一：《烟台概览》，《烟台概览》编辑处1937年铅印本；池田薰、刘云楼：《烟台大观》，鲁东日报社民国二十九年（1940）铅印本；姚贤镐：《中国近代对外贸易史资料（1840—1895）》（第3册），中华书局1962年，第1637页。

[2] 严中平等编：《中国近代经济史资料选辑》，科学出版社1955年。

国 504 人，日本 375 人，美国 236 人，德国、法国、比利时、瑞典、丹麦、荷兰、挪威、奥地利、意大利等 50 人以下。[1]1938 年烟台有日侨 587 人（包括 138 名朝鲜人），其他各国侨民总计 436 人，其中英国 211 人，美国 72 人，白俄 53 人，德国 31 人，法国 24 人，希腊 15 人，意大利 12 人，瑞典 3 人，荷兰 3 人，爱沙尼亚 3 人，罗马尼亚 3 人，比利时 2 人，挪威 2 人，西班牙 1 人，捷克斯洛伐克 1 人，共计 1459 人。[2]相对烟台各时期总人口而言，洋人的比例是很高的。

（2）城市人口结构嬗变。

人口结构，是依据人口的不同标志确定的人口内部组分比例关系，可分为人口自然结构和社会经济结构。这里主要揭示烟台城市在业人口的行业结构、自然结构及地域分布特征。自然结构，包括性别结构（男女两性人口在总人口数中所占的比例）、年龄结构等。烟台开埠后有确切数字的户口及性别统计，主要是两次调查统计，即 1921 年和 1933 年的调查统计。1921 年烟台警察厅统计，烟台人口有 14663 户，男 62261 人，女 27065 人。其中，第一区 2460 户，男 14158 人，女 11353 人；第二区 3278 户，男 12852 人，女 4995 人；第三区 4968 户，男 16359 人，女 6638 人；第四区 1117 户，男 7477 人，女 172 人；第五区 2840 户，男 11415 人，女 3907 人。[3]城市人口比例严重失调，男女性别比（女 =100）为 230。经过十多年的发展，到 1933 年，烟台人口性别结构和年龄构成出现变化，据烟台特区公安局的统计：第一分局 5485 户，男 18145 人，女 13470 人；第二分局 6923 户，男 19762 人，女 11814 人；第三分局 8812 户，男 28672 人，女 14357 人；第四分局 1385 户，男 11845 人，女 634 人；第五分局 3957 户，男 14109 人，女 6704 人。[4]性别比下降为 197。另据 1933 年的调查，儿童 27901 人（男 18502、女 9395），青年 55805 人（男 37014、女 18971），中年 41852 人（男 27759、女 14093），老年 13954 人（男 9254、女 4700）。[5]青壮年占总人口的近 70%，也表明烟台城市人口结构受外来移民的影响很大。到 1938 年前，烟台城市人口的性别比下降到 160，比例仍不平衡。[6]

[1] 张玉法：《中国现代化的区域研究——山东省（1860—1916）》，台湾"中央研究院"近代史研究所 1987 年，第 182 页。

[2] 张玉法：《中国现代化的区域研究——山东省（1860—1916）》，台湾"中央研究院"近代史研究所 1987 年，第 264 页。

[3] 郑千里：《烟台要览·第四篇》，烟台要览编纂局 1923 年铅印本，第 4 页。

[4] 民国实业部国际贸易局编：《中国实业志·山东省》（丁），台北宗青图书公司 1934 年，第 56 页。

[5] 民国实业部国际贸易局编：《中国实业志·山东省》（丁），台北宗青图书公司 1934 年，第 57 页。

[6] 刘精一：《烟台概览》，《烟台概览》编辑处 1937 年铅印本，第 2 页。

　　城市人口男女比例严重失调，除了自然增长外，乡村人口的内聚迁移是一个很重要的方面，对人口自然结构的影响更大。贸易的扩大吸引了外来商人资本的投资，并吸引着周边和外省人口来到烟台从事与进出口贸易有关的职业，所以男性的比重占总人口的 4/5[1]，男女比例严重失调。到清末民初，妇女人口大幅增长，几乎占了总人口的 1/4，以至于房租价格上涨，这主要是因为花边、发网业的兴起吸引了大批妇女进入烟台从事该行业。据统计，烟台花边业在 1918 年以前，一直占全国同业出口额的 95% 以上[2]，实业会学校（Industrial Mission Schools，即后来的培真女校）几年间培养的花边纺织人员难以确计，在烟台以纺织花边养家的妇女和女孩有数千名。中国的发网业主要集中在山东，而山东的公司商号又都集中于烟台，在 1920 年前，烟台即"以世界发网业中心之一著称"，而从业女青年达 2 万多人[3]。到民国时期，妇女人口则明显下降。

　　人口的职业结构在城市转型的宏观背景中发生了明显变化。1891 年烟台总人口 32500 人，其中商店、油坊等 9620 人，占总从业人数的 29.6%，装卸工及杂工等 10650 人，占总从业人数的 32.8%。[4]10 年后，烟台从业人口总数增加到 57120 人，净增了 24620 人。其中，增长最快的仍然是装卸工等，达 32000 人，占总人口的 56%；其次是商店等行业，计 13000 人，占总人口的 23%；私人公寓从业人员 4800 人，占 8%；舢板从业人数为 3400 人，占 6%；其他，客栈业 1100 人，鸦片业 1200 人，娼妓业 1200 人，海关和衙门雇员 420 人。[5]装卸工和商人共计 45000 人，占总人口的 78.8%。装卸、港内驳运舢板、外国洋行本地雇员、海关及衙门雇员等行业，均直接与烟台接卸、报关相联，即使是摊贩、客栈、私人公寓，也是服务于港口业务的，充分说明烟台港城的职业特点。手工业劳动者、产业工人、苦力构成了城市劳工阶层的三大主体部分，其数量大量增加的同时，其来源构成也日益多样化。

　　虽然城市人口职业结构与传统农业社会相比有了质的变化，但现代化水平并不高，作为港口贸易商埠，烟台的城市功能还比较单一。进入 20 世纪后，振兴实业，开始发展新式工业，航运业、缫丝业、烟草业、汽机纩厂、烟草厂、

---

[1]　Decennial Reports, 1882–1891, Chefoo.

[2]　交通部烟台港务管理局编：《近代山东沿海通商口岸贸易统计资料（1859—1949）》，对外贸易教育出版社 1986 年，第 195 页。

[3]　穆马快乐：《我的一生》，曲拯民译，（台湾）《山东文献》第 11 卷第 2 期。转引自郭大松等：《传教士与近代山东花边、发网业》，《烟台大学学报（哲社版）》1994 年第 3 期。

[4]　Decennial Reports, 1882–1891, Chefoo.

[5]　Decennial Reports, 1892–1901, Chefoo.

铁工厂、电灯公司等不断兴起。工业门类也日趋增多，化学工业、饮食工业、纺织工业、机械工业、公用电汽业、木料加工、印刷造纸业等，改变了过去单一的经济结构。到 1933 年，非农业人口包括学业人口达 126209 人。其中，商业人口 61320 人，占总人口的 44%；工业人口 47465 人，占 34%；学业人口 15541 人，占 11%。[1] 这表明到三四十年代烟台人口职业结构渐趋全面，从业人口分布不均的状况有所改变。尤其自由职业者，在从业人口中的比例增大，表明烟台的教育、医疗、律师等业有了很大的发展。

（3）城市人口流动频繁。

内聚迁移，是烟台城市人口增长的主要来源。旧的城乡一体化结构打破，新的开放结构随着工商业的发展而逐渐形成，由此推动城市经济不断发展，不但需要大量来自于农村的农副产品和工业原料，也需要向农村推销其工业制成品，城乡间的经济联系由之而增强。城乡间经济联系的不断增强，又促进人口因之发展。到甲午战争前，乡村劳动人口不断流入城市。同时，新兴手工业等提供更多就业机会，加上通商口岸的社会治安良好，吸引了不少乡间富绅的移入，这是烟台人口稳定成长的重要因素。不过，港口城市的最初功能限于"通商"，商业化而非工业化的城市发展，虽推动了通商口岸城市化起步，但对农村人口的吸附有一定局限。

从 1895 年到 1920 年，农村的苦难急速加重，大批人群离村入城。"贫苦农民，农村社会中的闲杂人员都到市内的作坊和新建的工厂里找工作。他们到码头当搬运工，当苦力或者拉洋车，许多乡村的名流也被吸引到省城或者本地区的大城市里居住，部分人是想在当地的政府或者各种自治组织里混个差事，部分人是急于为自己的子女保证受到新式教育的机会。"[2] 城市中新兴工商业部门也需要大量的廉价劳动力，"城市需要廉价劳动力用于开动纺织机或拣选烟叶，或用于制造火柴、面粉、罐头食品、水泥和其他批量生产的商品的工厂之中。这些通过新建的铁路和汽船而能够得到的就业机会为那种封闭的农民生活提供了另外的选择。"[3] 在城市中谋生的可能性因而大大增加。如，烟台人口从 1892 年至 1901 年人口增长非常快，其主要原因就是外来铁工人数的急剧增加。铁工人数在 1882 年有 500 人，到 1891 年增至 5000 人。由于每天到烟台驮货的骡子有三千匹左右，这里又是行程的终点，所以需要大量的铁工从事

[1] 民国实业部国际贸易局编：《中国实业志·山东省》（丁），台北宗青图书公司 1934 年，第 57 页。

[2] （美）费正清、费维恺编：《剑桥中华民国史（上卷）》，刘敬坤等译，中国社会科学出版社 1994 年，第 842~843 页。

[3] （美）费正清、赖肖尔：《中国：传统与变革》，陈仲丹等译，江苏人民出版社 1992 年，第 449 页。

更换蹄铁的工作。铁工主要来自莱州府，他们把旧铁炼成各种制品，大至铁锚，小至铁钉，主要制品为铁蹄掌和蹄丁。[1] 从1933年的调查中也可看出，移入烟台的各类人口数量很大（包括长期移民和短期居住者，即来往于城市间办理各种公私事务），在1月份有3939人，其后每月移入达近千人，10月份后移入人口增多，12月份达1661人。[2]

据1935年实业部中央农业实验所《各省农民离村调查》，山东省全家离村到城市逃难者占11.7%，到城市打工者为22.3%，到城市谋生者为13.9%，到城市住家者为6.3%，4项合计占54.2%；青年男女离村到城市打工者为28.9%，到城市谋事者为19.0%，到城市求学者占18.7%，3项合计占66.6%。[3] 对烟台这个开埠口岸城市而言，离村进入的人数比例可能更高。长期大量的人口从农村流向城市，以至形成了地方特色：黄县和潍县多出商人，文登县多出力夫，海阳县多出水手，即墨多出矿工。[4]

胶东及其他地方商人向烟台城市的移动集中，也是很重要的一方面。贸易的勃兴，刺激吸引着沿海地区商人资本向烟台汇聚，靠与辽东地区贸易及汇兑发展起来的蓬莱、黄县、掖县等地商人资本，纷纷将资金从传统钱、典业中抽出，转向烟台谋求新的发展机会。与此同时，已有所发展的潍县商人资本，也离开潍县与胶县连接线上的活动地盘，向烟台移动，并与黄县、掖县的民族资本汇流。1882年，烟台人口总数仅3500人左右，而10年后增至32500人，其中经营杂货行、油房的商人总数为9620人，经营客栈的260人，小商贩5500人，还有买办在内的洋行雇员230人。[5]1901年，烟台人口总数增至57120人，商人达13000人，经营客栈人数1100人。[6]辛亥革命后，因乡间不靖，绅商来避难者不绝，大批富有的乡绅迁烟台后，将闲置资金投于工商业，从而壮大了烟台商人资本的阵容。1919年烟台城市人口已近10万人，大小商号店铺发展到3000余家。[7]随着城市商人聚集程度的提高，商人组织也获得了同步发展。1915年烟台总商会注册入会商号650家。20年代末，入会商号增至2186家，其中缴纳会费1~2元的店铺商1437家，缴纳

[1] Decennial Reports, 1882–1891, Chefoo. 转引自彭泽益：《中国近代手工业史资料（第2辑）》，中华书局1962年，第138页。

[2] 民国实业部国际贸易局编：《中国实业志·山东省》（丁），台北宗青图书公司1934年，第57~58页。

[3] 《农情报告》第4卷第7期，表5、6。

[4] 刘素芬：《烟台贸易研究（1867—1919）》，台湾商务印书馆1990年，第100页。

[5] Decennial Reports, 1882–1891, Chefoo, P46.

[6] Decennial Reports, 1882–1891, Chefoo, P54.

[7] 林修竹主编：《山东各县乡土调查录》卷四烟台，1920年铅印本。

会费 4 元的中等店铺 514 家，缴纳会费 8 元、有一定资本实力的商号 120 家，缴纳 12~24 元的大商号 105 家。[1] 据调查，在烟台的同乡组织有 18 个。[2] 各地商人向口岸城市聚集的趋势，使烟台成为近代山东商人资本最为密集的城市之一。

还有一种外向流动。烟台是山东劳动力向外流动的重点口岸，客流量很大，移出人口很多。在 1922 年以前，每年往返于烟台等地的旅客达 25000 人次以上，如 1906 年达 8 万多人次[3]，1910 年 229463 人，1911 年 139151 人，1912 年 191688 人，1913 年 232722 人[4]。也有因灾而离乡，如 1884 年烟台地区水潦为灾，荡析离居，流民甚众。但主要还是外出苦力，因生产不足自给，故人民多逐利于四方，以维生活。"每年二三月，本地人民由此出口赴海北（奉天）等处工作者，络绎不绝，至秋收后返里，俱能腰缠累累，该埠下等栈房，具仰给于此，以为挹注。"[5] 这种外出在有些地区似乎成为一种习俗，不论是否遭灾，过了正月十五，便成帮结伙按固定路线外出赚钱。这就形成一种自然性季节性的流动。[6] 以 1933 年为例（其中包括短期居住者），第四季度的人口移出明显较多，10 月份 465 人，11 月份 431 人，12 月份 463 人。[7]

另外，随着对外贸易发展，与海外联系不断加强，而吸引了劳动力将视野投向国外。多数人外出到满蒙和西伯利亚，或远涉重洋到南亚等地，在南洋诸岛也留下了足迹，分布范围甚广。1904 年前，有部分本地人开始了个人海外冒险，到澳洲和美国西部淘金，而苦力出口则很少。如 1870 年，沙俄利用英国商船贩运华工，从 1896 年到 1903 年，沙俄掠走山东劳力从烟台港出口达 125364 人，平均每年 15000 余人；1891 年，法国从烟台招工 200 余人，欲带往外洋。[8] 大规模的华工外出，是在 1904 年《中英华工法案》签订后，英国招募大批华工前往南非开金矿，从烟台出口者有 4000 余人。次年，到南非的华工有 1.6 万多人。一战期间招募的华工中以山东籍者为数最多，"而山东人中，又以旧属登莱青三府人为最多"[9]。另外，去隔海相邻朝鲜的人更多，"由

[1] 烟台总商会：《山东烟台总商会民国十六年并十七年份报告书》，1929 年。

[2] 刘精一：《烟台概览》，《烟台概览》编辑处 1937 年铅印本，第 12~13 页。

[3] 《烟台港史》，人民交通出版社 1988 年，第 152~158 页。

[4] Decennial Reports, 1902–1911, 1912–1921.

[5] 匡裕祥：《烟台笔记》，《新游记汇刊续编（卷七）》，第 29 页。

[6] 路遇：《清代和民国山东移民东北史略》，上海社会科学院出版社 1987 年。

[7] 民国实业部国际贸易局编：《中国实业志·山东省》（丁），台北宗青图书公司 1934 年，第 57~58 页。

[8] 李文治：《中国近代农业史资料》（第一辑），三联书店 1957 年，第 941 页。

[9] 欧里特：《欧洲华侨生活》，海外月刊社 1933 年，第 26 页。

于朝鲜仁川、山东芝罘相隔一海峡，舟行一昼夜可达……旅居国外为惯常之事，且勤苦耐劳，所以独得海外一生活途径"[1]。这些远赴海外的苦力，也有久居不归者，但大都每年回乡一次。[2]

[1]　《朝鲜案调查报告》（四），天津《益世报》1931 年 8 月 2 日。
[2]　支军：《开埠后烟台城市空间演变研究》，齐鲁书社 2011 年。

"海阳铁西瓜，威名传天下"[1]：红色文化

胶东是革命老区。从早期党组织的创建到革命战争时期的"保田保家乡"，牟平雷神庙战役、海阳地雷战、八路军渡海挺进东北……一段段艰苦卓绝的斗争，一出出可歌可泣的故事，留下了凝重的红色记忆。

一、从党组织的初创到红色暴动

胶东是中国共产党在山东开展活动最早的地区之一。烟台海军学校是胶东党团组织最早开展活动之地。

光绪二十九年（1903）创办的烟台海军学校，原为清政府的水师学堂，1913 年改名烟台海军学校，后迁并福州马尾海军学校。这就是沈从文在《记胡也频》中提到的"中国山东烟台地方，有一个国家海军预备学校"[2]。

资料来源：李晓飞：《烟台开埠记忆》，黄海数字出版社 2009 年，第 139 页。

1903 年建立的水师学堂旧址

---

[1] 陈志昂：《胶东解放区歌曲选》，解放军文艺出版社 2003 年，第 184 页。

[2] 《沈从文文集》第九卷，花城出版社、三联（香港）书店 1984 年，第 52 页。

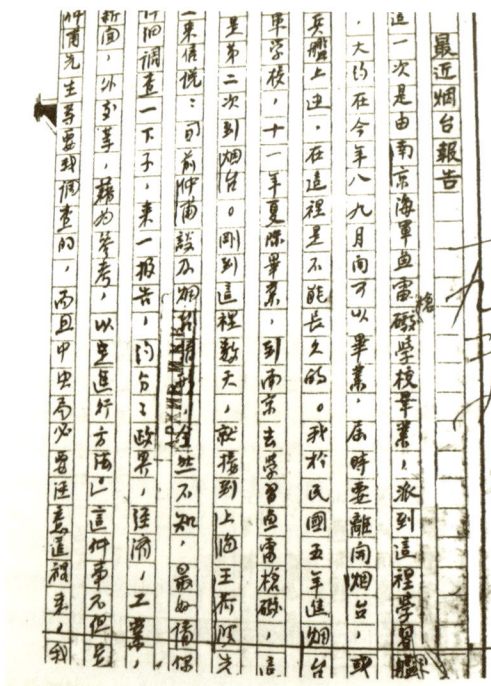

郭寿生给中共中央局的报告

五四运动爆发后，烟台海军学校的进步学生李之龙和郭寿生组织学生举行各种示威游行和宣传活动，革命思想开始萌生。1920年，李之龙和郭寿生在校内成立"读书会"，阅读研究《新青年》《每周评论》等理论书刊，并作为通讯员参加了由李大钊、邓中夏、罗章龙等发起的北京大学马克思学说研究会。1921年，中国共产党成立不久后，即委派邓中夏、王荷波来胶东开展党的工作，筹建党团组织，点燃了革命的星星之火。烟台海军学校的郭寿生加入中国社会主义青年团，并负责在烟台开展团的活动。

1923年郭寿生加入中国共产党，秘密开展胶东党组织的筹建工作。1924年12月，根据中共中央局的指示，烟台海军学校中共党员郭寿生、叶守桢、曾万里成立了中共烟台小组，直属中共中央局领导，是胶东最早的党组织。

胶东早期党组织，在极其艰难的条件下，为建立和扩大党的基层组织，宣传群众、教育群众、发动群众，做了艰苦细致的工作。至1924年底，烟台已有中共小组1个，党员3人，中国社会主义青年团支部1个，团员10多人。在农村，1925年11月，党组织委派共产党员宋海艇到莱阳、海阳一带开展活动，发展党员、成立党的基层组织。1927年，莱阳地区建立了胶东第一个农村党支部——中共莱阳县前保驾山村支部。在党组织的领导下，莱阳、海阳一带的农民纷纷成立农民协会，农民运动蓬勃发展起来。1928年3月，经过周密筹备，建立了中共胶东第一个县级组织——中共莱阳县委员会，县委着力扩大党组织、组织发动群众、发动武装暴动、创建苏维埃政权。农民协会在胶东有了较大规模的发展。还组建了"胶东抗粮军"，开展武装斗争，在胶东开创了以革命武装反抗反革命武装斗争的先河。

1930年代，胶东各县共产党组织相继建立并迅速壮大。至1932年，胶东有 14 县市建立了党组织，共产党员发展至数百名，红色革命运动蓬勃开展。随着革命形势的发展，为了统一胶东革命行动，根据中共山东临时省委指示，1933 年 3 月，建立了第一届中共胶东区特别委员会。自此，胶东的党组织有了统一的领导机构。

1935 年 1 月，中共胶东特委根据上级指示决定发动武装暴动，并在昆嵛山进行筹备工作。8 月，胶东特委在昆嵛山岳姑殿召开会议，研究武装暴动的准备工作。10 月胶东特委在昆嵛山成立了武装暴动指挥部，张连珠任总指挥，程伦任副总指挥；暴动口号是"打倒军阀""打倒贪官污吏""打土豪分田地""坚决拥护苏维埃政权"；暴动队伍的番号为"中国工农红军胶东游击队"。11 月 29 日（阴历十一月初四），中共胶东特委在昆嵛山组织发动了反抗国民党反动派的武装暴动，这就是闻名胶东的"一一·四"暴动。武装暴动分东西两路全面展开：东路是文登、荣成、威海，西路是海阳、莱阳、牟平。胶东红色暴动声势浩大，胶东各县百姓欢欣鼓舞。由于准备工作不充分、敌强我弱等原因，在国民党当局的清剿、捕杀中，西路、东路暴动相继失败。

当时国民党威海专员公署与商会合办的《黄海潮报》从 11 月 29 日至 12 月 15 日对暴动作了多次报道。11 月 29 日的首次报道："莱阳、海阳、牟平三县毗连，近发现匪徒蠢蠢欲动。据云，察其行，似有色彩。现各县县长如牟平、文登、荣成、海阳等，均于日前先后赴莱阳，会商肃清办法。闻各县匪徒，纯系当地无赖痞徒，并非有大帮大股。各县第一步工作除由驻军弹压外，并由军警、民团、警察三方严厉清查户口，以杜乱源而免滋蔓。烟台军事当局已派军一营分赴牟平，展书堂师长现已至莱阳视察各防防务云。"

《黄海潮报》11 月 29 日的另一则报道，国民党山东省民政厅通令各县"查报被通缉逸匪"的消息云："省政府民政厅近通令各县：据谓筑三路手枪旅第一团团长贾本甲呈，为奉令清乡，目睹各县县政流弊，条陈意见六项。第一条内称：省府各机关对县所发之通缉令，无论被通缉者，系其辖县内人民，县府从未派人到被缉者之家乡搜查一次，以致通缉令成为纸面文章，毫不发生效力，故被通缉者经三五月后仍可回家安度。如通缉者系著名匪类或恶豪劣绅，三五月后，告发之良民反惧其回家报复，竟弃家远走以避其锋。请严饬各县政府：对通缉之匪类，如系辖县人民，奉令后即派人到匪家乡搜查一次。如未查获，经通半月，再派人往缉一次，使被缉之匪类不敢明目张胆回家、横施报复。良民亦乐于尽力协助官府铲除匪类等情。民厅据呈后，昨已通令各县长遵照，对曾被通缉逸匪，严饬该管乡镇长等，切实负责，随时查报，缉捕归案……"

12 月 5 日对西路暴动的报道："通海南方之匪徒系旧历初四日暴动,初起时仅四十余人内的匪首三四人持有枪支,余者多系土枪及红缨枪、大刀等。四日傍午首先闯入通海,拟缴保卫团枪支,该地保卫团以人数过少,恐力弱不支,事先既开往他处,匪到后将团驻所焚烧……"

在南京中央第二历史档案馆保存的有关电文记录了暴动被镇压的过程。其中韩复榘根据荣成县长 29 日的电报,11 月 30 日向南京发的电文称:"据荣成县长邱中度艳电称,俭日在石岛查获共党七名,供认党羽甚众,拟集合石岛起事,并发现持枪共党多名,割断电线。又据荣石民团队长贻风春艳电称,荣石地面赤匪纷起,昨已查获十余名匪徒,称期在荣石集中暴动各等语。"当时以韵代日,艳即 29 日,俭即 28 日。[1]

这场暴动,是第二次国内革命战争时期中国共产党在胶东组织、领导、发动的一次规模最大的武装斗争,也是在山东境内发动的最后一次农村武装暴动。尽管暴动失败了,但扩大了党在人民群众中的影响,人民群众受到了教育,尤其在东路暴动中失利的一支队伍转入昆嵛山,打起"昆嵛山红军游击队"的旗帜,同反动武装进行艰苦卓绝、不屈不挠的斗争,后来成为胶东武装抗日的骨干力量。正如《红军游击队之歌》所唱:

大雪飘飘在天空,

胶东正在闹革命,

官府布置"清乡团",

军阀下令向我攻。

机枪扫,大炮轰,

多少烈士流血红。

失败开出胜利路,

革命一定能成功! [2]

二、威震敌胆的惊魂杀手:地雷战

1.胶东抗战形势

"一一·四"暴动失败后,胶东党组织遭到破坏,革命环境恶劣,白色恐

---

[1] 史言实:《1935 年胶东暴动日期再探讨》,《中共党史研究》2000 年第 4 期。

[2] 陈志昂:《胶东解放区歌曲选》,解放军文艺出版社 2003 年,代序 1~2 页。

怖弥漫。1936年4月，中共胶东临时特委成立，理琪为书记，继续领导胶东的革命斗争。在理琪起草的《给各级党同志的一封信》中，分析了胶东政治形势，总结了"一一·四"暴动的经验教训，批评了党内存在的种种消极倾向，提出了纠正方法及今后的任务。

10月，胶东中等学校抗日救国联合会在莱阳乡师成立，并派出若干小组，分赴胶东各县进行抗日救国宣传活动。胶东临时特委与烟台市委合并成立胶东特别区工作委员会，理琪任书记。抗日战争爆发后，中共胶东特委根据党中央的指示，号召胶东全体"共产党员站在抗日的最前列"，利用"一切机会去宣传群众，组织群众参加抗日救亡运动"。胶东特委为抗日救国大计，推动建立胶东抗日民族统一战线。

资料来源：中共烟台市委组织部、中共烟台市委宣传部、烟台市档案局编：《红色记忆》，黄海数字出版社2013年，第86页。

给各级党同志的一封信

1937年12月24日，中共胶东特委根据党中央、中共中央北方局的指示和中共山东省委"十月会议"精神，在文登组织领导了震撼胶东的天福山抗日武装起义，创建了"山东人民抗日救国军第三军"。

雷神庙遗址

1938年1月成立了胶东军政委员会，理琪任军政委员会主席。从1月至3月，在威海、荣成、黄县、蓬莱、莱阳、掖县、即墨等县组织发动抗日武装起义，创建人民武装。尤其是进行了著名的雷神庙战役。3月13日，"山东人民抗日救国军第三军"一大队在理琪的率领下攻克牟平城，活捉了伪县长、伪公安局长及其以商团为主的武装人员百余人。攻城部队获胜后，转移到城南山区。

资料来源：中共烟台市委组织部、中共烟台市委宣传部、烟台市档案局编：《红色记忆》，黄海数字出版社2013年，第115页。

"三军"起义队伍

理琪及指挥部20余人留在城东南约3里的雷神庙，研究下步行动计划时被日军包围，进行了史称"打响胶东抗战第一枪"的雷神庙战斗。从午后打到晚上，理琪率领战士打退了日军多次进攻。后来，郭沫若有诗赞曰：

> 天福英雄是理琪，献身革命国忘私。
> 当年勇打雷神庙，今日高标星宿旗。
> 万代东风吹海隅，一方化雨仰宗师。
> 文登多少佳儿女，接力还须步伐齐。

在诗的引言中说："理琪同志乃武装起义时胶东特委书记兼司令员，于攻打牟平雷神庙之役，光荣牺牲，特此造像，奉行楷模，诗以赞之。"

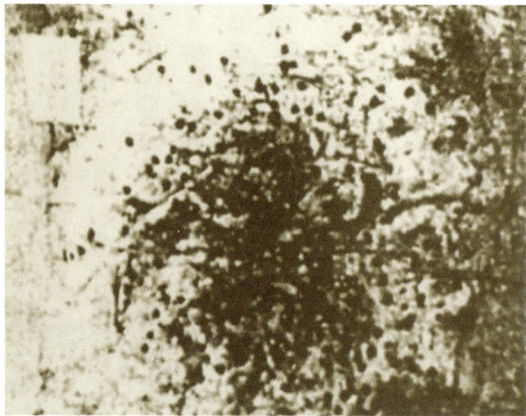

雷神庙铁皮雨搭子上的弹孔

雷神庙战役，打响了胶东抗战第一枪。是役也，以粗劣的装备，以人数少于敌人数倍的劣势，打破了日军不可战胜的神话。如今，雷神庙的屋宇上，覆盖着一片铁皮雨搭子，铁皮雨搭子上尚有百余个弹孔，弹孔弹痕，沐雨栉风，铭记着那段血染的历史。

此后，胶东各地建立了抗日武装，进入全面抗战时期。

中共胶东特委在创建抗日武装之后，着手发动群众，建立抗日民主政权，开辟抗日根据地。1938年5月，胶东特委和第三军西进到沿渤海的蓬莱、黄县、掖县，与鲁东抗日游击队第七、第八支队和胶东抗日游击队第三支队一起，组成抗日联军，创建莱黄掖抗日民主根据地。这是胶东最早的解放区。7月，以蓬、黄、掖抗日民主政权为基础，成立了胶东北海行政督察专员公署，统一领导三县民主政权，并公布了施政纲领。北海专署的成立，标志着蓬、黄、掖抗日根据地的正式形成，是山东最早的抗日根据地。后根据中共苏鲁豫皖边区省委的决定，撤销胶东特委，成立中共胶东区党委。"胶东抗日游击队第三支队"与"山东人民抗日救国军第三军"合编。不久，第三军奉命改编为"国民革命军第八路军山东人民抗日游击第五支队"，全队辖四个团，拥有七千余人。第五支队的成立，标志着胶东抗日武装已发展成为一支由党统一指挥、组织严密的正规化抗日部队。正如《山东纵队进行曲》所唱："虽然是无中生有，但是有中国共产党领导着我们迈步向前！虽然是年青的党军，但是也进行过无数的血战：我们用土炮打下过飞机，击沉过兵舰，在雷神庙、魏家堡、杨家横、刘家井、五井、孙祖、大柏山、青驼寺……曾用我们的热血写下了辉煌的战史。看吧，看吧！敌人正在我们面前发抖，只要我们战斗，战斗啊！不断地战斗！胜利就在我们的前头！"[1]

这个时期，抗日根据地由蓬、黄、掖扩展到以大泽山区为中心的平度、招远、莱阳边区。1939年后东海、北海、西海、南海新的行政区相继成立。第五支队也得到了进一步发展壮大，并建立了广大的地方武装。在抗日根据地内，中共胶东区委建立健全了党的领导，党员发展到12000余人，而且实施了一系列政策法令。

八路军山东第五支队成立大会

尤为重要的是1938年在掖县创办了北海银行，成为抗日根据地的地方银行，并建立了以"北海币"为本位币的独立货币市场。北海银行的创立，与胶东革命政权的建设发展息息相关，"建立了民主政权，容纳了愿意抗日的各种各样的人才，没有这一条，北海银行是不可能建立的"[2]。所发行的北海币，"共四种：壹角、贰角、伍角、壹元，分别以掖县当时的南关火神阁、鼓楼、玉皇顶及县政府大院为背景"，"是用道林纸石印的，共发行95000元"[3]，定为

[1] 陈志昂：《胶东解放区歌曲选》，解放军文艺出版社2003年，第13页。

[2] 中国人民银行金融研究所等编：《中国革命根据地北海银行史料（第一册）》，山东人民出版社1986年，第22页。

[3] 山东省钱币学会编：《北海银行暨鲁西银行货币图录》，齐鲁书社1998年，第9页。

资料来源：余继明：《北海银行纸币券》，浙江大学出版社2000年，第1~2页。

1938年北海银行发行的纸币

通用货币，与法币（国民党政府当时发行的纸币）等价流通，随时可兑换收归。北海币"一经发行，立即在蓬黄掖三县及邻县流通，信誉极好，人民开始有了自己的货币"[1]，"新民主主义时期革命根据地货币中流通时间最长，使用地区最广，使用人口最多的货币。"[2]北海银行的建立和发展，是根据地经济建设的重要一环，也是胶东抗日根据地的一项创举。

1941年，日本推行"以战养战""强化治安"策略，对胶东根据地发动了经济封锁和军事扫荡。中共胶东区委在中共中央山东分局领导下，针锋相对

胶东区临时参议会成立的通令

地进行了反"封锁"、反"扫荡"斗争，并根据中共中央山东分局、山东纵队指示精神，遵循"有理、有利、有节"的原则，首先组织了反顽斗争，发起了自卫反击战役，收复了牙山根据地，打通了东、西两区的联系，进一步扩大了根据地和抗日武装，扭转了与顽军斗争的局面。[3]

1942年到1944年的三年时间里，胶东军民在极端艰难困苦的条件下，坚持敌后抗日游击战争。日伪军出动大批兵力，对胶东根

---

[1] 中国人民银行金融研究所等编：《中国革命根据地北海银行史料（第一册）》，山东人民出版社1986年，第23页。

[2] 孙守源、季平：《北海银行的创建及其最初印发的纸币》，《中国银行》1993年第2期。

[3] 林浩：《胶东抗日军民的光辉胜利》，载中共山东省委党史资料征集研究委员会编：《山东抗日根据地》，中共党史资料出版社1989年，第275页。

据地发动"扫荡"，制造了惨绝人寰的"马石山惨案""雷山惨案"和"崂山惨案"。面对强敌，胶东军民同敌人进行了艰苦卓绝的斗争。1942年6月15日，在各县抗日民主政权相继建立的基础上，胶东区临时参议会第一届第一次参议会召开，会上宣布胶东区临时参议会正式成立。

会议通过了中共胶东区委提出的"坚持抗战，坚持团结，改善人民生活，提高人民政治文化水平，提高妇女地位，安定社会秩序"等为主要内容的《胶东区战时施政纲领》，并按"三三制"（即中共党员、进步分子、中间分子及其他分子各占三分之一）原则，选举出胶东区行政主任公署。

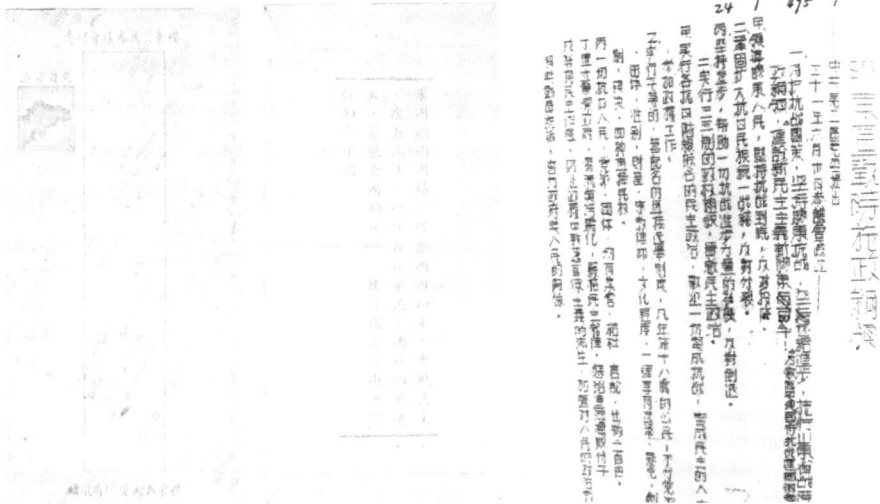

资料来源：《集邮博览》2010年第2期。

"胶东一届参议会纪念"免资信封

资料来源：中共烟台市委组织部、中共烟台市委宣传部、烟台市档案局编：《红色记忆》，黄海数字出版社2013年，第194页。

胶东区战时施政纲领

7月，成立胶东军区，许世友任司令员，林浩任政治委员。随之，胶东军区在海莱边区召开会议，进行紧急反"扫荡"动员，研究部署了反"扫荡"的作战计划。在反"扫荡"中，胶东军区所属八路军执行了"保存有生力量，保卫根据地，分散活动，分区坚持"的作战方针。胶东人民群众积极投身到反"扫荡"斗争中，当向导，递情报，送给养；广大地方武装则利用人亲地熟的有利条件，"敌人向东我向西，山峦沟壑任纵横"，积极配合主力，机动灵活，分区作战，运用麻雀战、地雷战、破袭战狠狠地打击敌人，彻底粉碎了敌人的连续"扫荡"。

日军在发动太平洋战争后，对抗日根据地进行军事"扫荡"的同时，对根据地和边沿区又展开了大规模的"蚕食"行动。针对日军的"蚕食"和"囚笼"政策，胶东军区坚持"敌进我进，敌不进我也进"的方针，以主力部队与地方武装相结合，广泛运用"翻边战术"，开展群众性的反"蚕食"、反封锁斗争，并加强对敌政治攻势，不断巩固根据地。

具有光荣革命传统的胶东民兵，始终站在反"扫荡"、反"蚕食"、反封锁斗争的第一线，发挥了巨大的作用。胶东民兵在主力部队和各区地方武装的支持配合下，活跃在村头地边、沟坎山脊，广泛开展游击战，组织"村村联防"，实行武力与劳力相结合，保卫家乡，保卫生产，用各种方式同敌、伪、顽作斗争。[1]

1943 年胶东军区政治部宣传画

1943 年，胶东抗战形势发生了有利的变化。为了迎接抗日战争的战略反攻，根据中共中央山东分局指示，中共胶东区委统一领导根据地的党、政、军、民工作，胶东军区整顿了主力部队和地方部队，从而提高了抗日部队的战斗素质。

1944 年秋后，胶东抗日军民在山东分局和山东军区领导下，展开了对日大规模秋季攻势作战，历时一个多月，歼灭日伪军 5000 余人，攻克与迫退敌伪据点 138 处，使 140 多万人口和文登、荣成两座县城及 2500 多个村庄获得解放，扩大根据地五千余平方公里。[2]

抗战时期，胶东军民还同形形色色的顽固派、投降派反动势力进行了长期尖锐复杂的斗争。以在胶东时间最长、作恶最多、危害最大的赵保原为代表。赵在胶东尤其在莱阳统治区内，为虎作伥，屠戮生灵，民不聊生。当时流传的歌谣：

说莱阳，道莱阳，

莱阳本是好地方，

---

[1] 许世友：《在反"扫荡"的岁月里》，载许世友、孙继先等：《金戈生涯》，解放军出版社 1986 年，第 13 页。

[2] 许世友：《许世友回忆录》，解放军出版社 1986 年，第 390 页。

自从来了赵保原，

家家户户遭灾殃。[1]

赵同日伪的紧密勾结和联合进攻，"顽固分子赵保原，组织了抗八联，不打鬼子打八路，准备当汉奸"[2]，曾给胶东抗日武装造成很大的困难，也成为后来准备反攻的重大障碍。形势是严峻的。1944年秋冬，山东军区发出准备反攻作战的军事斗争方针的指示，明确指出：胶东区应以赵保原为主要作战对象。讨赵战役发起前，在胶东区委和胶东军区的统一部署下，胶东各界广泛深入进行了政治动员。1945年2月初，胶东临时参议会发布《告胶东同胞书》，号召胶东军民团结奋起；胶东军区也发出《告莱阳同胞书》，声明为了抗战利益和解放莱阳而伐赵。在胶东人民的呼吁下，在地方武装、民兵和群众的支援下，胶东军区发动了讨伐赵保原的玩底战役，一举消灭了赵的反动武装力量，剪除了胶东日军的羽翼，使海莱边区八十万人民获得新

资料来源：李恕：《烽火丹青记抗战——胶东八路军对日战略反攻前后》，《百年潮》2006年第4期。

反映对日秋季攻势的《胶东画报》封面木刻作品（1944年，作者李善一）

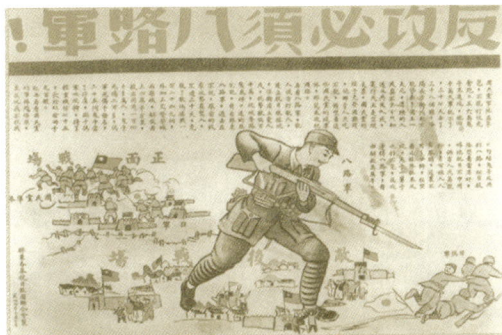

资料来源：李恕：《烽火丹青：胶东八路军对日战略反攻前后的宣传策动》，《军事历史》2006年第2期。

以胶东各救会名义发布的局部反攻宣传画（1944年10月，作者李恕）

---

[1] 许世友：《许世友回忆录》，解放军出版社1986年，第397页。

[2] 陈志昂：《胶东解放区歌曲选》，解放军文艺出版社2003年，第31页。

生。正如胶东民歌《反对赵保原》所唱："军民团结铁一般，反对你赵保原，你要反共当汉奸，小命就完蛋。"[1]

资料来源：李恕：《烽火丹青记抗战——胶东八路军对日战略反攻前后》，《百年潮》2006 年第 4 期。

反映 1945 年初胶东八路军讨伐赵保原战役的画报作品。图中表现了架高爆破、炸洞攻城的新式作战法（作者朱兆丰）

资料来源：李恕：《烽火丹青记抗战——胶东八路军对日战略反攻前后》，《百年潮》2006 年第 4 期。

1945 年 8 月占领烟台南山的我攻烟主力刘涌、仲曦东、于得水部的机枪手（鲁萍摄）

炮轰平度日伪守敌绥靖 8 集团军碉堡（鲁农摄）及被俘的王铁相（孔东平摄）

[1] 陈志昂：《胶东解放区歌曲选》，解放军文艺出版社 2003 年，第 31 页。

1945年8月10日，日本政府发出乞降照会。八路军胶东部队组成的山东野战军第三路大军立即展开了全面大反攻。经过一个月的战斗，先后收复威海、烟台、平度等城市。

2.地雷战：胶东抗日烽火中的利器

地雷战是胶东人民在抗日烽火中伟大的创举之一。它由平度大泽山区发端，而兴盛于海阳。

1940年2月，日军踏入海阳。在中国共产党领导下，海阳人民同仇敌忾，奋起抗战。1941年建立了革命根据地，成立抗日民主政府，开展了大规模的全民抗战。1943年5月，海阳县人民武装委员会在小纪区南埠村召开各区武委会主任会议。县武委会主任栾晋阶介绍了平度大泽山区民兵摆地雷阵杀敌的经验，要求各区发动群众，研制地雷。同年5月，小纪区瑞宇村民兵副队长于凤鸣在瑞宇、东村庄之间公路上埋下两颗地雷，炸死炸伤5名日伪军。这次地雷的炸响，拉开了海阳地雷战的序幕。之后，由点到面，在海阳全县普遍展开，"时时枪声响，处处地雷炸"。

初期使用的地雷以铁雷为主，但因造雷所需生铁匮乏，铁雷数量有限，难以发挥最大效用。为此，海阳民兵绞尽脑汁，琢磨如何就地取材。为解决这个问题，在文山后村于化虎、赵疃村赵守福的带领下，民兵们在石头上打眼、填药、装引

资料来源：李恕：《烽烟丹青舆图啸——胶东八路军抗日宣传侧记》，《地图》2005年第5期。

八路军胶东军区政治部为庆祝抗战胜利而发的宣传画（1945年8月，作者李恕）

石雷

信，制成各种各样的拉雷、绊雷、滚雷。又采用土法造出了"土炸药"，一硝、二磺、三木炭，然后用石碾将其碾成末装入石雷中，威力接近炸药。1943 年 5 月，文山后村民兵队长于化虎为验证炸药效果，带领民兵在敌人进村、出口处埋了 70 余颗石雷，全部"开花"，一次炸死敌人 17 名。此后，海阳民兵开始普遍学习制作并使用石雷。

在对敌斗争中，智慧的海阳民兵战斗经验不断增长，从战争中学习战术，由单一布雷发展到大摆地雷阵，"他们根据对敌斗争的需要，创造了十多种地雷和三十多种埋雷、设雷手段，从简单的铁雷、石雷、拉雷、绊雷，发展到复杂多变的飞行雷、马尾雷、防潮雷、子母连环雷、慢性自燃雷等等；从单一的沿路埋雷，发展到村村设下'地雷宴'，门上挂雷，草堆藏雷，人人布雷，户户有雷，真真假假，虚虚实实，炸得敌人鬼哭狼嚎"[1]。"在大路小道、村前村后，到处布上了铁雷和石雷。敌人走一趟炸一趟，走到哪里，炸到哪里，治得日军胆战心惊，寸步难行。"[2]

威震敌胆的地雷阵，防不胜防，日军陷入了地雷战的汪洋大海中。虽制作粗陋，但地雷战术运用却可谓炉火纯青、出神入化。正如当时流传的歌谣所唱："海阳铁西瓜，威名传天下。海阳铁西瓜，鬼子最害怕。今天炸，明天炸，今年炸，明年炸，直到把他们打发回老家。"[3]"地雷轰，地雷轰，地雷响连声。轰！轰！轰！我们的地雷真威风，鬼子叫他杀人精，大路之上埋伏好，谁也行不通。轰！轰！轰！昨天响在城门外，吓得鬼子胆战惊；今晚送在碉堡前，站岗的鬼子就炸得起了空。轰！轰！轰！地雷是咱们的好武器，地雷是鬼子的要命星。地雷轰，地雷轰，选择地形埋伏好了专打鬼子兵。轰！轰！轰！"[4]

"海阳的铁西瓜，离开了家，上了胶济线，去把顽军打。""大路上，山坡下，埋好了西瓜，悄悄趴下，顽军来了，把弦一拉，西瓜开了花！轰隆隆，哗啦啦，炸得顽军丢盔撂甲，翻身滚下了马，叫妈妈！"[5]

许世友"赞海阳地雷战"题词云："英雄造雷乡，雷乡出英雄"。在地雷战中涌现出很多民兵英雄，仅海阳县一地，就涌现出"模范爆炸村"三个，民兵"爆炸英雄""爆炸大王"十一名。如文山后的于化虎，在 1942 年 10 月 14 日被胶东行署、胶东军区授予"爆破英雄"称号，1943 年 4 月 1 日被胶东

[1] 许世友：《许世友回忆录》，解放军出版社 1986 年，第 383 页。

[2] 赵守福：《大摆地雷阵》，载许世友、孙继先等：《金戈生涯》，解放军出版社 1986 年，第 67 页。

[3] 陈志昂：《胶东解放区歌曲选》，解放军文艺出版社 2003 年，第 184 页。

[4] 陈志昂：《胶东解放区歌曲选》，解放军文艺出版社 2003 年，第 79 页。

[5] 陈志昂：《胶东解放区歌曲选》，解放军文艺出版社 2003 年，第 184 页。

军区授予"战斗英雄"称号,1944年5月又被授予胶东民兵"爆破大王"称号,1950年被授予"全国民兵英雄"称号。当时在胶东传唱的《于化虎小调》:

小鬼子,硬往土里钻,这次来扫荡,大大不上算,进海阳,真正难了看,地雷响,打死二百三。

于化虎,瞪起了眼,领导众民兵,去打麻雀战,乒乓乓,小鬼子心胆寒,伪满军,个个叫老天。

小鬼子,腿肚子转,爬着向前走,他把地雷绊,四条腿,爬走来真好看,一上午走了七里半。

于化虎,山头高声喊,吃了铁西瓜,留下西瓜钱,小鬼子逃走一溜烟,扔下死尸一大片。

老乡们,大家起来干,学习于化虎,展开爆炸战,保家园,人人都称赞,使使劲,争他个模范。[1]

再如赵疃村的地雷大王赵守福,1943年被胶东军区授予"爆炸大王"称号,后相继被授予"山东民兵英雄"称号、"全国民兵英雄"称号,尤其在制雷造雷上过人一等,在地雷战中创造了30多种地雷战术。面对敌人探雷、起雷新情况,赵守福和队员研究出了真假"子母雷"对付敌人,起了上面的母雷,下面的子雷就爆炸。敌人识破这个方法后,又研究了头发丝雷,专门炸敌人的探雷器。其事迹也

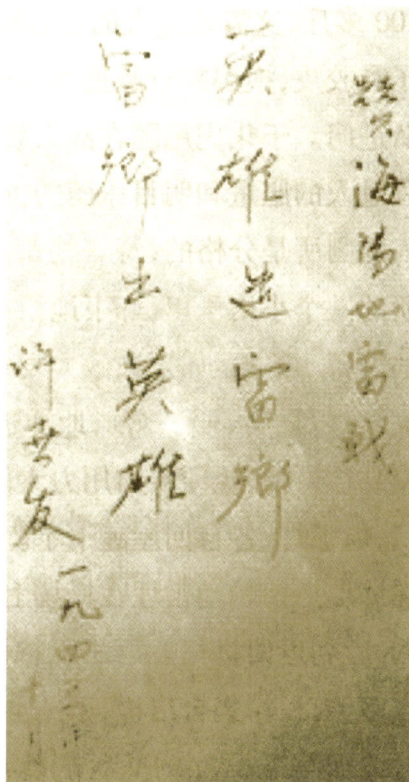

许世友题词

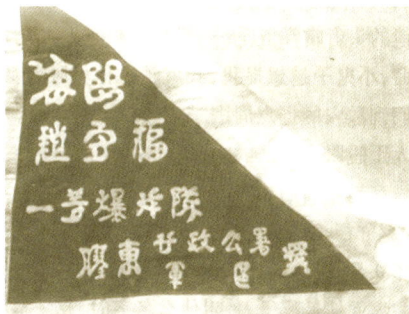

胶东行政公署、胶东军区授予赵守福的锦旗

---

[1] 陈志昂:《胶东解放区歌曲选》,解放军文艺出版社2003年,第80页。

编成歌曲在胶东抗日根据地传唱："赵守福，真不差，奋勇巧设铁西瓜；鬼子汉奸来侵犯，炸得脑袋开了花。"[1]

1962年，八一电影制片厂以海阳地雷战为背景，以"全国民兵英雄"赵守福、于化虎、孙玉敏为原型，在海阳市实地拍摄了《地雷战》，使胶东地雷战传奇故事家喻户晓，蜚声海内外。在赵疃村等仍有地雷战重要遗址，这是不可复制的红色遗迹。

正如电影《地雷战》插曲《民兵都是英雄汉》所唱："民兵都是英雄汉，不怕艰苦不怕难，打日本，保家乡，地雷是咱好伙伴。没有铁造石雷，没有炸药自己碾呀，满山石头开了花，炸得那鬼子心胆寒。……拿起铁锤拿起钻，山崖石壁把药填呀，满山摆成地雷阵，炸得那鬼子飞上天。"

三、"保田保家乡"：同仇敌忾卫胶东的红色往事

"胶东是胶东人民在中国共产党领导下从日军的铁蹄下解放出来的，从日、伪、顽的联合压榨与屠杀下解放出来的。"[2]

抗战胜利后，国民党反动派勾结美帝国主义，收编各色伪军为"国军"，以维持地方治安，并要求我军在原地驻防待命，不得擅自行动。中共胶东区委

八路军胶东军区政治部编印《血战八年的胶东子弟兵》

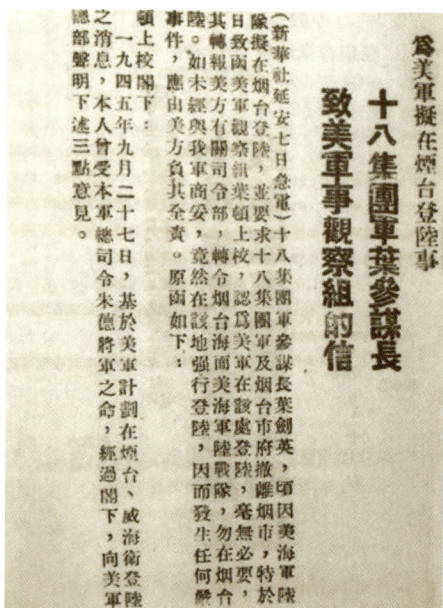

为美军拟在烟台登陆十八集团军叶参谋长致美军观察组的信

---

[1] 赵守福：《大摆地雷阵》，载许世友、孙继先等：《金戈生涯》，解放军出版社1986年，第65页。

[2] 许世友：《许世友回忆录》，解放军出版社1986年，第414页。

根据党中央和山东分局的指示，积极领导胶东军民进行了阻止国民党军队进犯胶东解放区和反对美军在烟台登陆的斗争。1945 年 9 月 29 日，美舰侵入烟台、威海海面；之后，提出"查看"美侨在烟台的财产，到崆峒岛小憩，到威海参加宗教仪式；继而提出在烟台登陆的无理要求。烟台负责人和驻军代表当即义正词严予以拒绝，并依靠广大群众同美军进行了针锋相对的坚决斗争。为应对突然事件，烟台党政军民组成一个行动委员会，加强统一领导，驻烟军队严阵以待，做好了反侵略的充分准备。10 月 6 日，第十八集团军参谋长叶剑英发表声明，严正拒绝美军在烟台登陆，美军如未经与我军商妥，在该地强行登陆，因而发生任何严重事件应由美方负其全责。

同时，中共中央也发出了《中央关于坚决拒绝美军在烟台登陆给胶东区党委的指示》，表明了严正立场。

另外，胶东参议会和各人民团体纷纷发表通电，烟台各界举行声势浩大的游行示威，坚决反对美舰侵入烟台港，反对美军在烟台登陆。10 月 10 日，驻华美军总部被迫发表公报，承认美军没有任何军事理由在烟台登陆。同时，侵入威海海面的美军舰也被迫撤离。这场烟、威

中央关于坚决拒绝美军在烟台登陆给胶东区党委的指示

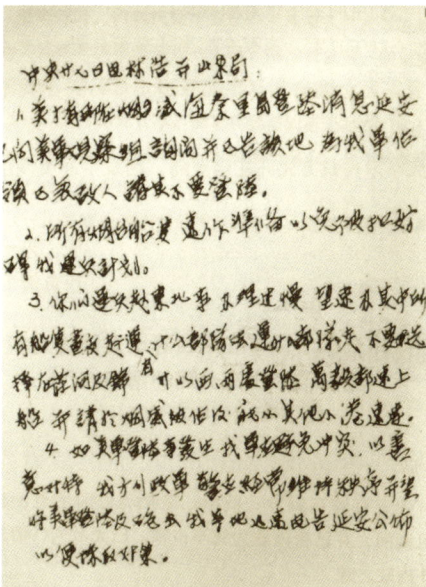

资料来源：中共烟台市委组织部、中共烟台市委宣传部、烟台市档案局编：《红色记忆》，黄海数字出版社 2013 年，第 279~282 页。

中央给林浩及山东局的指示

我方代表与美军谈判时在美军舰上的合影
（前排右一为仲曦东、右二为于得水、右四为于谷莺）

争夺战，通过有理有节的外交斗争，取得了胜利。

1945 年 10 月，中共胶东区委根据党中央和山东分局的指示，决定组织和输送主力部队渡海支援东北解放。为完成这一重大战略任务，中共胶东区委和胶东军区全力以赴开展工作。胶东军区抽调十个团的兵力和一部分地方干部，分批从龙口港、蓬莱栾家口等地渡海开赴东北；胶东数万民众夜以继日筹集粮秣，以保后勤供给；在船少人多条件不利情况下，广大船工不畏艰险，圆满完成了运输任务。

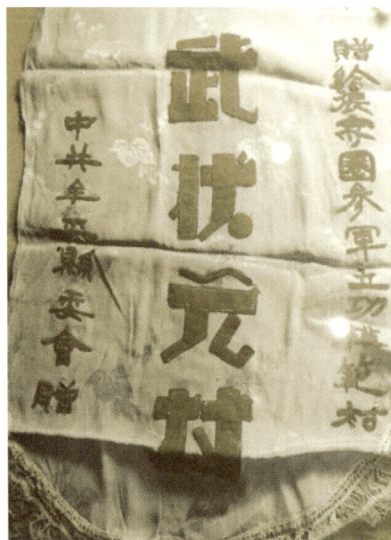

参军模范村锦旗

1946 年 6 月，国民党军队调集五个军十五个师的兵力向胶东解放区发动了全面进攻，并狂妄叫嚣"半个月打通胶济路"。中共胶东区委根据山东分局的指示，作出了坚决击退国民党军队的进犯、集中力量消灭来犯敌人、争取自卫战争胜利的全面部署。按照主力部队以运动战、歼灭战为主，民兵配合地方武装以游击战、破袭战为主的作战方针，在胶济铁路东段全面展开了保卫战，组织了即墨战役、高密战役、胶县战役、掖县粉子山战役。在历时三个多月的反击作战中，歼敌万余人，粉碎了国民党反动派对胶东解放区的全面进攻。同时，中共胶东区委还有力地发动农民开展反奸诉苦、土改复查运动。经过土地改革运动，贫苦农民分得了土地，农村生产力得以解放，也激发了农民保卫胜利果实的信心，在"反蒋保田、保卫家乡"的口号下，掀起了空前的参军热潮。到 1947 年有 6 月底，胶东全区约有 10 万人参军，出现了"参军状元村""参军模范村"等。"从烟台到威海卫，沿海的人民都宣誓，从海上到陆地，千万个

人民都武装起”，“美丽的胶东是我
们的，肥沃的土地是我们的，同志们，
同胞们，动员起来，拿起武器，保卫
胶东，保卫土地！动员起来，拿起武
器，誓死保卫胜利果实！”[1] “一切
为了战争的胜利”，成了胶东军民的
共同口号。

《保卫胜利果实》唱道：

磨快刀，擦好枪，
起来保卫我们的胜利，
保卫我们的家乡。
胜利的果实是属于人民，
抗战八年人民艰苦奋斗在敌后

方。
我们要争取民主和自由，争取和平和解放，
要保卫我们的胜利果实，坚决不能再退让。
反对内战，我们要自卫抵抗，
反动派在哪里进攻，
就叫它在哪里灭亡！[2]

《胶东文化》1949年2月第2期

1947 年 8 月，国民
党军队向胶东解放区发
动了重点进攻，企图占
领胶东这个战略要地，
切断山东解放区与东北
及华北解放区的联系。
面临国民党军队的严重
威胁，中共胶东区委向

1944 年 7 月胶东军区战斗英雄大会上的民兵英雄

[1] 陈志昂：《胶东解放区歌曲选》，解放军文艺出版社 2003 年，第 137、142 页。

[2] 陈志昂：《胶东解放区歌曲选》，解放军文艺出版社 2003 年，第 131 页。

胶东解放区支前民工队伍

全区军民发出关于战争动员的指示，号召为保卫胶东解放区而战斗。部队提出"保家保田，打垮敌人进攻"的口号，虽条件差、困难多，战士干部却只有一个发自内心的誓愿，就是保卫家乡、保卫胶东，正如战士们自编的诗歌所言："雨淋精神爽，脚痛斗志强；官兵如兄弟，齐心打老蒋！"军事上，胶东军区根据党中央制定的"以一部分主力和广大地方部队于内线阻击，歼灭内线敌人，收复失地"的作战方针，钳制和消灭境内敌人，保障外线部队对敌进攻，保卫胶东后方。在招远道头战役、胶河战役之后，紧紧拖住敌人，收复了高密、胶县、海阳、平度等地，扭转了整个胶东战局，山东战场转入了战略反攻。11月底，胶东保卫战进入最后阶段。12月初，发动了莱阳战役，一举收复了莱阳。正如《解放莱阳城》歌曲唱道："战场缴获无其数，歼敌万余名，胶东纵横连一片，内地无敌踪。"[1]历时五个月的胶东保卫战，取得了重大胜利，彻底粉碎了国民党占领胶东的计划，完全改变了胶东战局。到了1948年初，以疾风扫落叶之势开始了战略进攻，先横扫胶济路，相继解放周村、潍县、烟台等。

1949年8月11日，人民解放军山东兵团在地方民兵的配合下，发起解放长岛战役。经过一周的围歼，到20日，长山列岛全部解放，标志着胶东区乃至整个山东的解放。这次战役，也是我军第一次渡海作战的成功战例。

让后人追念的，还有胶东解放区的支前民工。"一切为了战争，一切服从前线"。在解放战争时期，由近百万人组成的胶东支前民工，从胶东走向全省各地，从山东走向全国，风刀霜剑，翻山越岭，转战南北，给前线运送急需的粮食、弹药等各类物资。据统计，从支援济南战役到淮海战役，胶东随军远征、服务于前线的民工、民兵超过21万人。如参加淮海战役的胶东民工、民兵有

---

[1] 陈志昂：《胶东解放区歌曲选》，解放军文艺出版社2003年，第149页。

15600 人，占淮海战役中山东参战民兵总数的 70% 以上。[1]

正如《支援前线》所唱：

担架队呀准备好，绑上绳子把被铺好，下来了彩号争着抬呀，注意伤口别碰着。走起道来要仔细，送到后方好治疗。

妇女儿童急忙忙，大家慕捐来慰劳，你拿鸡蛋我拿面呀，村里杀猪喂儿喂儿叫。你做饭来我去送，同志们下来吃个饱。

老百姓呀齐动手，支援前线不闲着，保卫家乡都有份呀，不分男女和老少。不打走那些反动派，太平永远得不到。[2]

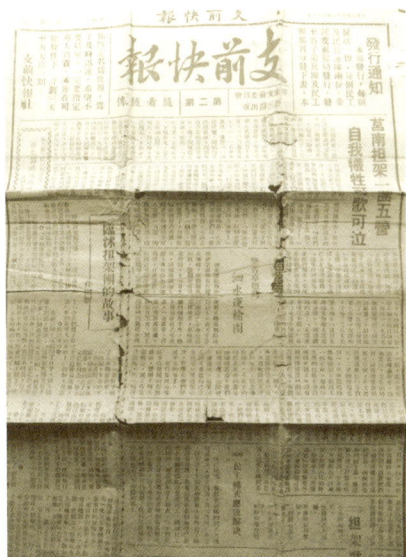

《支前快报》

"解放军打到哪里，民工就支援到哪里"，"解放军打胜仗，后方的人民支前忙。前方的敌人你们打，后方的任务我们担当。运弹药，送军粮，出担架，生产忙。"[3]那些无数的支前民工，虽然没留下一名一姓，却立下了不朽的功勋！

---

[1] 范庆梅主编：《烟台文化通览》，山东人民出版社 2012 年，第 274 页。

[2] 陈志昂：《胶东解放区歌曲选》，解放军文艺出版社 2003 年，第 182 页。

[3] 陈志昂：《胶东解放区歌曲选》，解放军文艺出版社 2003 年，第 184 页。

征引书目

一、论著

1. 章宗祥：《游学日本指南》，1901 年岭海报馆铅印本。

2. 林修竹主编：《山东各县乡土调查录》，1920 年。

3. 匡裕祥：《烟台笔记》，《新游记汇刊续编（卷七）》，中华书局 1922 年。

4. 郑千里：《烟台要览》，烟台要览编纂局 1923 年。

5. 郭岚生：《烟台威海游记》，百城书局 1934 年。

6. 胶济铁路管理局车务处编：《胶济铁路经济调查报告》，文华印刷社
1934 年。

7. 民国实业部国际贸易局编：《中国实业志·山东省》，台北宗青图书公
司 1934 年。

8. （明）薛俊：《日本考略（丛书集成初编）》，商务印书馆 1936 年。

9. 刘精一：《烟台概览》，烟台概览编辑处 1937 年。

10. 池田薰、刘云楼：《烟台大观》，鲁东日报社 1940 年。

11. 严中平等编：《中国近代经济史统计资料选辑》，科学出版社 1955 年。

12. （清）龙文彬：《明会要》，中华书局 1956 年。

13. 王鼎：《烟台刻花》，山东人民出版社 1957 年。

14. 陈懋恒：《明代倭寇考略》，人民出版社 1957 年。

15. 于会泳编：《山东大鼓：犁铧大鼓·胶东大鼓》，音乐出版社 1957 年。

16. 李文治编：《中国近代农业史资料（第一辑）》，三联书店 1957 年。

17. 孙毓棠编：《中国近代工业史资料（第一辑）》，科学出版社 1957 年。

18. 汪敬虞编：《中国近代工业史资料（第二辑）》，科学出版社 1957 年。

19. 《孤本元明杂剧》，中国戏剧出版社 1958 年。

20. 中国历史学会济南分会编：《山东近代史资料选集》，山东人民出版
社 1959 年。

21. 中国戏剧家协会主编：《中国地方戏曲集成·山东卷》，中国戏剧出
版社 1960 年。

22. 孙瑞芹：《德国外交文件有关中国交涉史料选译》，商务印书馆1960年。

23. 《全唐诗》，中华书局1960年。

24. 陈真编：《中国近代工业史资料》，三联书店1961年。

25. 中国科学院近代史研究所史料编辑室，中央档案馆明清档案部编辑组编：《洋务运动》，上海人民出版社1961年。

26. 山东省历史学会编：《山东近代史资料》，山东人民出版社1961年。

27. 彭泽益编：《中国近代手工业史资料（第二卷）》，中华书局1962年。

28. 姚贤镐：《中国近代对外贸易史资料（第三册）》，中华书局1962年。

29. 《明实录（明太祖实录、明世宗实录）》，台湾"中央研究院"历史语言研究所校勘本。

30. （明）陈子龙：《明经世文编》，中华书局1962年。

31. 何炳棣：《中国会馆史论》，台湾学生书局1966年。

32. 《明史》，中华书局1974年。

33. 山东省文物管理处、济南市博物馆：《大汶口》，文物出版社1974年。

34. （清）赵尔巽：《清史稿》，中华书局1976年。

35. （清）谷应泰：《明史纪事本末》，中华书局1977年。

36. 王明：《太平经合校》，中华书局1979年。

37. （德）单维廉，周龙章译：《德领胶州湾之地政资料》，台湾"中国地政"研究所1980年。

38. 上海博物馆图书资料室编：《上海碑刻资料选辑》，上海人民出版社1980年。

39. （元）周致中：《异域志》，中华书局1981年。

40. （汉）许慎撰，（清）段玉裁注：《说文解字注》，上海古籍出版社1981年。

41. 郭嵩焘：《郭嵩焘日记》，湖南人民出版社1981年。

42. K.J.巴顿：《城市经济学：理论和政策》，商务印书馆1981年。

43. 崇彝：《道咸以来朝野杂记》，北京古籍出版社1982年。

44. 马少波：《戏曲艺术论集》，中国戏剧出版社1982年。

45. 中国历史研究社编：《倭变事略》（中国历史研究资料丛书），上海书店出版社1982年。

46. 张侠等：《清末海军史料》，海洋出版社1982年。

47. 《顺天府志》，北京大学出版社1983年。

48. 王献唐：《山东古国考》，齐鲁书社 1983 年。

49.（明）陆容：《菽园杂记》，中华书局 1985 年。

50.《严复集》，中华书局 1986 年。

51.《刘光弟集》，中华书局 1986 年。

52. 夏仁虎：《旧京琐记》，北京古籍出版社 1986 年。

53. 许世友：《许世友回忆录》，解放军出版社 1986 年。

54. 胡朴安编：《中华全国风俗志》，上海书店出版社 1986 年。

55. 烟台港务管理局编：《近代山东沿海通商口岸贸易统计资料（1859—1949）》，对外贸易教育出版社 1986 年。

56. 青岛档案馆：《帝国主义与胶海关》，档案出版社 1986 年。

57. 中国人民银行金融研究所等：《中国革命根据地北海银行史料（第一册）》，山东人民出版社 1986 年。

58. 许世友等：《金戈生涯》，解放军出版社 1986 年。

59.《资治通鉴》，上海古籍出版社 1987 年。

60.《施注苏诗》（《四库全书》集部四九），上海古籍出版社 1987 年。

61.（明）王世贞：《弇州续稿》，上海古籍出版社 1987 年。

62. 路遇：《清代和民国山东移民东北史略》，上海社会科学院出版社 1987 年。

63. 天津图书馆、天津社会科学院历史所编：《袁世凯奏议》，天津古籍出版社 1987 年。

64. 张玉法：《中国现代化的区域研究——山东省（1860—1916）》，台湾"中央研究院"近代史研究所 1987 年。

65. 夏东元编：《郑观应集（上册）》，上海人民出版社 1988 年。

66. 陈垣编纂：《道家金石略》，文物出版社 1988 年。

67. 烟台港史编写组：《烟台港史》，人民交通出版社 1988 年。

68.《道藏》（第三册、十九册、二十五册、三十四册），文物出版社、上海书店、天津古籍出版社 1988 年。

69. 中共山东省委党史资料征集研究委员会：《山东抗日根据地》，中共党史资料出版社 1989 年。

70. 山东省长岛县志编纂委员会：《长岛县志》，山东人民出版社 1990 年。

71. 刘素芬：《烟台贸易研究（1867—1919）》，台湾商务印书馆 1990 年。

72.（清）杜臻：《海防述略》，中华书局 1991 年。

73. 杜恂诚：《民族资本主义与旧中国政府（1840—1937）》，上海社会科学院出版社 1991 年。

74. 中国第一历史档案馆：《雍正朝汉文朱批奏折汇编》，江苏古籍出版社 1991 年。

75. 胡树志、张复合、村松伸、井上直美编：《中国近代建筑总览·烟台篇》，中国建筑工业出版社 1992 年。

76. 孙祚民主编：《山东通史》，山东人民出版社 1992 年。

77. 费正清、赖肖尔：《中国：传统与变革》，江苏人民出版社 1992 年。

78.（清）王琦：《李太白集注》（四库唐人文集丛刊），上海古籍出版社 1992 年。

79.（清）仇兆鳌：《杜诗详注》（四库唐人文集丛刊），上海古籍出版社 1992 年。

80.（清）赵殿成：《王右丞集笺注》（四库唐人文集丛刊），上海古籍出版社 1992 年。

81.《太平广记》，《四部精要（14）》，上海古籍出版社 1992 年。

82. 中国人民政治协商会议天津市委员会、文史资料研究委员会编：《天津文史资料选辑（第五十六辑）》，天津出版社 1992 年。

83.（清）顾栋高辑：《春秋大事表》，中华书局 1993 年。

84.（宋）廖莹中：《东雅堂昌黎集注》（四库唐人文集丛刊），上海古籍出版社 1993 年。

85. 王培荀：《乡园忆旧录》，齐鲁书社 1993 年。

86.《白氏长庆集》（四库唐人文集丛刊），上海古籍出版社 1994 年。

87.（日）安居香山、中林璋八：《纬书集成》，河北人民出版社 1994 年。

88.《冰心全集》，海峡文艺出版社 1994 年。

89.《登州古港史》，人民交通出版社 1994 年。

90. 李必樟译编：《上海近代贸易经济发展概况：英国驻上海领事贸易报告汇编（1854—1898）》，上海社会科学院出版社 1994 年。

91. 费正清、费维恺编，刘敬坤等译：《剑桥中华民国史》，中国社会科学出版社 1994 年。

92.《山海经》（《四库笔记小说丛书》），上海古籍出版社 1995 年。

93.（清）王善：《治心斋琴学练要》，上海古籍出版社 1995 年。

94.（明）戚继光：《纪效新书》，中华书局 1996 年。

95. 栾丰实：《东夷考古》，山东大学出版社 1996 年。

96.《中国戏曲音乐集成·山东卷》，中国 ISBN 中心 1996 年。

97. 天津市档案馆等编：《天津商会档案汇编（1928—1937）》，天津人民出版社 1996 年。

98.（清）徐松：《宋会要辑稿》，中华书局 1997 年。

99. 朴趾源：《热河日记》，上海书店出版社 1997 年。

100.《史记》（四部备要本），中华书局 1998 年。

101.《前汉书》（四部备要本），中华书局 1998 年。

102.《后汉书》（四部备要本），中华书局 1998 年。

103.《三国志》（四部备要本），中华书局 1998 年。

104.（清）顾祖禹：《读史方舆纪要》，上海书店出版社 1998 年。

105. 许檀：《明清时期山东商品经济的发展》，中国社会科学出版社 1998 年。

106. 山东省钱币学会编：《北海银行暨鲁西银行货币图录》，齐鲁书社 1998 年。

107. 钟敬文：《民俗学概论》，上海文艺出版社 1998 年。

108.《中国民族民间舞蹈集成·山东卷》，中国 ISBN 中心 1998 年。

109. 李修生：《全元文（第五册）》，浙江古籍出版社 1999 年。

110. 中国社会科学院考古研究所编著：《胶东半岛贝丘遗址环境考古》，社会科学文献出版社 1999 年。

111. 北京大学考古学系、烟台市博物馆：《胶东考古》，文物出版社 2000 年。

112. 修海林：《中国古代音乐史料集》，世界图书出版公司 2000 年。

113. 宋玉娥：《烟台近代建筑》《烟台近代建筑续集》，烟台时报报捷彩色印务有限公司 2000 年。

114. 余继明：《北海银行纸币券》，浙江大学出版社 2000 年。

115. 庄维民：《近代山东市场经济的变迁》，中华书局 2000 年。

116.《欧阳修全集》，中华书局 2001 年。

117.（明）戚继光：《止止堂集》，中华书局 2001 年。

118. 王守中、郭大松：《近代山东城市变迁史》，山东教育出版社 2001 年。

119. 陈寅恪：《金明馆丛稿初编》，生活·读书·新知三联书店 2001 年。

120. 张利民：《近代环渤海地区经济与社会研究》，天津社会科学院出版社 2002 年。

121. 谭鸿鑫：《老烟台春秋》，内部资料，2002 年。

122.《筹办夷务始末》（《续修四库全书》），上海古籍出版社 2002 年。

123.（明）戚祚国：《戚少保年谱耆编》，中华书局 2003 年。

124. 陈志昂：《胶东解放区歌曲选》，解放军文艺出版社 2003 年。

125. 蒋惠民：《黄城丁氏家族》，山东大学出版社 2004 年。

126. 牟钟鉴：《全真七子与齐鲁文化》，齐鲁书社 2005 年。

127. 王赛时：《山东沿海开发史》，齐鲁书社 2005 年。

128.《黄遵宪全集》，中华书局 2005 年。

129. 逄振镐：《山东古国与姓氏》，山东人民出版社 2006 年。

130.（明）郑若曾：《筹海图编》，中华书局 2007 年。

131. 逄振镐：《东夷文化研究》，齐鲁书社 2007 年。

132. 王叔岷：《列仙传校笺》，中华书局 2007 年。

133. 山曼、单雯编：《山东海洋民俗》，济南出版社 2007 年。

134.（英）阿美德（A.G.Ahmed）：《图说烟台（1935—1936）》，陈海涛、刘惠琴译注，齐鲁书社 2007 年。

135. 顾禄：《桐桥倚棹录》，中华书局 2008 年。

136. 安作璋主编：《山东通史（近代卷）》，人民出版社 2009 年。

137. 松浦章：《清代帆船东亚航运与中国海商海盗研究》，上海辞书出版社 2009 年。

138. 李晓飞：《烟台开埠记忆》，黄海数字出版社 2009 年。

139. 庄维民：《近代鲁商史料集》，山东人民出版社 2010 年。

140.（清）赵翼：《陔余丛考》，上海古籍出版社 2011 年。

141. 孙中山：《建国方略》，中华书局 2011 年。

142. 董鉴泓：《中国城市建设史（第三版）》，中国建筑工业出版社 2011 年。

143. 郭泮溪、侯德彤、李培亮：《胶东半岛海洋文明简史》，中国社会科学出版社 2011 年。

144. 支军：《开埠后烟台城市空间演变研究》，齐鲁书社 2011 年。

145.（明）王士性：《广志绎》，中华书局 2012 年。

146.（清）钱泳：《履园丛话》，中华书局 2012 年。

147. 刘敦愿、宋百川、刘伯勤：《齐乘校释》，中华书局 2012 年。

148. 范庆梅：《烟台文化通览》，山东人民出版社 2012 年。

149. 中共烟台市委组织部、中共烟台市委宣传部、烟台市档案局：《红色记忆》，黄海数字出版社 2013 年。

二、方志

1. 雍正《山东通志》

2. 嘉靖《山东通志》

3. 光绪《山东通志》

4. 民国《山东通志》

5. 顺治《登州府志》

6. 光绪《增修登州府志》

7. 道光《重修蓬莱县志》

8. 光绪《蓬莱县续志》

9. 嘉靖《宁海州志》

10. 同治《重修宁海州志》

11. 民国《牟平县志》

12. 光绪《文登县志》

13. 民国《文登县志》

14. 乾隆《威海卫志》

15. 民国《威海卫志》

16. 乾隆《福山县志》

17. 民国《福山县志稿》

18. 康熙《黄县志》

19. 乾隆《黄县志》

20. 同治《黄县志》

21. 道光《荣成县志》

22. 顺治《招远县志》

23. 民国《莱阳县志》

24. 乾隆《栖霞县志》

25. 乾隆《海阳县志》

26. 道光《平度州志》

27. 光绪《平度志要》

28. 同治《即墨县志》

29. 乾隆《掖县志》

30. 民国《四续掖县志》

31. 万历《莱州府志》

32. 道光《胶州志》

33. 民国《胶澳志》

34. 咸丰《青州府志》

三、期刊

1. 张相文：《齐鲁旅行记》，《东方杂志》1910 年第七卷第 2、3 期。

2. 杨立惠：《烟台调查》，《东方杂志》1924 年第二十一卷第 12 号。

3. 吴子修：《烟台采集纪略》，《博物学杂志》第二卷第 2 期。

4. 浦江清：《八仙考》，《清华学报》1936 年第 1 期。

5. 山西省文管会侯马工作站：《侯马金代董氏墓介绍》，《文物》1959 年第 6 期。

6. 山东省文物管理处：《山东胶东地区新石器时代遗址调查》，《考古》1963 年第 7 期。

7. 山东省博物馆：《山东蓬莱紫荆山遗址试掘简报》，《考古》1973 年第 1 期。

8. 烟台市博物馆：《山东烟台市白石村遗址调查简报》，《考古》1981 年第 2 期。

9. 张孟仁：《戚继光墨迹》，《历史档案》1981 年第 4 期。

10. 宋玉娥：《英商仁德洋行》，《烟台市文史资料》1982 年第 1 辑。

11. 宋承钧、史明：《胶东史前文化与莱夷的贡献》，《东岳论丛》1984 年第 1 期。

12. 杜在忠：《莱国与莱夷古文化探略》，《东岳论丛》1984 年第 1 期。

13. 辽宁省档案馆：《登州卫致戚继光公文选》，《历史档案》1984 年第 2 期。

14. 傅衣凌：《明代经济史上的山东与河南》，《社会科学战线》1984 年第 3 期。

15. 杨子范：《胶东半岛一带发现新石器时代遗址》，《文物》1985 年第 12 期。

16. 周冰、曾岚：《最古老的舞谱："八卦舞谱"》，《舞蹈艺术》1986 年第 1 期。

17. 泉州海外交通史博物馆调查组：《天后史迹的初步调查》，《海交史研究》1987 年第 1 期。

18. 北京大学考古实习队、烟台地区文管会、长岛县博物馆：《山东长岛北庄遗址发掘简报》，《考古》1987 年第 5 期。

19. 庄维民：《论近代山东沿海城市与内地商业的关系——以烟台、青岛与内地商业的关系为例》，《中国经济史研究》1987 年第 2 期。

20. 山曼：《新时期节俗改革探微——蓬莱渔灯节调查的思考》，《民俗研究》1988 年第 4 期。

21. 郝祖涛：《胶东筵席习俗杂谈》，《民俗研究》1990 年第 2 期。

22. 陈国强：《东南文化中的妈祖信仰》，《东南文化》1990 年第 3 期。

23. 李步青、林仙庭：《山东黄县归城遗址的调查与发掘》，《考古》1991 年第 10 期。

24. 烟台市文物管理委员会：《山东烟台白石村新石器时代遗址发掘简报》，《考古》1992 年第 7 期。

25. 孙守源、季平：《北海银行的创建及其最初印发的纸币》，《中国银币》1993 年第 2 期。

26. 许檀：《明清时期山东经济的发展》，《中国经济史研究》1995 年第 3 期。

27. 中国第一历史档案馆：《晚清山东地方商会史料》，《历史档案》1996 年第 4 期。

28. 杨富斗、杨及耕：《金墓砖雕丛探》，《文物季刊》1997 年第 4 期。

29. 山西省考古研究所侯马工作站：《侯马 65H4M102 金墓》，《文物季刊》1997 年第 4 期。

30. 张利民：《近代环渤海地区间商人对流与影响》，《社会科学战线》1999 年第 3 期。

31. 庄维民：《近代山东行栈资本的发展及其影响》，《近代史研究》2000 年第 5 期。

32. 庄维民：《近代山东商人资本地域分布结构的变动及影响》，《齐鲁学刊》2000 年第 4 期。

33. 史言实：《1935 年胶东暴动日期再探讨》，《中共党史研究》2000 年第 4 期。

34. 叶涛：《海神、海神信仰与祭祀仪式——山东沿海渔民的海神信仰与祭祀仪式调查》，《民俗研究》2002 年第 3 期。

35. 庄维民、张静：《谁掌握着贸易主导权：清末山东对日贸易中的日商与旅日华商》，《东岳论丛》2005 年第 6 期。

36. 李恕：《烽烟丹青舆图啸——胶东八路军抗日宣传侧记》，《地图》2005 年第 5 期。

37. 李恕：《烽火丹青记抗战——胶东八路军对日战略反攻前后》，《百年潮》2006 年第 4 期。

38.李恕：《烽火丹青：胶东八路军对日战略反攻前后的宣传策动》，《军事历史》2006 年第 2 期。

39.山下一夫：《道情戏中韩湘子故事的发展与传播》，《中华戏曲》2007 年第 1 期。

40.栾丰实等：《山东栖霞县杨家圈遗址稻作遗存的调查和初步研究》，《考古》2007 年第 12 期。

41.王静：《略论民国旅津山东商人行业分布》，《历史档案》2010 年第 4 期。

42.中美联合归城考古队：《山东龙口市归城两周城址调查简报》，《考古》2011 年第 3 期。

43.《云峰刻石书法特辑》，《中国书法》2013 年第 1 期。

后 记

初衷是，选几个专题，从文献中溯源，尽量采掇一些图像，用叙事的方式，以期复原胶东文化历史场景的本真。

叙事，也是一种立场：胪列多而己见少，不放言高论，也不妄下断语，冀免舛谬。毕竟，"文化"不仅仅是一种追忆，更是鲜活于当下的星星点点。

从城市个案到区域文化，是我对地方"研究"的一个思路。也是兴之所至。没有宏大叙事，也没有探赜索隐，能做的只是不畏纰缪，孜孜矻矻，撷拾缀辑。这样的一种叙述，或许离胶东文化丰厚的原初尚远；而这样的一种追忆，且算是自己的一点期许。

本书的完成，远非一己之力。如征引了大量的老照片、地图，也有未注明出处者，每一思及便觉愧怍。感谢曾帮助我完成这个"研究"的诸位长辈挚友：盛国军教授自始关注研究进展并多有劼勉，与傅志明教授倾谈而每有裨益，杨家珍教授给予了更多的实质帮助，鲁东大学的王海鹏博士校勘了多处引文。本书得以梓行，山东人民出版社的马洁编辑费心不少。他们对地方发展的关注、对学术的严谨和对文化的热情，让我铭感。

而哀然成帙，又多赖王红蕾女士的督促。更要提到我的儿子，在暑期和我一道快乐地去查阅资料，一道快乐地去实地寻访。他的快乐，是我前行的动力。

乙未立秋